2018—2019年中国工业和信息化发展系列蓝皮书

2018—2019年
中国电子信息产业发展蓝皮书

中国电子信息产业发展研究院　编著
卢　山　主　编
温晓君　副主编

電子工業出版社
Publishing House of Electronics Industry
北京·BEIJING

内容简介

本书从推动产业创新发展和高质量发展的角度出发，系统剖析了我国电子信息制造业发展的特点与问题，并根据产业发展情况，对2018年产业运行、行业特征、重点领域、区域发展、企业近况、趋势热点等进行了较全面阐述，并对2019年产业整体情况进行了展望。

本书为相关行业主管部门和业界人士提供2018—2019年电子信息产业发展的整体现状、最新动态、趋势研判，为了解和推动电子信息产业发展提供一个窗口。

图书在版编目（CIP）数据

2018—2019年中国电子信息产业发展蓝皮书 / 中国电子信息产业发展研究院编著. —北京：电子工业出版社，2019.12

（2018—2019年中国工业和信息化发展系列蓝皮书）

ISBN 978-7-121-37579-8

Ⅰ. ①2… Ⅱ. ①中… Ⅲ. ①电子信息产业—产业发展—研究报告—中国—2018-2019 Ⅳ. ①F492

中国版本图书馆CIP数据核字（2019）第219730号

责任编辑：宁浩洛
印　　刷：天津画中画印刷有限公司
装　　订：天津画中画印刷有限公司
出版发行：电子工业出版社
　　　　　北京市海淀区万寿路173信箱　　邮编：100036
开　　本：720×1 000　1/16　印张：17.25　字数：331千字　彩插：1
版　　次：2019年12月第1版
印　　次：2019年12月第1次印刷
定　　价：138.00元

凡所购买电子工业出版社图书有缺损问题，请向购买书店调换。若书店售缺，请与本社发行部联系，联系及邮购电话：（010）88254888，88258888。

质量投诉请发邮件至zlts@phei.com.cn，盗版侵权举报请发邮件至dbqq@phei.com.cn。

本书咨询联系方式：ninghl@phei.com.cn。

前　言

2018 年，我国电子信息产业积极贯彻落实党中央各项决策部署，以推进产业供给侧结构性改革为重点，加快推动产业转型升级。在复杂多变的全球经济贸易形势和渐趋弱化的世界经济复苏效应下，我国电子信息产业在多变的环境中维持平稳增长，产业整体运行呈现出“稳中有进、稳中育新”的发展形势，但产业四项基本面数据也暗藏了“稳中存忧、稳中有险”的潜在态势。展望 2019 年及今后，电子信息产业仍将保持平稳增长，但增长速度将有所减缓，集成电路、消费电子、新兴显示等重点领域仍将是产业发展的主要支撑力量。集成电路将继续保持高速发展态势，核心技术实现部分突破；国产智能手机品牌会进一步占领存量市场，新技术新产品百花齐放；国内面板产能优势逐步建立，产品价格有所回落；彩电行业多元化需求显现，与前沿技术融合愈发关键。

一

在国际经贸形势多变的态势下，行业面临“外患内忧”的瓶颈局面。我国电子信息制造业在国内外宏观局势压力和阻滞因素扰动下进入“瓶颈期”。从国内外宏观环境来看，中美政治经济关系变化，美国逆全球化趋势和贸易投资保护主义倾向加强，全球经济贸易分工合作的共识和基础开始动摇；与此同时，国内经济增长速度放缓，投资、出口、消费等拉动经济增长的“三驾马车”均显疲软，为产业发展和贸易环境增加了不确定性，电子信息制造业的增长压力陡然增加。从产业发展态势来看，产业整体增速和利润均呈现显著下滑，重点产品价格加速下行，企业抗风险能力减弱。产品价格方面，以显示面板和存储器为例，2018 年以来受海外需求减弱及面板供应产能持续增长的影响，液晶电视面板价格全面下探，2018年10月以来DRAM内存芯片主流模组均价跌幅显著。企业流动性风险方面，从龙头企业来看，2018年中国电子信息百强企业资产负债水平已达到66%，企业债务负担形势严峻。

一是中美经贸关系不确定性上升。国际贸易形势和产业外部经济环境复杂多变，美国逆全球化趋势和贸易投资保护主义倾向为产业发展和贸易环境笼罩不确定性阴霾，但内需和其他市场出口增长将为产业发展提供内外部支撑。从风险的角度来看，中美贸易摩擦对我国电子信息制造业影响逐步显现，部分电子信息制造企业的订单将受到贸易摩擦的影响，负面影响面将继续扩大。从有利的方面来看，对其他贸易伙伴的出口增长和国内消费市场扩大将弱化对美国出口减少的影响。

二是高端市场竞争加剧，新技术、新产品将拉动新消费。随着全球智能手机市场由增量转存量，各大品牌纷纷瞄准高端市场，新款iPhone、Mate 20、Pixel 3、V40、Note 9、Find X和一加6T等高性能、高价位的产品被集中推出。2019年，随着屏幕（全面屏、折叠屏）、拍照（3D Sensing、AR）、快充、识别（物体识别、光学指纹传感器）等功能技术的成熟，有望拉动智能手机的新一轮消费。此外，随着5G商用的不断推进，大多数手机品牌厂商均表示将在2019年发布5G手机，5G手机将成为推动智能手机消费的另一个增长点。

三是国家持续投入，为集成电路产业注力。IC Insights统计，2018年中国集成电路公司的资本支出约合110亿美元，数额达到2015年的5倍，超过日本和欧洲公司2018年的相关资本支出总和，且2019年投入规模将继续扩大。随着年底大基金二期募资的完成以及更多地方政府资金的进入，我国集成电路产业的投入将保持增长态势。此外，长江存储采用了自主Xtacking架构的64层堆叠的3D NAND闪存芯片在2019年三、四季度量产，中芯国际开始量产14nm手机芯片，我国在芯片制造领域与国际先进技术的差距不断缩小。

四是电视大屏化成为趋势，与前沿技术融合成为重点。电视尺寸已成为用户更新换代的重要因素，期望更换的电视尺寸主要集中在55～80英寸。各厂家也积极布局，将65英寸及以上大屏电视作为发展重点。前沿技术与电视的融合成为未来趋势，4K电视在不断普及，人工智能等技术在电视上的应用已实现了远场语音，目前能够实现4K画质、附带AI功能的电视市场渗透率在不断上升。未来，随着电视智能化的不断深入，电视功能将更加丰富，为用户提供更加高品质、定制化的服务成为电视厂商的发展方向。

二

2018年，在复杂多变的全球经济贸易和持续推进的国内供给侧结构性改革形势下，我国电子信息产业在波动中维持平稳增长，新兴领域创新发展持续升温，骨干企业资本化和创新发展步伐加快。在产业整体运行呈现“稳中有进、稳中育新”的运行形势下，也应看到四项基本面数据“稳中存忧、稳中有险”的潜在态势。

电子信息制造业增加值、投资、出口等数据保持增长，但增速普遍下降。

一是增加值平稳增长，增速小幅下降。工业和信息化部运行监测协调局数据显示，2018年1—11月，电子信息制造业增加值同比增长13.4%，低于2017年同期0.5个百分点。其中，11月增速低于2017年同期2.7个百分点。投资增幅整体下滑，2018年1—11月，电子信息全行业固定资产投资同比增长19.1%，增幅较2017年下降4.2个百分点。

二是集成电路、光电元器件等分领域投资在新兴市场拉动下仍有增势。产业出口保持增长，增速放缓明显。2018年1—11月，电子信息制造业出口交货值同比增长10.4%，较2017年同期回落6.2个百分点。其中，电子元器件、计算机制造等行业出口交货值同比增速分别为6.4%、8.9%，较2017年同期分别回落8.4、4.1个百分点，主要行业的出口增速呈现不同程度的回落。

三是主营业务收入、利润总额双双大幅下降。2018年1—11月，电子信息全行业主营业务收入同比增长9.9%，低于2017年同期3.4个百分点。利润总额增速大幅下降，2018年1—11月利润同比下降0.4%，较2017年同期下降达20.8个百分点，盈利能力目前仍处于较弱水平。

四是行业经营面临主营业务成本和期间费用提升的“两重挤压”。2018年前三季度，主营业务成本增速高达9.8%，高于主营业务收入增速。从期间费用来看，管理费用同比增加10.2%，财务费用受汇率影响，上半年增速迅猛，最高增速曾达73.3%，下半年波动幅度较大，不排除后期汇兑损失持续提升的可能。

五是新兴领域创新发展持续升温。

超高清视频领域，“国产芯”加速迈进。海思推出AI专用芯片，搭载在华北工控推出的 ARM 架构嵌入式主板上，具有高品质超高清视频编解码能力。国产超高清芯片应用逐渐广泛。晶晨半导体与爱立信合作，将芯片用在 Media First 机顶盒中，帮助快速访问超高清、HDR 等内容。京东方 10.5 代线量产，能够量产超高清面板。TCL 已有两条 11 代线在建项目，主要生产大尺寸、超高清面板。

汽车电子领域，小马智行在广州投放无人驾驶汽车并进行运营测试；百度宣布其与金龙客车联合发行的第 100 辆全球首款 L4 级自动驾驶巴士“阿波龙”正式下线；腾讯与长安汽车正式签署智能网联汽车合资合作协议，合资公司将主要开展车联网平台开发等业务。

虚拟现实领域，行业巨头积极推动 VR/AR 技术商用化进程。腾讯与人民教育出版社签署战略合作协议，共同推动 AR 教材等新技术、新产品及其在教育领域的融合创新应用。

5G 领域，华为等手机企业高度重视 5G 研发布局。2018 年 2 月，华为推出全球首款基于 3GPP 标准的商用 5G 芯片“Balong 5G01”，支持全球主流 5G 频谱，4 月 5G NR 产品获全球首张“欧盟通行证”，并在 2019 年下半年推出支持 5G 网络频段的手机。OPPO、小米、联想、vivo 等诸多智能手机厂商和品牌均成为高通“5G 领航计划”合作伙伴。

人工智能领域，根据市场研究和咨询公司 Compass Intelligence 发布的 2018 年度全球 AI 芯片公司排行榜，我国海思、寒武纪等 7 家企业跻身 24 强，在 AI 芯片领域进步明显。

六是骨干企业资本化和创新发展步伐加快。一方面，部分龙头企业 2018 年第一季度营收增速显著，骨干企业投融资步伐加速。小米已经于 2018 年 5 月 3 日向港交所递交了上市申请，并于 6 月 7 日通过了上市聆讯。2018 年 5 月 31 日，商汤科技宣布完成 C+轮 6.2 亿美元的融资，目前估值超过 45 亿美元，继续保持全球总融资额最大、估值最高的人工智能独角兽企业地位。另一方面，企业不断推进应用领域和产品创新。在技术、资金、人才等方面拥有显著优势的大型企业引领着无人驾驶、人工智能等新兴领域的技术和应用创新。2018 年 6 月 18 日，京东配送机器人正式上路，第一架超重型无人机正式立项，还打造了无人智慧配送站、无人仓等配套系统，形成了对传统物流模式的极大颠覆。展锐发布首款支持人工智能应用的 8 核 LTE SoC 芯片平台。百度发布国内首款云端全功能 AI 芯片“昆仑”，可在功耗 100W 的情况下提供 260TOPS 的运算能力。

三

基于产业发展内外部形势，中国电子信息产业发展研究院赛迪智库电子信息研究所编著了《2018—2019 年中国电子信息产业发展蓝皮书》。本书从推动产业创新发展和高质量发展的角度出发，系统剖析了我国电子信息制造业发展的特点与问题，并根据产业发展情况，对 2018 年产业运行、行业特征、重点领域、区域发展、企业近况、趋势热点进行了全面阐述，并对 2019 年的产业整体情况进行了展望。全书分为综合篇、行业篇、领域篇、区域篇、企业篇、政策篇、热点篇、展望篇 8 个部分。

综合篇，从 2018 年我国电子信息制造业基本发展情况、整体发展特点等角度展开分析，总结概括了在内外部发展新环境下的产业整体情况。

行业篇，选取计算机、通信设备、消费电子、集成电路、新型显示、电子原材料元器件等重点行业进行专题分析，对各重点行业在 2018 年的发展情况进行回顾，并总结了 2018 年各行业的发展特点。

领域篇，选取智能手机、虚拟现实、超高清视频、智能家居、汽车电子、锂离子电池、智能传感器及电子信息行业智能制造等细分领域进行深入研究，对各领域 2018 年发展情况进行分析。

区域篇，根据我国电子信息制造业发展的空间布局，选取长三角、珠三角、环渤海、福厦沿海、中部、西部等国内重点发展区域和新兴增长区域，对各区域的发展状况进行分析。

企业篇，选取计算机、通信设备、消费电子、集成电路、新型显示、电子原材料元器件等若干领域的重点企业，对企业的经营情况、技术进展、专利情况、国际市场拓展情况等开展研究，获取对我国电子信息龙头企业的整体认知。

政策篇，论述了 2018 年我国电子信息制造业的重点政策，选取了光伏、印制电路板、虚拟现实、新一代人工智能、锂离子电池等领域部分政策，包括规划、工作方案和规范条件等政策类型。

热点篇，围绕智能硬件“独角兽”、智能手机格局变化、超算全球角逐新形势、5G 全球“竞赛”、AI 芯片发展、安卓平台收费、三星关闭天津工厂、世界 VR 大会召开等重点趋势性事件，分析 2018 年各行业领域的新动态。

展望篇，结合我国电子信息制造业发展面临的国际国内形势、发展现状与趋势，以及国内外重点研究机构的预测性观点，对我国电子信息制造业 2019 年运行情况做了展望，并展望了重点行业、重点领域和重点区域 2019 年的发展走向。

当前，我国电子信息产业正处于转换期，又面临着严峻的内外部调整，外部环境的压迫、内部结构的转变、技术创新的变革，都要求我们必须下定决心“啃硬骨头”，改变核心关键技术和领域受制于人的现状。我们要不忘初心，牢记使命，切实推动电子信息产业由大变强。在稳定发展规模和速度的同时，坚定走自主创新发展的道路，补齐行业长久以来存在的短板，巩固和增强电子信息产业在新时代的引领性、融合性、支柱性作用。

目　录

综 合 篇

行 业 篇

领域篇

区 域 篇

企 业 篇

政 策 篇

热点篇

展望篇

综合篇

第一章

2018 年全球电子信息产业发展状况

第一节　发展情况

展望未来，全球经济持续复苏，但不稳定因素依然存在。美国在政府换届后，政策日趋保守，在美国带动下，传统发达经济体的贸易保护主义进一步抬头。自英国启动脱欧程序后，欧盟面临严峻挑战，产业增长不稳定性增加。日本市场在主要发达国家普遍复苏的情况下依然下行。美国、英国增速预期下调，表明发达经济体成长阻力因素不可忽视。新兴经济体保持较强的上升势头，成为推动全球经济增长的主要力量。在全球经济整体复苏以及新兴经济体地位提升的影响下，预计未来电子信息产品市场规模将保持稳定增长，以智能化为特征的应用需求的带动性逐渐显现。

一、整体发展情况

市场规模稍有增势，将踏入缓幅增长区间。2018 年以来，全球经济放缓压力增大，国际金融波动频繁，地缘政治和逆全球化倾向日益显现，国际经济搏弈进入新的调整期，世界经济蕴含的不确定性因素增多。在全球经济环境整体影响下，全球制造业景气程度普遍降低，但全球消费电子市场在高端设备消费需求的带动下实现逆势增长。据 GfK 数据，2018 年全球消费电子市场的销售额增长 6%，约为 1380 亿欧元。未来伴随全球经济复苏效应渐趋弱化，预计 2019 年全球消费电子产品市场规模仍将延续当前的增长趋势，但增速将小幅下降至 4%左右，市场规模将由 2018 年的 1380 亿欧元增至 2019 年的 1435 亿欧元。

二、重点行业发展情况

（一）智能手机领域发展情况

全球智能手机市场萎靡，国内厂商表现亮眼。2018 年，全球智能手机市场呈现下行趋势，同比下降 4.1%，全球总出货量为 14 亿部。头部手机厂商在出货量和排名方面均有所变化。其中，三星以全年 2.9 亿部智能手机的出货量继续坐稳市场头把交椅，而市场占有率已从 2017 年的 21.7%降至 2018 年的 20.8%。苹果以全年 2 亿部智能手机的出货量仍处于第二名的位置，但从第二季度开始有被华为超越的情况，且出货量较 2017 年减少 700 万部，市场占有率基本稳定不变。华为全年出货量从 2017 年的 1.54 亿部提升到了 2018 年的 2.06 亿部，同比大幅增长 33.6%，市场占有率从 2017 年的 10.50%提升至 2018 年的 14.7%。在华为手机全年出货量中，荣耀占比约 50%，近年来在全球市场发展势头正盛。小米凭借 1.22 亿部的出货量超越 OPPO，排名全球第四，同比增长 32.2%，市场占有率从 2017 年的 6.30%提升至 2018 年的 8.7%。

市场集中度持续提升，挤压尾部品牌市场占有率。2018 年，除全球头部前五的品牌外，尾部品牌的市场空间被进一步压缩。据 IDC 数据，2018 年“Others”品牌的出货量进一步下降，从 2017 年的 5.7 亿部下降至 2018 年的 4.6 亿部，市场占有率较 2017 年下降 6.2 个百分点，被压缩至 32.9%，市场竞争格局逐渐从倒三角格局向“T”字形格局转变。

（二）计算机领域发展情况

PC 销量稳中缓降，集中度持续攀升。2018 年全球 PC 总出货量呈现稳中缓降的态势，全年出货量约 2.594 亿台，同比下降 1.3%（见表 1-1）。其中，排名前三的厂商出货量较2017年相比小幅增长，但是排名四到六位的厂商降幅较大。联想以近 5847 万台设备的出货量位居榜首，同比稳增 6.9%，市场占有率从 2017 年的 20.8%提升至 2018 年的 22.5%。惠普以 5633 万台的出货量排名第二，同比小幅增长 2.1%，市场占有率从 2017 年的 21%微增至 2018 年的 21.7%。戴尔以 4191 万台的出货量位居第三，同比增长 5.3%，市场占有率从 2017 年的 15.1%提升至 2018 年的 16.2%。苹果以 1802 万台的出货量位居第四，同比下降 5%。除苹果外，华硕、宏碁的出货量也大幅压缩。截至 2018 年，全球 PC 销量已连续七年呈现下滑趋势，但在 Windows 10 升级等因素的推动下，降幅较以往年份有所收窄，领先者和跟跑者之间存在较为明显的差距。

表 1-1　2018 年全球 PC 厂商单位出货量估值

企业	2017 年出货量（千台）	2017 年市场占有率（%）	2018 年出货量（千台）	2018 年市场占有率（%）	2017—2018 年增长率（%）
联想	54 669	20.8	58 467	22.5	6.9
惠普	55 179	21.0	56 332	21.7	2.1
戴尔	39 793	15.1	41 911	16.2	5.3
苹果	18 963	7.2	18 016	6.9	-5.0
华硕	17 087	6.5	15 729	6.1	-7.9
宏碁	17 952	6.8	15 537	6.0	-13.5
其他	59 034	22.5	53 393	20.6	-9.6
总计	262 676	100	259 385	100	-1.3

数据来源：Gartner，2019 年 1 月。以上数据包含台式机、笔记本电脑与顶级 Ultramobile（超便携）机型，但不包括 Chromebook 和 iPad。所有数值均根据初步研究结果所推算，最终估计值可能有所变动。本统计数据依据销售至渠道的出货量而得出，部分数值因四舍五入并未计入总数。

（三）彩电领域发展情况

彩电市场小幅稳增，高端市场需求显现。据 WitsView 数据，2018 年，全球液晶电视市场在消费者高端需求的拉动下，出货量约为 2.182 亿台，同比增长 3.4%；预估 2019 年将达 2.211 亿台，同比增长 1.3%，低于 2018 年的同比增速。WitsView 预计全球液晶电视出货量排名前五的品牌，依次为三星电子、LG 电子、TCL、海信和索尼，且它们的排名在 2019 年不会有变化（见表 1-2）。8K、QLED 和 OLED 等技术的不断成熟将会推动电视出货量的增长。

表 1-2　液晶电视品牌 2018 年及 2019 年出货量预估

品牌	2018 年		2019 年		预估增速
	排名	出货量预估（百万台）	排名	出货量预估（百万台）	
三星电子	1	40.8	1	41.3	1.2%
LG 电子	2	28.8	2	29.0	0.7%
TCL	3	17.5	3	19.0	8.6%
海信	4	13.4	4	13.5	0.7%
索尼	5	11.9	5	11.7	-1.7%
夏普	7	9.40	6	12.10	28.7%

数据来源：WitsView，2018 年 12 月。

（四）新兴领域发展情况

人工智能领域呈现“三足鼎立”之势。据电子学会数据，2018 年全球人工智能核心产业市场规模超过 555.7 亿美元，同比增长 50.2%。全球人工智能产业的发展主要集中在美国、欧洲、中国，呈现三足鼎立之势。美国硅谷聚集了以谷歌、微软、亚马逊等为代表的人工智能企业 2905 家，成为当今人工智能基础层和技术层产业发展的重点区域，在人工智能企业数量、投融资规模、专利数量等方面全球领先。中国在人工智能领域的论文总量和高引用率论文数量、专利数量、投融资规模方面跃居全球首位，该产业的企业总数达到 670 家，占全球的 11.2%。欧洲通过大量的科技孵化机构助力早期的人工智能初创企业，高新技术产业转化率较高，诞生了大量优秀的人工智能初创企业，人工智能企业总数为 657 家，占全球的 10.88%。

虚拟现实市场成长释放可期。全球虚拟现实市场将快速增长，融合类应用将成为主要增长点。据著名市场研究公司 Tractica 预测，全球 VR（虚拟现实）产业市场规模将从 2018 年的 10 亿美元增至 2025 年的 126 亿美元（见图 1-1）。其中，培训模拟、医学治疗、娱乐类、教育类等 VR 与不同领域的融合应用将成为 VR 产业中增长最快的应用市场。各大厂商争先推出新款虚拟现实设备，Facebook/Oculus、HTC、三星等公司相继推出的新款 VR 头戴式显示设备进一步提升配置，也激发了利用消费级 VR 解决方案应用于企业的案例，预计未来市场上将出现开发更加完善、更加贴合用户需求的高真实度 VR 应用。

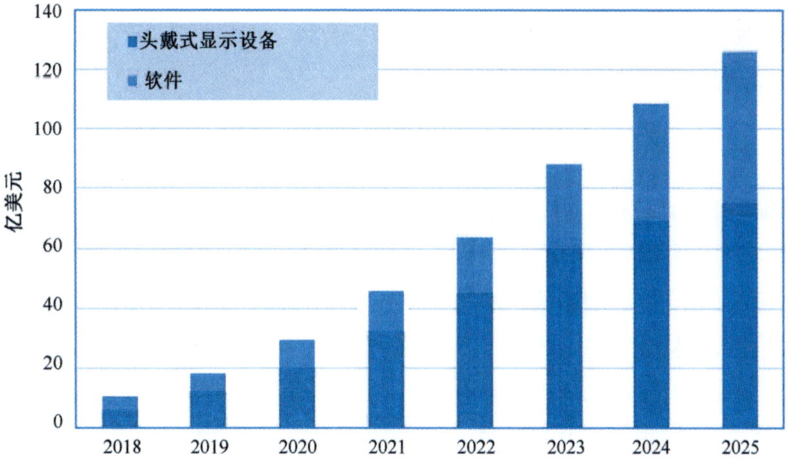

图 1-1　全球 VR（虚拟现实）产业市场规模及预测

（数据来源：Tractica，2018 年 12 月）

三、重点国家和地区发展情况

近年来，全球电子信息产业布局在保持基本稳定的同时向亚太地区（除美、日以外）的市场倾斜，美国、西欧、日本等传统发达经济体的总体量仍然占据主导地位。中国等除美、日以外的亚太地区市场保持加速增长，产业份额不断提升。以中国为代表的新兴市场国家在产业格局中所占比重呈上升态势。

从国家层面看，美国、欧盟和日本等发达经济体在全球经济复苏效应弱化的影响下，电子信息产业呈现微幅下降趋势。据美国能源资料协会数据，美国电脑和电子产品市场规模由2017年的3350亿美元增长到2018年的3448亿美元，同比小幅增长3%。据德国电子技术和电子工业中央行业协会数据，2018年德国半导体市场规模达到160亿美元，同比增长8%，预计2019年增长率将维持在4%左右。2018年年底韩国电子元件、无线电、电视机和通信器材制造业生产指数116.2，较2017年同期下降0.4。2018年年底印度计算机、电子和光学产品的制造业批发价格指数为151.9，较2017年同期增长5.1。2018年年底日本信息和通信电子设备生产指数为98，较2017年同期增长1.9。2018年，美国、日本、欧盟等发达经济体仍处于产业链和价值链的高端环节，在世界电子信息格局中依然占据核心领导地位。中国、印度等新兴经济体保持快速增长，在电子信息领域的技术实力与市场规模持续呈现上升态势，在全球电子信息产业格局中的地位和作用持续凸显。

第二节　发展特点

一、出台政策引导创新，抢滩布局新兴领域

1. 加大政策支持，鼓励行业技术创新

2018年，美国在人工智能、量子技术、网络安全等领域出台多项科技战略，并签署总统备忘录，计划制定国家频谱长期战略以引导5G网络建设，力图持续巩固美国在电子信息领域的技术优势地位。德国发布《高科技战略2025》报告，在自动驾驶、数字安全、自动化和先进制造等领域出台行动计划、开发解决方案及建立若干尖端研究集群，并在人工智能领域加大政策引导力度。2018年韩国发布第四个科学技术五年计划《第四期科学技术基本计划（2018—2022）》，人工智能、智慧城市、3D打印等项目首次入选重点科技支持项目。以色列加强军队和情报机构与初创公司的合作力度，军工企业拉斐尔公司、航天局下属公司ELTA和从事安全技术的公司联合开展国防技术研究。

2. 抢滩布局新兴领域，占据产业新高地

全球发达国家纷纷加紧部署新领域，发挥财政资金作用助推行业发展。例如，量子计算领域，2018 年 10 月，欧盟宣布启动 1.32 亿欧元投资计划资助首批 20 个量子技术示范项目。2018 年 6 月，美国众议院通过国家量子行动法案，计划未来 5 年在量子通信、量子计算机和超精密量子传感器三大领域投入 12.75 亿美元研发资金，并于 9 月发布《量子信息科学国家战略概述》。同年 11 月，英国政府宣布 2000 万英镑的量子技术支持计划，用于研发适用于通信、测绘等领域的量子计算机。2018 年 11 月，德国政府通过《量子技术：从基础到市场》计划，拟投入 6.5 亿欧元用于量子计算、量子卫星和高性能高安全数据网络测量技术等领域的科学研究。人工智能领域，2018 年 11 月，德国联邦政府计划在 2025 年前向人工智能领域投资 30 亿欧元；2019 年 9 月，德国联邦政府提出在 2020 年前为人工智能研究机构提供 1.28 亿欧元的资金支持，进一步强化德国在人工智能研究领域的国际竞争力。

二、巨头加快国际并购步伐，加速提升综合竞争能力

2018 年，全球电子信息领域科技巨头加快国际并购步伐。据路孚特数据，2018 年全球并购交易数量达 4.7 万项，交易额高达 4 万亿美元，较 2017 年提高 19 个百分点。

半导体领域，贝恩收购东芝存储芯片部门的出售程序通过中国反垄断审查，正式完成对东芝 NAND 存储业务的出资；博通收购软件公司 CA Technologies，以实现技术服务的多元化发展；美国芯片制造商微芯科技完成对美国军事和航空半导体设备领域著名供应商美高森美的收购；美满电子科技公司完成收购芯片制造商 Cavium；阿里巴巴收购芯片厂商中天微。

通信领域，全球领先的光电子、光学元件及子系统制造商 Lumentum 收购光器件厂商 Oclaro，或将改变全球光通信市场格局；美国科瑞公司兼并德国英飞凌公司射频（RF）功率业务分部；云通信公司 Twilio 收购 SendGrid 基于 API 的电子邮件服务，以增强其云通信的整体业务能力。

人工智能领域，Oracle 收购 AI 初创公司 DataFox；微软收购机器学习公司 Semantic Machines；英特尔收购开源深度学习引擎企业 Vertex.AI。

物联网领域，京东方完成对法国零售物联网领域公司 SES-imagotag 的收购。

云计算领域，IBM 以 340 亿美元收购 Linux 巨头 Red Hat，意图通过开源软件发展混合云业务；全球最大客户关系管理（CRM）解决方案提供商 Salesforce 宣布收购 API 集成供应商 Mulesoft，以期将传统的企业内部计算与公共云中的

数据和应用程序相结合。

信息服务领域，思科收购软件服务商 Duo Security，推动其移动设备安全战略持续推进；AT&T Inc.完成对时代华纳的收购。全球电子信息领域各大跨国公司纷纷通过并购重组完善产品与服务体系，加速布局物联网、人工智能、半导体、云计算等前沿和高技术领域，企业竞争模式正在向体系化、全向度、生态化方向演进。

三、创新浪潮持续涌现，尖端技术加速突破

新一轮科技革命和产业变革为电子信息产业发展提供了新的技术手段、要素条件和组织方式，全球范围内信息技术创新呈现高效率、多方向、宽前沿、集群式突破的特征。

超算领域，美国“顶点”和“山脊”两台计算机一举拿下新一期全球超级计算机 500 强榜单冠、亚军；英国曼彻斯特大学激活了拥有 100 万个处理器内核和 1200 个互联电路板的超级计算机，是世界模拟人脑最准确的超级计算机。

半导体领域，美国科学家研发出基于内存计算技术的 AI 芯片、具有精准分发光信号能力的硅芯片、可同时存储和处理信息的记忆晶体管等新型元器件，为新型计算机开发夯实基础。

量子科技领域，英国科学家在英国国防部资助下制造出首个量子指南针，能抵抗干扰且不依赖于 GPS；以色列科学家找到捕捉和释放单个光子的方法，有望用于量子信息存储以及保障量子光学系统的通信安全方面；日本横滨国立大学利用电子和核子的自旋作为量子比特，全球首次成功实现了室温无磁场条件下的万能量子门操作。

光通信领域，英国国家物理实验室研制出一种全光二极管，有望为微纳光子芯片和光子通信等领域提供廉价高效的光二极管。

人工智能领域，日本理化学研究所开发出可模拟人脑整体神经电路的、应用于下一代超级计算机的算法，能够节省内存并大幅提升模拟脑的速度。

电子材料领域，德国埃尔朗根—纽伦堡大学在石墨烯中找到直接接触和移动错位实现材料全新属性的方法，推进了石墨烯纳米结构材料及其性能拓展的科技进展。电子信息领域诸多主要技术正在创新中加速孕育突破，当前技术发展处于颠覆性变革的重大机遇期。

四、国际产业力量加速调整，全球电子信息产业竞争提速

国际金融危机后，各国展开更为激烈的博弈与角力，综合运用经济、政治、

外交各方面的手段和资源，强化自身竞争实力，积极构建电子信息产业竞争新优势，抢占未来产业发展制高点。例如，美国、日本、欧洲等围绕物联网、人工智能等新一代信息技术出台了一系列国家发展战略和规划，欧盟积极推动“单一数字市场”，日本则进一步强化其在核心电子材料、专用设备和关键电子元器件方面的优势地位。同时，美国、德国、日本、英国等都努力促使国际资本调整布局，吸引高端制造业“回流”。印度、巴西等新兴市场国家也积极发展电子信息产业，规模和全球竞争力不断提升。这使当今世界围绕信息技术创新的竞争空前激烈，也使我国遭遇的阻截甚至遏制愈发明显，我国电子信息产业亟待提升产业国际竞争力，以应对错综复杂、瞬息变化的外部环境和空前激烈、日益加剧的竞争压力。

第二章

2018 年中国电子信息产业发展状况

2018 年，在复杂多变的全球经济贸易和持续推进的国内供给侧结构性改革形势下，我国电子信息制造业在波动中维持平稳增长。但同时，随着中美政治经济关系进入质变期，逆全球化趋势和贸易投资保护主义倾向加强，全球经济贸易分工合作的共识和基础开始动摇。在产业发展内外部环境多变的形势下，应加快构建电子信息产业供应链安全体系，攻坚电子信息领域基础核心技术，塑造产业竞争优势和发展新路径。

第一节　发展情况

一、产业整体情况

宏观形势方面可归纳为两点。

一是全球经济回落趋势显现，消费电子市场增长乏力。2018 年，全球经济复苏效应渐趋弱化，经济增速趋于放缓，逐步趋紧的货币流动性对内需增长和经济动能形成一定抑制作用，产业发展经贸不确定性有所提升。美国税改、财政刺激效应逐步弱化，欧元区、日本等发达经济体的增长动能已经开始明显回落。IMF 下调 2019 年全球经济增速预期至 3%。受整体负面趋势影响，全球消费电子产品市场需求逐渐萎靡，笔记本电脑、平板电脑、智能手机等主要产品出货量增速放缓。我国电子信息制造业中量大面广的核心产品增长有限，品牌厂商和配套厂商面临市场份额下降的外部环境。

二是贸易保护主义和逆全球化思潮抬头，中美经贸关系不确定性陡升。国际贸易形势和产业外部经济环境复杂多变，中美贸易摩擦对我国电子信息制造业影响逐步开始显现，部分电子信息制造企业的订单将受到贸易冲突影响，预计负面影响的广度和深度将继续扩大。

整体形势方面，电子信息制造业整体运行呈现出“稳中有进、稳中育新”的运行态势，也应看到三项基本面数据“稳中存忧、稳中有险”的潜在态势。电子信息制造业增加值增速、投资、出口等数据保持持续增长，但增速普遍下降。

一是增加值平稳增长，增速小幅下降。工业和信息化部运行局数据显示，2018 年 1—11 月，电子信息制造业增加值同比增长 13.4%，低于 2017 年同期 0.5 个百分点。其中，11 月增速低于 2017 年同期 2.7 个百分点。

二是投资增幅整体下滑。2018 年 1—11 月，全行业固定资产投资同比增长 19.1%，较 2017 年降低 4.2 个百分点。集成电路、光电器件等分领域投资在新兴市场拉动下仍有增长。

三是产业出口保持增长，增速放缓明显。2018 年，规模以上电子信息制造业实现出口交货值同比增长 9.8%，增速比 2017 年回落 4.4 个百分点。其中，电子器件、计算机等制造业出口交货值同比增长 7%、9.4%，较 2017 年同期分别回落 8.1、0.3 个百分点，主要行业的出口增速呈现出不同程度的回落。

二、产业经营情况

盈利能力方面，行业经营面临“两重挤压”，盈利能力下降显著。

一是主营业务收入、利润总额增速双双大幅下降。2018 年 1—11 月，全行业主营业务收入同比增长 9.9%，低于 2017 年同期 3.4 个百分点。利润总额增速大幅下降。2017 年规模以上电子信息制造业利润总额超 7000 亿元，同比增长 15%，相较而言，2018 年全年利润总额同比下降 3.1%，盈利能力目前仍处于较弱水平。

二是主营业务成本和期间费用率有所提升。行业经营面临主营业务成本和期间费用提升的“两重挤压”（见图 2-1）。2018 年前三季度，主营业务成本增速高达 9.8%，高于主营业务收入增速。从期间费用来看，管理费用同比增加 10.2%，财务费用受汇率影响，上半年增速迅猛，最高增速达 73.3%，下半年波动幅度较大，不排除后期汇兑损失持续提升的可能。

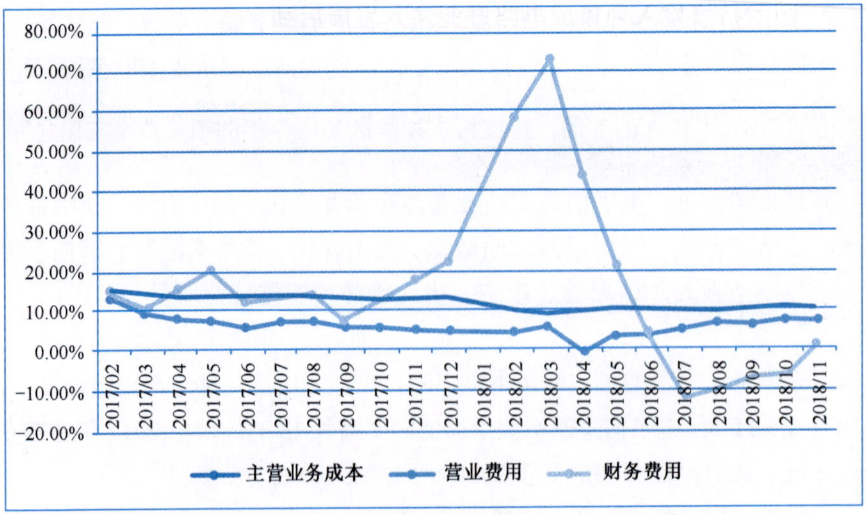

图 2-1 2017 年以来计算机、通信和其他电子设备制造业主营业务成本与期间费用累计增速

（数据来源：国家统计局，2018 年 12 月）

三、重点产业情况

（一）集成电路持续发力，部分核心技术实现突破

1. 集成电路产业保持高速发展态势

由于 2017 年的高基数，2018 年前三季度中国集成电路产业及设计、制造、封测三业增速，较 2017 年略有下降，但仍维持高增长态势。据中国集成电路协会统计，2018 年前三季度中国集成电路产业销售收入为 4461.5 亿元，同比增长 22.4%，较 2017 年降低 2.4 个百分点。其中，设计业 1791.4 亿元，同比增长 22.0%；制造业 1147.3 亿元，同比增长 27.6%；封测业 1522.8 亿元，同比增长 19.1%，分别较 2017 年降低 4.1、0.9 和 1.7 个百分点。同时，在产业链部分环节实现了核心技术突破。芯片设计方面，海思推出全球首款量产的 7nm 手机芯片麒麟 980。芯片制造方面，中芯国际 14nm 的试产良率已从 3%提升到 95%。芯片封测方面，部分企业在高端封装技术上已达到国际先进水平，江苏长电、华天科技和通富微电已囊括国内近四分之一的市场份额。集成电路材料方面，第三代集成电路碳化硅材料项目及成套工艺生产线已正式开建。

2. 国家持续投入为集成电路产业注入发展后劲

IC Insights 预测，2018 年中国集成电路公司的资本支出约合 110 亿美元，数额达到 2015 年投入的 5 倍，超过日本和欧洲公司今年的相关资本支出总和，且 2019 年投入规模将继续扩大。随着年底大基金二期募资的完成以及更多地方政府资金的进入，我国集成电路产业的投入将保持增长态势。此外，长江存储采用了自主 Xtacking 架构的 64 层堆叠的 3D NAND 闪存芯片在 2019 年第三季度量产，中芯国际开始量产 14nm 手机芯片，我国在芯片制造领域与国际先进技术的差距在不断缩小。

（二）国产手机品牌进一步占领存量市场，新技术新产品百花齐放

1. 在智能手机市场大幅萎缩背景下，国产品牌海外表现亮眼

国内市场方面，自 2017 年第二季度开始，国内智能手机市场已经持续 6 个季度缩减，且下滑速度日趋明显，2018 年前三季度，国内智能手机市场出货量 2.87 亿部，同比下降 16.8%。在国际市场方面，海外市场拓展成为国产手机品牌的主要方向，我国智能手机国际市场份额持续上升，7 个厂商入围全球十大手机厂商。据 Counterpoint 数据统计，2018 年前三季度华为、小米、OPPO 和 vivo 分别占据全球市场份额的 13%、9%、9%和 8%，同比增长 33%、25%、4%和 7%（见表 2-1）。2019 年第一季度，华为智能手机总出货量超越苹果，成为全球第二大智能手机制造商。

表 2-1　2018 年前三季度全球市场国内厂商市场占有率

主要厂商	2018 年 1—9 月 全球市场占比	2018 年 1—9 月 同比增长
华为	13%	33%
小米	9%	25%
OPPO	9%	4%
vivo	8%	7%

数据来源：Counterpoint，2018 年 12 月。

2. 高端市场竞争加剧，新技术、新产品将拉动新消费

随着全球智能手机市场由增量转存量，各大品牌纷纷瞄准高端市场发力。

产品方面，iPhone XS、Mate 20、Pixel 3、V40、Note 9、Find X 和一加 6T 等高性能、高价位的产品被集中推出。技术方面，全面屏、折叠屏、AR 拍照、快充、AI 识别等功能技术的成熟，有望拉动智能手机的新一波消费。此外，随着 5G 商用的不断推进，几乎所有品牌均表示将在 2019 年发布 5G 手机，5G 将成为推动智能手机消费的另一个增长点。

（三）家用视听行业发展情况

1. 零售量规模与去年基本持平

2018 年，彩电行业仍然面临着面板价格下行、需求不旺、传统促销折戟、线上增长瓶颈等诸多困境，前三季度彩电市场零售量规模与去年基本持平，为 3307 万台，零售额规模为 1030 亿元，同比下降 15.2%，终端价格下降明显。目前，55 英寸 OLED 电视的市场均价接近 10000 元，65 英寸 OLED 电视的市场均价为 22000 元。与此同时，产品的差异化在不断满足多元化需求，2018 年第三季度，UHD 电视的市场渗透率达 64.9%，较去年同期增长了 4.8 个百分点；超轻薄电视的市场渗透率达 7.7%，较 2017 年同期增长了 4.2 个百分点；全面屏电视的市场渗透率达 4.2%，远超去年同期。

2. 产品差异化需求显现

彩电行业持续处于智能化、高清化、大屏化发展的提质升级中，量子点、人工智能、新型显示等新兴技术的发展让彩电从同质化竞争的束缚走向新概念、新产品导向的良性竞争格局。2018 年，TCL 推出的曲面屏电视及浮窗全场景 TV，打破了传统电视的外观设计，打造融合“家庭美术馆+家庭音乐厅”功能的全方位家庭影院互动设备；小米电视推出了 4A、4S、4C、4X 等不同系列和 55～75 英寸的产品，逐步面向配置功能提升和大屏化稳步迈进；长虹聚焦人工智能技术相继发布 Q5R 系列、A8U、Q6K 等高端智能 AI 电视产品，凭借 CHIQ 智能电视系列建立“硬件+软件+内容+运营+服务”一体的智能生态物联网；海信推出的 L5、L7 系列成为首批通过 4K 超高清认证测试的激光电视。

（四）新型显示领域发展情况

1. 我国新型显示产业规模正在快速跻身全球第一

我国面板企业近年来大幅提升新产能投建水平。2018 年，我国有多条 OLED 面板线投产或扩产，京东方、华星光电、维信诺、天马等厂商的柔性屏、全面屏、异形屏等产品纷纷问世，国产高端屏幕进步显著，我国面板产能有望在 2019 年成为全球第一。LCD（液晶显示屏）方面，随着 4K 基本完成普及，8K 市场和技术窗口逐渐打开，众多面板企业瞄准大尺寸和 8K 持续发力，多条 10.5、11 代线的投产将推动 65 英寸电视市场走向普及阶段。在 AMOLED（有源矩阵有机发光二极体）显示屏方面，企业将进一步把握行业快速发展的机遇期，维信诺合肥、京东方绵阳、京东方重庆、华星光电武汉等第 6 代 AMOLED 生产线将陆续投产。

2. 国内面板企业产能优势逐步建立，产品价格有所回落

随着我国诸多面板生产线陆续投产，各尺寸液晶面板价格自 2017 年下半年以来持续下滑。2018 年第三季度，部分尺寸液晶面板价格迎来短暂拐点后继续下滑。2018 年 10 月，32 英寸、43 英寸、55 英寸液晶电视面板价格分别下降至 52 美元/片、90 美元/片、154 美元/片，较 2017 年同期分别下降 22.3%、24.3%、14%。受面板价格下降影响，国内主要面板企业收入和利润有所下滑，企业经营压力增大。2018 年上半年，京东方、LGD、群创、友达、华星光电、深天马等面板企业主营业务收入下降逾 10%，除华星光电外，5 大面板厂平均净利润降幅逾 90%。国内面板企业 2019 年后拟投产显示面板项目如表 2-2 所示。

表 2-2　2019 年后拟投产显示面板项目

公　司	世 代 数	类　型	投产时间	产　能（万片/月）	投 资 额（亿元）
京东方	6 代	AMOLED	2019 年	4.8	465
华星光电	6 代	AMOLED	2019 年	4.5	350
惠科电子	11 代	LCD	2019 年	9.0	400
鸿海夏普	11 代	LCD	2019 年	9.0	480
LGD	8.5 代	OLED	2019 年	6.0	450
京东方	6 代	AMOLED	2020 年	4.8	465
京东方	10.5 代	LCD	2020 年	12.0	460
维信诺	6 代	AMOLED	2020 年	3.0	440
华星光电	11 代	LCD 及 OLED	2020 年	9.0	427

数据来源：赛迪智库整理，2018 年 12 月。

第二节　发展特点

一、重点领域技术突破，创新发展持续升温

电子信息领域核心技术实现多点突破。芯片领域，寒武纪推出了首款云端 AI 芯片 MLU 100，等效理论峰值速度最高可达 166.4 万亿次定点运算。百度发布了国内首款云端全功能 AI 芯片“昆仑”，可在功耗 100W 情况下提供 260Tops 的运算能力，是迄今为止业内设计算力最高的 AI 芯片。华为即将在 8 月 31 日发布新一代处理器麒麟 980，将应用 7nm 工艺，采用 4 个 A76 大核+4 个 A55 小核的架构，最高主频为 2.8GHz。人工智能领域，展锐发布了首款支持人工智能应用的 8 核 LTE SoC 芯片平台。阿里达摩院机器智能实验室推出了新一代语音识别模型 DFSMN，将全球语音识别准确率纪录提高至 96.04%。我国电子信息领域发展迈出坚实步伐，为制造强国和网络强国建设发挥了重要作用。

二、新兴领域势能增强，释放经济发展新动能

各大厂商积极前瞻性布局 5G、人工智能、无人驾驶、虚拟现实、超高清视频等重点领域。

5G 领域，华为等手机企业高度重视 5G 研发布局。2018 年 2 月，华为推出全球首款基于 3GPP 标准的商用 5G 芯片“Balong 5G01”，支持全球主流 5G 频谱；2018 年 4 月，5G NR 产品获全球首张“欧盟通行证”，并预计在 2019 年下半年推出支持 5G 网络频段的手机。OPPO、小米、联想、vivo 等诸多智能手机厂商均成为高通“5G 领航计划”合作伙伴。

人工智能领域，根据市场研究和咨询公司 Compass Intelligence 发布的 2018 年度全球 AI 芯片公司排行榜，我国海思、寒武纪等 7 家企业入围 Top 24 榜单，在 AI 芯片领域进步明显。

无人驾驶领域，2018 年 2 月，小马智行在广州投放无人驾驶车队并进行运营测试；2018 年 7 月，百度宣布其与金龙客车联合发行的第 100 辆全球首款 L4 级自动驾驶巴士“阿波龙”正式量产下线；2018 年 4 月，腾讯与长安汽车正式签署智能网联汽车合资合作协议，合资公司将主要开展车联网平台开发等业务。

虚拟现实领域，行业巨头积极推动 VR/AR 技术商用化进程。腾讯与人民教育出版社签署战略合作协议，共同推动 AR 教材等新技术、新产品及其在教育领域的融合创新应用。

超高清视频领域，“国产芯”加速迈进。2018 年 6 月，海思推出 AI 专用芯

片，搭载在华北工控推出的 ARM 架构嵌入式主板上，具有高品质超高清视频编解码能力。国产超高清芯片应用逐渐广泛。2018 年 4 月，晶晨半导体与爱立信合作，将芯片用在 Media First 机顶盒中，帮助快速访问超高清、HDR 等内容。2018 年 3 月，京东方 10.5 代线量产，能够生产超高清面板，5、6 月出货量达 3 万至 5 万片。TCL 已有两条 11 代线在建项目，主要生产大尺寸、超高清面板。

新技术、新模式、新业态不断孕育涌现，持续引燃了信息产业与融合领域发展的新活力。例如，京东将无人机、导航与物流相结合，打造了“无人机航空物流多式联运”新模式，第一架超重型无人机有效载重量达到 40 ~ 60 吨，还打造了无人智慧配送站、无人仓等配套系统，形成了对传统物流模式的极大颠覆。美团等企业也在 2018 年 7 月发布了无人配送开放平台，采用激光雷达、超声波、摄像头等多传感器融合方案，支持 L4 级别自动驾驶，具有城市道路低速自动驾驶的通行能力，形成“人机混送”新模式。同时，各地方也不断开拓孕育出信息产业与各领域融合发展的新模式，成为推动、带动地方经济、政务等发展的重要动能。例如，济南将无人机、超高清视频与地方政务相结合，2018 年 7 月上岗了多架采用 4K 高清摄像头的多旋翼无人机“空中交警”，使得各类动态交通违法行为的抓拍取证更为便捷。

三、产业安全意识欠缺，核心技术持续性投入不足

我国电子信息产业长期以来处于“大而不强”的局面，特别是在今年以来中美贸易摩擦加剧和常态化的新外部形势下，集中表现为四大问题。

一是供应链视角的产业安全意识欠缺。“中兴事件”的棘手和被动体现了美国对我国电子信息产业进行的精准打击，反映了我国仍缺乏对电子信息产业供应链中芯片、操作系统、材料、设备等部分核心环节的掌控力，存在由点到面的产业安全威胁。

二是核心技术路线方向不明和持续性投入不足。在芯片计算架构、手机操作系统等存在不同路线的基础核心领域，长期以来的资金和项目支持存在分散、量小、不持续等问题，偏离了当前电子信息领域核心技术全球竞争的强投入、高风险、系统化竞争的趋势，难以助力我国实现从后发追赶到引领发展。

三是缺乏对专利保护和反垄断等的全球法律框架的系统认识和集成应对。自 2018 年上半年以来，针对电子信息产业领域的知识产权保护、专利授权摩擦、反垄断调查等国际案件频发，在中美贸易摩擦全面加剧的背景下，单个企业的单打独斗更加难以抵挡国家和地区主管部门和龙头企业的施压，往往落得不利

结局。

四是产学研用未发挥联合效应。与美国等电子信息强国相比，我国电子信息产业的发展侧重于应用领域创新，未将市场规模和优势与基础研发领域相结合，我国在电子信息领域的原始创新与应用创新呈现“两张皮”，底层基础核心技术研发能力和储备远远低于新产品和新服务的市场开拓能力。

四、外贸形势严峻依旧，不确定性风险因素犹存

当前产业发展中存在的不确定因素和对外贸易面临的风险逐步加剧，企业业绩增速将进入换挡期。一是上半年行业利润增速的大幅波动使企业经营不确定性增加，经营绩效可能受到影响。二是手机、彩电等传统电子信息产业在新兴产业爆发式增长的市场背景下，市场规模渐趋下降，企业面临较大的竞争压力。三是在行业结构性的转型升级的趋势下，企业生产经营难度加大，技术水平、研发能力、资本实力较弱的企业面临被淘汰的风险。四是中美政治经济关系进入质变期，逆全球化趋势和贸易投资保护主义倾向加强，全球经济贸易分工合作的共识和基础开始动摇，为产业发展和贸易环境日渐笼罩上不确定性阴霾，部分电子信息制造企业的订单或将受到贸易冲突影响，电子信息制造业下半年的增长压力陡然增加，未来负面影响的广度和深度或将继续扩大。

行 业 篇

第三章

计算机行业

第一节　发展情况

一、产业规模

计算机行业生产、出口情况明显好转。2018 年，我国计算机制造业主营业务收入同比增长 8.7%，利润同比增长 4.7%；计算机制造业增加值同比增长 9.5%，出口交货值同比增长 9.4%。主要产品中，微型计算机设备产量同比下降 1.0%，其中，笔记本电脑产量同比增长 0.6%，平板电脑产量同比增长 2.8%。

二、产业结构

个人电脑（PC）市场仍在下滑。由于市场需求疲软，全球 PC 出货量继续保持下滑态势。2018 年全球 PC 出货量总计 2.594 亿台，较 2017 年下降 1.3%，下降幅度小于过去三年。联想、惠普、戴尔三家领头企业 PC 出货量均有所增长，其他公司则出现不同程度下滑。Gartner 和 IDC 都继续对 PC 市场持乐观态度，认为电脑行业已经触底，逆转即将到来。

服务器市场收入和出货量逆势大幅增长。2018 年在全球经济并不景气的大环境下，服务器市场不仅未受影响，反而实现连续 5 个季度两位数强劲增长，成为计算机领域的一匹黑马。ZDC 统计数据显示：2018 年第三季度，全球服务器出货量同比增长 18.3%，达到 320 万台；收入更是同比增长 37.7%，达到 234 亿美元。其中，低端服务器收入同比增长 40.2%，至 200 亿美元；中端服务器收入同比增长 39.4%，至 20 亿美元；高端服务器同比增长 6.9%，至 13 亿美元。全球出货量方面，戴尔易安信同比增长 10.5%，占第三季度全球服务器市场的总出货量的 17.6%，继续领跑全球服务器市场。国内市场方面，国产 X86 服务器国内市场总体份额升至七成。2018 年中国服务器市场戴尔易安信以 21.48%的份额再次蝉联第一，同时也是 TOP 6 中唯一的外商品牌；浪潮、华为、H3C、联想及曙光分别排名第 2～6 位，市场份额分别为 19.72%、16.83%、15.72%、12.44%、8.79%（见图 3-1）。国产服务器厂商已成为全球服务器市场的重要组成部分。

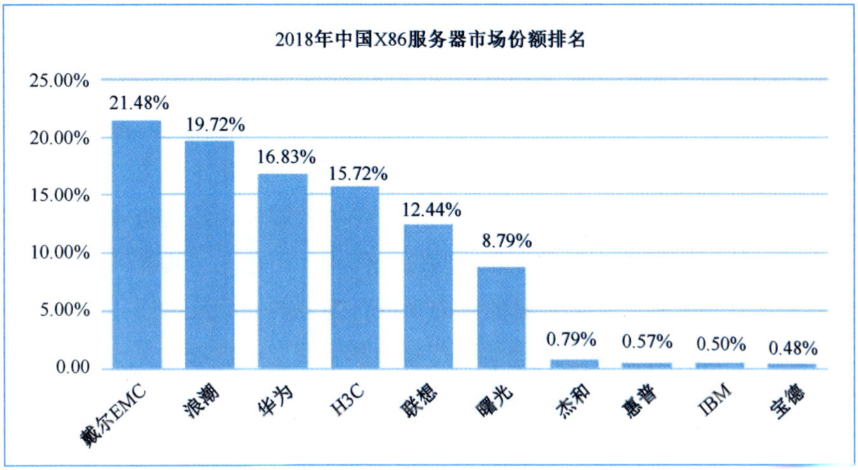

图 3-1　2018 年中国 X86 服务器市场份额排名

（数据来源：中关村在线，2019 年 1 月）

三、产业创新

中国超算集团优势扩大，E 级超算布局加速推进。中美两国在超级计算机（简称“超算”）领域正形成交错领先发展态势。2018 年 6 月和 11 月两份全球超算 500 强榜单中，我国的神威·太湖之光分别被美国的顶点（Summit）和山脊（Sierra）依次超过。Summit 浮点运算能力可达每秒 20 亿亿次，神威太湖之光为每秒 10 亿亿次。神威·太湖之光用的芯片为自主研发，在单个芯片上与美国尚有一定差距。但从整体来看，榜单中中国高性能计算机数量已经增加至 206 台（美国为 124 台），稳居第一，正形成集团优势。在 500 强榜单中排名前五的制造商中，中国的联想、浪潮和中科曙光分别位列第一、第三和第五名。在 2018 年中国 HPCTOP100 榜单中，入围超算全部为国产产品。国内三台 E 级超算（运算能力每秒百亿亿次）——天河 3 号、神威 E 级、曙光 E 级的原型机均进入了 TOP10，在自主可控、持续性能等方面实现了较大突破。我国的 E 级超算规划布局已经展开，有望在超算领域再次领先世界。

第二节　发展特点

一、云计算、人工智能等新场景数据爆发式需求拉动服务器市场大幅增长

云计算、人工智能等新型场景数据的爆发式增长以及对企业业务的重要性需求，推动服务器市场收入和出货量的大幅增长，主要包括几个方面：一是企业数字化转型。无论是互联网、金融、电信、政府等服务器使用大户，还是制造、能源和服务等传统行业，在数字化 IT 架构建设上的投入均有不同程度增长，不断采购服务器升级 IT 架构以适应数字化发展需求，其中制造、能源和服务行业的投入增长尤为明显，带动了服务器市场的增长。二是企业上云。无论是公有云厂商采购更多的基础设施来提供更加成熟的云服务，还是企业内部构建私有云系统，均对服务器市场发挥着正向促进作用。三是人工智能兴起。人工智能的发展与应用，需要借助大量的算力来进行模型的训练及推理，这些均刺激着从事人工智能的相关企业大批量采购服务器。四是高性能计算（HPC）需求旺盛。全球 HPC 市场正以 8.3%的年复合增长率增长，中国 HPC 市场发展速度更是快于全球市场。HPC 需要大规模采购服务器构建集群，对服务器市场形成拉动。

二、高端定制化服务器市场成为厂商争夺的焦点

在超大规模数据中心使用的服务器，通常对处理器、主板、机架、扩展单元、存储单元等有着自己的要求，需要通过某些“硬件重构”，在功耗、输入/输出能力方面做到通用服务器难以达到的改善。为了满足这部分用户，服务器厂商在整个服务器平台上有自己的创新性，以满足不同用户的需求。更大的定制化服务功能的开启，成为当前服务器厂商们竞争走出同质化的突破口。随着虚拟化、云计算等新一代信息技术的普及程度进一步提高，基于大型服务器的私有云方案能够提供更为理想的性能密度比，而且整体成本、可靠性方面都具有优势。越来越多的行业用户开始采用基于大型服务器的私有云解决方案，来改造原有的数据中心结构，这种趋势将长期推动四路及以上服务器的增长，服务器的融合架构和集成系统得到快速发展，高端定制化服务器市场成为厂商争夺的焦点。

第四章

通信设备行业

第一节 总体情况

一、产业规模

2017 年，我国通信设备市场规模为 2457.3 亿元。其中，光通信设备规模为 987.9 亿元，占比达到 40.2%；移动通信设备市场规模为 1034.5 亿元，占比达到 42.1%；网络通信设备市场规模为 434.9 亿元，占比 17.7%。预计到 2018 年，整体市场规模将达到 2307.4 亿元，同比下降 6.1%。而到 2019 年，随着 5G 网络建设的启动及宽带速度的不断提升，整个市场增速将会开始回升，2020 年中国通信设备市场规模将达到 3086.9 亿元。

通信设备进出口量出现明显下滑。海关总署数据显示，2018 年 1—12 月，我国出口手持或车载无线电话机 11.19 亿台，同比下降 7.8%，出口额 9342.85 亿元，同比增长 9.8%。进口方面，电话机进口 421 万部，同比下降 29.7%，进口额 20.45 亿元，同比下降 61.2%；数字式程控交换机或电报交换机进口 5810 台，同比上升 42.7%，进口额 1.29 亿元，同比上升 50.1%。

二、产业结构

移动通信方面，国际上 5G 第一阶段的国际标准已经制定完成，我国企业全面参与了 5G 国际标准制定，新型网络架构等多项技术方案被国际标准组织采纳。目前，我国已经突破大规模天线、网络编码等关键技术，各项测试工作将加速进行，以在 2018 年年底前推出符合第一版本 5G 国际标准的商用系统设备。

国内光通信设备产业由高速增长过渡到平稳增长期，智能制造和产品多元化也更加明显，正在超出光通信产业原有的边际。我国已成为全球最大的光通信市场，产业链核心环节“卡脖子”局面仍在。在光器件领域，我国占全球20%~25%的市场份额，在无源及有源光器件芯片中低端产品领域及光模块等产业链下游领域紧跟领先水平或与领先水平保持同步。然而，高端产品研发能力薄弱，10Gb/s光芯片国产化率接近50%，25Gb/s及以上光芯片国产化率仅为3%。此外，高速驱动、PAM4和DSP等电芯片国产化率极低，依赖以美日为主的进口。目前，苏州旭创、光迅科技、亨通光电等企业将100Gb/s高速光模块作为发展重点，投入了大量资金进行研发，未来有望在该领域实现突破。

第二节　创新进展

一、系统设备持续创新

系统设备方面，我国在无线、传输、核心网及业务承载支撑等系统设备上已经达到了世界领先水平。在5G时代，基于先天的市场优势配合技术标准上的超前布局，我国系统设备厂商在5G的网络架构、空口技术等方面，已形成了一定的领先优势。例如，华为早在2014年就展示了5G接入和回传的微站系统，2017年发布了面向5G常用场景的核心网解决方案SOC 2.0，随后发布了业界首款5G承载分片路由器，2018年进一步完成了对符合3GPP标准的5G端到端产品的覆盖。中兴通讯在2014年提出Pre5G概念，2016年展示了5G高频原型机与MUSA多址接入原型机，当前也已经发布了5G全系列高低频预商用挤占产品，还与英特尔合作开发了全球首个基于软件定义架构（SDN）和网络功能虚拟化（NFV）的5G无线接入解决方案。

二、网络通信领域，产品创新成果丰富

2018年，中兴通讯推出全球最高速光通信编码研究测试系统，发布全球最高容量核心交换机9900E打造智能高效云数据中心网络。2018年10月，中兴通讯在SDN/NFV全球大会上连获最佳新云原生VNF、最佳新型自动化和管理、最佳新云基础设施、最佳开源产品、最佳网络边缘、最佳边缘与接入解决方案六项大奖；11月，Global Data发布报告，中兴通讯5G RAN、5G Core、5G Transport进入GlobalData 5G预评级报告中的领导者象限。华为发布了全球首个5G Cloud VR服务整体解决方案，该解决方案基于业界先进的开源组件和API，研发了

Cloud VR 连接协议和软件，且针对华为云平台进行了核心代码重构和优化。服务涵盖 Cloud VR 开发套件、华为云 Cloud VR 连接服务和 Cloud VR 开发者社区，旨在解决 Cloud VR 基础设施及广域网适配问题，构建 VR 开发生态。

第三节　发展特点

一、通信设备制造厂商逆势崛起

经过几十年的技术演进和市场推广，目前全球通信设备制造商已经形成了以国外的爱立信、诺基亚，国内的华为、中兴通讯为代表的四足鼎立的竞争格局。2017 年以前，爱立信通信设备的市场份额稳居市场第一。但是随着近年来华为技术竞争和市场竞争力的拓展，其市场份额不断增加。2017 年华为反超爱立信，全年实现全球销售收入 6036 亿元，较 2016 年的 5216 亿元增长 15.7%，净利润 475 亿元，同比增长 28.1%，市场份额比例为 28%，成为全球最大的电信设备制造商。近年来，华为凭借其技术水平的不断提升和全球发展战略的推进，在全球通信设备领域的竞争实力不断增强，一定程度上也促进了我国整体竞争实力的提升。尤其是 5G 时代，在欧、美、日、韩运营商还在通过高价格来实现高收入与高利润时，中国运营商以用户群为基础建立低价格、高收入的市场体系。也正是基于价格优势，截至 2018 年年底，华为已获得 26 个 5G 商用合同，与全球 50 多个商业伙伴签署合作协议，5G 基站商用发货数量超 1 万个，是全球发货数量最多的企业。

二、通信设备领域国际形势愈发严峻

2018 年，在中美贸易摩擦持续升温和全球 5G 商用日益临近相叠加的大背景下，美国为抢占未来全球 5G 主导权，对我国通信设备产业发起战略阻击。2018 年 4 月，美国商务部宣布禁止美国企业向中兴通讯出售零部件产品，其中原因之一是阻碍中国 5G 网络推进。2018 年 8 月，美国商务部工业和安全局（BIS）宣布将我国 44 家实体列入“出口管制清单”。其中的中国电子科技集团 13、14、38、55 所等研究机构是我国发展 5G 核心器件的关键力量。2018 年 8 月，美国宣布禁用华为、中兴通讯等中国企业的产品服务之后，澳大利亚、新西兰、加拿大、英国、日本、韩国等多国陆续传出类似消息，美国试图联合它们对我国 5G 企业“走出去”采取抵制措施。

三、多重因素驱动光通信设备行业快速发展

在通信网络建设及大数据、云计算、VR/AR、4K/8K 超高清视频带来数据流量爆发以及数据中心大规模投资等因素的带动下，我国光通信行业的投资保持高位增长，光通信材料、光通信器件的市场需求也依然强劲。一是 4G 基站建设继续，据工业和信息化部数据显示，2018 年我国新建 4G 基站 43.9 万个，总数达到 372 万个。截至 2018 年 12 月底，4G 用户总数达到 11.7 亿户，全年净增 1.69 亿户，普及率接近 84%，低于国际领先的日本（近 110%）和韩国（99%）等国家和地区，仍有发展空间。二是在光纤光缆方面，运营商为应对 5G 规模商用，会提前布局，大量建设新的宏基站和微基站，光纤光缆需求量将大幅增加。鉴于通信基础设施建设具有一定的周期，因此预计 2019 年第二季度运营商就会启动新一轮的光纤光缆集采，规模将达数亿芯公里，略多于 2018 年。2020 年 5G 规模商用将推动运营商继续加大集采量，光纤光缆需求依然会很旺盛。

第五章

消费电子行业

2018年，我国消费电子行业的市场规模稳定增长，技术和产品创新保持活跃。随着人工智能、大数据、云计算等信息技术的快速发展，消费电子产业已进入动能转换、提质增效、转型升级发展的关键阶段，手机、平板电脑、计算机和电视机等传统产品增长见顶，超高清视频、智慧健康养老、虚拟现实、智能家居、人工智能、智能驾驶等新产品、新应用、新型通用平台不断涌现。消费电子行业丰富的产品形态和广阔的应用场景，正不断激发信息消费需求，成为电子信息产业扩大内需市场、促进消费升级的重要抓手和关键组成部分。

第一节　发展情况

一、产业规模

2018年，中国彩电市场持续低迷，彩电销量微增而销售额下降。根据奥维云网数据，2018年我国生产彩电1.6亿台，而国内零售量规模为4774万台，同比微增0.5%，零售额1490亿元，同比下降8.6%，零售均价3121元，同比下降9%。2018年1—11月，中国彩电出口量为8857万台，同比增长19.4%，出口额为898.02亿元人民币，同比增长4.5%。

2018年，中国智能音箱国内市场热度不减，成绩斐然。全年出货量达到2200万台，近乎2017年出货量的14倍，呈现井喷式发展，约占全球出货量的1/3。在企业的补贴竞争下，用户增长迅速，整个产业链呈现出蓬勃发展的状态。

2018年，中国VR/AR市场稳步推进。全球市场全年呈现“由暖转冷再转暖”态势，对国内市场也产生一定影响。国内VR头戴式显示设备、VR眼镜销售量相对下降，而VR一体机销量大幅提升，国内VR内容市场也实现快速增长。

二、产业结构

彩电的国际市场开拓成绩斐然，成为效益增长点和利润的主要来源。TCL电视在北美、印度、欧洲发展迅速，与三星、LG、索尼展开激烈竞争。海信电视在欧洲、南非、澳洲、北美、日本等主要市场均保持两位数的高速增长态势。在国内市场，TCL、海信、创维、LG、三星、索尼等企业仍然占据主导地位，但以小米电视为代表的互联网电视追赶速度较快，2018 年上半年小米电视的国内市场份额占到 12.8%，在全球出货量达到 320 万台。华为、一加等企业也开始布局智能电视行业，对海信、TCL 等龙头企业形成冲击。

智能音箱市场呈现以科技/互联网厂商为主导的市场格局，阿里巴巴、小米、百度和京东（灵隆科技）四家厂商的出货量比重超过 90%，其中阿里智能音箱约 1000 万台，小米智能音箱约 600 万台，百度与京东均达到 200 万台，剩余 200 万台由其他企业生产。此外，华为、腾讯等企业也开始涉足智能音箱市场。在语音方案环节，思必驰、科大讯飞、声智科技等占据主要市场份额；在代工生产环节，主要以奋达科技、台德实业、通力电子、三诺等几家厂商为主。

三、产业创新

2018 年，我国彩电企业的产业创新加快，新产品、新设计、新技术、新应用层出不穷，包括激光电视、超高清蓝光电视、4K 全面屏电视、OLED 屏幕发声电视、超大屏电视、浮窗全场景设计、智能场景自动识别电视等，以人工智能、面部识别、8K 超高清为代表的新技术也得到应用。

在智能音箱领域，科技企业不断发掘智能音箱功能，从语音识别、自然对话，到可视化、智能家居控制、在线购物，功能不断拓展。智能音箱与人工智能、物联网结合，与其他智能家居产品的联系进一步增强，承担起物联网入口的功能。百度、腾讯等多家科技公司发布可视化智能音箱，打造新的用户窗口。

在 VR/AR 领域，关键技术进一步成熟，在图像引擎、渲染算法、眼球追踪、移动空间定位等领域有重大突破，提升 VR 服务的沉浸感和可靠性。此外，VR/AR 企业加速行业应用市场布局，在飞机、汽车、船舶等大型装备的制造中已经实现初步应用，提高研发、装配和检修环节的生产效率，并在虚拟社交、虚拟购物等领域实现应用。

在智能网联汽车领域，L3/L4 级自动驾驶解决方案逐步成熟。自动驾驶技术的创新和产品化进程明显加快。“虚拟空间触控技术”、窗户显示技术和通信照明技术等前沿信息技术加速向自动驾驶领域融合集成。AI 技术应用助推驾驶行为向乘驾体验转变，实时情绪自适应驾驶技术可以通过生物信号捕捉驾驶员的情绪变化做出驾驶操作方面的优化处理，沉浸式车载信息娱乐系统可根据车辆移动情况实时匹配虚拟娱乐内容。

第二节 发展特点

一、消费电子产业规模稳居世界第一

我国以广阔的消费市场和成熟的制造能力承接国际消费电子产品生产基地转移，使得消费电子产业快速增长，规模稳居世界第一。我国手机、PC、电视等主要电子消费产品产量均位居世界第一，占全球出货量的比重均超过二分之一。我国消费电子市场成长空间最大，拥有全球最庞大的消费人口基数，且 80、90、00 年代的“新世代消费者”快速崛起、中产及富裕阶层消费者日渐增多，均促使消费电子市场需求量大幅提升。此外，随着手机、电脑等主要电子产品更新换代速度加快，庞大的用户群体更换消费电子产品的需求又进一步延展了消费电子市场成长空间。我国是全球消费电子产品的主要出口国，电视、手机和笔记本电脑作为消费电子产业的主要产品，出口始终稳居电子信息产品前列。

二、消费电子行业竞争格局不断变革

消费电子是电子信息产业中市场竞争最充分的领域，也是产业生态竞争最显著的领域。消费电子行业产品覆盖黑电、白电、手机、VR、AR、汽车、智能家居、可穿戴设备、PC 产品及外设等消费电子的各领域。一方面，智能手机、PC 等传统消费电子产品面临瓶颈，现有主要移动智能终端操作系统生态短期内看不到突破变化的可能。另一方面，随着消费电子跨界融合渗透加剧、个性化设计愈发突出、底层软硬件进一步平台化发展，不断涌现出虚拟现实/增强现实、超高清视频、自动驾驶等新兴领域。这些领域还属于创新无人区，竞争格局尚未固化，为“独角兽”“小巨人”“瞪羚”等创新成长型企业带来难得机遇，为产业新秩序的形成带来了机会。

三、终端产品智能体验和设计不断优化

个人计算机（PC）产品继续延续硬件性能升级和特色化设计兼顾的演进路线，既持续围绕处理器、固态存储、电池续航、显示屏、摄像头等性能指标推出升级产品，同时更加注重智能化体验设计，贴合消费者需求。华硕笔记本推出了 NumberPad 双功能触控板，解决用户在小尺寸笔记本上使用数字键盘的尴尬；联想推出 3D 曲面屏笔记本，搭载杜比视界与杜比全景声音响系统，可满足

用户4K HDR娱乐体验，同时内置了联想AI智能助手，可对用户使用习惯进行学习，合理分配内置资源达到最优性能。

四、人工智能、超高清、柔性显示等技术引领创新发展

云端智能方面，百度发布了中国首款智能边缘计算产品BIE（Baidu Intelligent Edge）和智能边缘计算开源版本OpenEdge。终端智能方面，宝乐机器人发布了首款激光+AI摄像头导航扫地机器人，将激光识别与机器视觉结合，可以实现最佳清扫路径规划。8K面板成为品牌电视机厂商旗舰产品标配。TCL、创维、夏普、海信等均推出基于8K屏的电视产品。曲面屏（可折叠屏、可卷曲屏）在智能电视、智能手机上实现应用。柔宇、天马展示了可折叠屏手机。MicroLED、QLED、OLED等显示技术并行创新发力。

第六章

集成电路行业

第一节　总体情况

一、产业规模

伴随2014年《国家集成电路产业发展纲要》的出台，我国集成电路产业发展政策环境和投融资环境被进一步完善，各类社会资金在近年来不断加大对集成电路产业的投资力度，一批重点项目陆续开工。进入2018年，在前期重点项目相继投产、自主关键技术不断取得突破、全球行业景气度持续走高等因素的拉动下，我国集成电路产业再次实现高速增长，产业总销售额突破6000亿元大关，达到6531.4亿元，同比增长20.7%，增长率连续三年超过20%，继续成为全球产业发展最快的地区之一（见图6-1）。

二、产业结构

实现产业各环节协调发展一直是我国集成电路产业发展的重要目标之一。2018年，我国集成电路产业结构得到进一步优化，设计业、制造业产值比重进一步提升，将为我国芯片自主能力提升、推动下游制造、封测环节规模持续增长提供保障。其中，设计业销售额为2519.3亿元，同比增长21.5%；制造业销售额为1818.2亿元，同比增长25.6%；封测业销售额为2193.9亿元，同比增长16.1%。

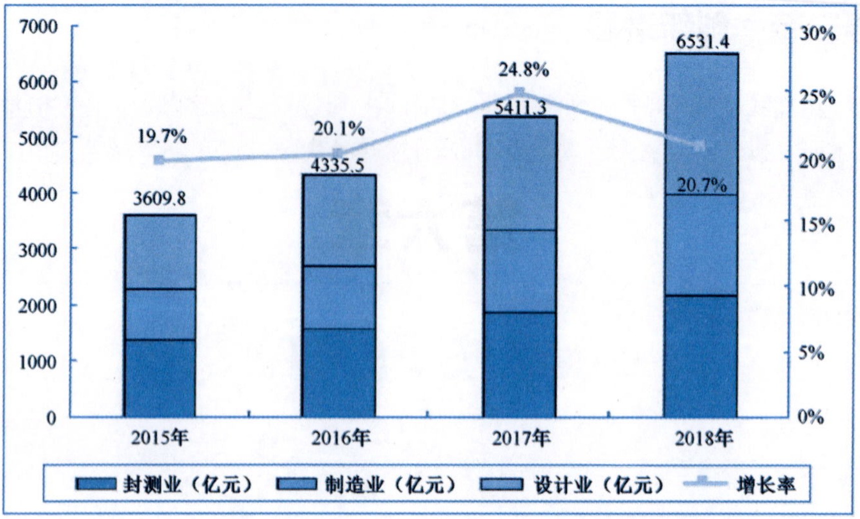

图 6-1　2015—2018 年我国集成电路销售额及增长率

（数据来源：中国半导体行业协会，2019 年 3 月）

三、进出口情况

集成电路产业具有明显的国际化特点，产品生产环节存在大量的国际物流和转口贸易，集成电路因此成为全球最重要的贸易货物之一。据 WTO 统计，2017 年全球各国/地区集成电路产品进口总额约为 9600 亿美元，约占全球货物贸易进口总额的 5.3%。我国作为全球最大的集成电路产品消费国，同样是全球进口集成电路量最大的地区。据海关总署统计，2018 年我国累计进口集成电路 4175.7 亿个，较 2017 年增长 10.8%，进口额达到 3120.6 亿美元，同比增长 19.8%。其中处理器及控制器进口额为 1274 亿美元，占集成电路进口额的 41%。其次是存储器，由于存储器涨价，进口额同比上涨 38.3%，达到 1230.6 亿美元，占集成电路进口额的 39%。中国台湾、韩国分别作为全球最重要的集成电路生产代工基地和存储器生产基地，分别贡献了我国集成电路进口额的 31%和 25.3%。

四、产业布局

目前，我国集成电路产业主要分布在京津环渤海、长三角、珠三角等三大地区，汇聚了全国主要重点企业和产能。近年来，在国家及地方优惠政策和资金的支持下，西安、合肥、武汉、重庆、成都等中西部地区城市，福州、厦门、泉州等沿海城市的集成电路产业同样得到了快速发展，正在形成新的产业集群。

第二节 创新进展

虽然我国集成电路产业市场化发展较晚，仍处于市场跟随者地位，但是在技术研发投入不断加大、本土应用市场持续向好的带动下，近年来集成电路产品自主技术发展取得了巨大突破。

一、设计业技术发展情况

目前，我国企业在移动智能终端芯片、数字电视芯片、智能卡芯片、人工智能芯片等专用器件市场，CMOS 图像传感器、MEMS 麦克风传感器、指纹传感器等通用器件市场发展较好，整体技术达到或接近世界先进水平。移动处理器方面，采用 7nm FinFET 工艺的海思麒麟 980 芯片于 2018 年上市，继续成为全球主流的高端移动处理器芯片之一。基带芯片方面，我国企业紧追 5G 应用趋势，已有海思巴龙 5G01 芯片、展锐春藤 510 芯片等支持 5G 通信协议的国产芯片问世，我国企业迈入了全球 5G 第一梯队。人工智能芯片方面，除寒武纪等企业外，地平线、百度等公司纷纷推出自家的人工智能芯片，我国人工智能芯片技术正在继续缩小同国际先进水平距离。桌面级处理器方面，上海兆芯 2018 年推出的 ZX-D 芯片成为国内首款支持 DDR4 CPU 产品，缩短了我国桌面级处理器技术同国际先进水平之间的差距。嵌入式处理器方面，杭州中天微 CK 系列嵌入式 CPU 芯片在 2018 年出货量超过 2 亿颗，产品成功进入电网等重要物联网应用市场（见表 6-1）。

表 6-1 我国集成电路设计业重点技术发展情况

芯片类型	公 司	产品型号	意 义
移动处理器	海思半导体	麒麟 980	保持在全球主流高端移动处理器芯片市场地位
5G 通信芯片	海思半导体	巴龙 5G01	我国企业进入全球 5G 芯片第一梯队
	紫光展锐	春藤 510	
人工智能芯片	寒武纪、地平线、百度等		继续缩短同国际先进水平差距
桌面级处理器	上海兆芯	ZX-D	缩短了同国际先进水平间距离
嵌入式处理器	杭州中天微	CK 系列	广泛应用于物联网市场

数据来源：赛迪智库整理，2019 年 3 月。

二、制造业技术发展情况

目前，我国集成电路制造技术仍与国际先进水平存在一定距离，先进逻辑工艺同国际领先水平存在3代左右的技术差距。但是以中芯国际、华力微电子等为代表的企业正在通过快速布局16/14nm工艺实现先进逻辑工艺的追赶。中芯国际16/14nm工艺试产良率于2018年年中达到95%，计划于2019年实现工艺量产；华力微电子将于2019年年底前量产28nm HKC+工艺，于2020年年底前量产14nm FinFET工艺。同时，我国企业正在存储器领域实现突破，长江存储发布了应用于3D NAND Flash芯片中的Xtacking技术，将芯片I/O接口速度提升至3Gbps，和DDR4内存相当，并于2018年量产32层堆栈的3D NAND Flash芯片，计划于2019年量产64层堆栈的3D NAND Flash芯片（见表6-2）。

表6-2 我国集成电路制造业重点技术发展情况

公　司	技术发展情况
中芯国际	16/14nm工艺试产量率达到95%，工艺计划于2019年实现量产
华力微电子	计划于2019年年底前量产28nm HKC+工艺，2020年年底前量产14nm FinFET工艺
长江存储	自有Xtacking大幅提升I/O接口速度，2018年量产32层堆栈的3D NAND

数据来源：赛迪智库整理，2019年3月。

三、封装测试业技术发展情况

由于我国企业进入行业时间较早、技术研发持续性较好、内资龙头企业对国外优质标的进行收购等原因，我国封装测试技术已经整体达到世界先进水平，部分技术工艺达到世界领先水平。配合我国在生产成本方面的优势，封装测试成为全球集成电路产业中最先向我国进行转移的环节。面向传统封装技术，因为技术具有不可替代性，在新款芯片对传统封装工艺提出新需求的同时，继续优化传统封装技术依然受到主流封装厂商的重视。现今，包括中小封装厂在内的我国企业已经全面掌握传统封装技术，成本、工艺技术差异化是厂商形成市场竞争力的关键。面向先进封装技术，在芯片小型化、高密度化的发展趋势下，先进封装技术是全球主流封测厂商研发的核心。我国先进封装技术由长电科技、通富微电、华天科技、晶方科技等企业掌握，技术覆盖WLP、Fan-Out、Flip Chip、2.5/3D等。伴随我国封装技术的发展，先进封装技术应用比例不断提高，整体约33%的产值来自先进封装，对于龙头企业，先进封装技术为企业贡献产值比例超过50%。入选2017年中国半导体创新产品和技术项目榜单的IC封装与测试技术如表6-3所示。

表 6-3　入选 2017 年中国半导体创新产品和技术项目榜单的 IC 封装与测试技术

企业名称	创新产品和技术名称
华进半导体封装先导技术研发中心有限公司	大板集成扇出先进封装技术
华天科技（昆山）电子有限公司	硅基晶圆级扇出型封装技术
江苏长电科技股份有限公司	应用于高速高功率芯片的新型激光工艺高散热 IC 封装技术
江阴长电先进封装有限公司	圆片级六面包覆极小型芯片尺寸封装产品
天水华天科技股份有限公司	基于引线框架的小外形倒装封装技术
苏州通富超威半导体有限公司	多芯片高功率倒装封装技术
苏州日月新半导体有限公司	微机电系统（MEMS）集成电路堆叠封装产品
浙江洁美电子科技股份有限公司	电子元器件用塑料载带一体化成型技术
通富微电子股份有限公司	基于高可靠汽车电子智能控制的传感器封装技术

数据来源：中国半导体行业协会封装分会，2019 年 3 月。

第三节　发展特点

1. 完整的工艺体系带动我国集成电路产业各环节发展

我国是全球工业体系最完整的国家，完整的工业体系为我国集成电路企业提供了丰富的本土供应商，有效降低了我国企业生产成本。在设备领域，虽然我国产业上游零部件企业仍在技术难度高的关键零部件种类同国际先进水平具有一定技术差距，现阶段尚不足以支撑关键设备零部件的国产化，但是我国已经具备占设备零部件种类数量大多数的基础零部件的供应能力。在材料领域，我国已经具备各种金属、合金、气体、混合溶剂等的生产能力，近年来伴随我国工业工艺技术的不断提升，满足集成电路产业使用的工业原材料数量得以提升，为降低我国集成电路产品生产环节可变成本带来保障。

2. 发达的电子元器件分销市场为我国产业供需稳定提供进一步保障

分销是集成电路产业重要的产品销售方式，面向中小厂商的集成电路产品销售主要通过分销商完成。我国大量且多样化的电子市场培育了数量众多的电子元器件分销商。据统计，仅深圳华强北就聚集着超 20000 家独立分销商。发达的电子元器件分销市场增加了我国集成电路产业抵御产品供需变化的能力，为保障我国集成电路产品市场供应稳定带来更多保障，有助于产业平稳发展。

3. 产业投资与技术攻关紧密结合

以国家集成电路产业投资基金（大基金）为代表的产业投资基金成为近年来供给我国集成电路产业投资需求的主要来源。截至 2018 年 9 月 30 日，大基金累计有效承诺投资额超过 1200 亿元，实际出资额超过 1000 亿元，有效决策超过 70 个项目，涉及 50 家企业，成为助推我国集成电路产业发展的重要力量。此外，伴随大基金的投资，全国多地陆续成立地方产业投资基金，吸引各类设备资本参与集成电路产业投资，实现了大基金的资本放大效应，进一步保障了产业对资金的需求。

第七章

新型显示行业

第一节　总体情况

2018 年，显示面板出货面积约为 2.38 亿平方米，同比增长 8%。未来，网络流量中 90%的内容将以视频方式呈现，显示面板将扮演不可或缺的角色。5G、人工智能、无人驾驶、生物识别等新技术的发展均将进一步带动新型显示产业持续增长，预计 2020 年，全球液晶面板出货面积将达到 2.66 亿平方米，年均增长率为 4%。

从出货规模看，2018 年，在面板生产线量产的带动下，我国显示产业产能规模继续增长，全年出货面积预计将超过 8000 平方米，全球占比接近 40%，TFT-LCD 出货面积位居世界第一。面板企业累计营收超过 2200 亿元，其中 TFT-LCD 位居世界第一。2018 年前三季度，京东方、华星光电、中国电子和天马等骨干企业销售收入超过 1150 亿元，同比增长 13%。TFT-LCD 领域，多条 8.6 代及以上生产线进入量产阶段，Oxide 和 LTPS TFT-LCD 面板生产能力进一步成熟，将进一步保持我国在 TFT-LCD 领域的优势地位。

从进出口规模看，2018 年，液晶面板进出口逆差继续缩窄。2018 年前三季度，液晶显示面板进口 16 亿片，进口额 199 亿美元，同比下降 7.6%和 11.5%；出口 10 亿片，出口额 86 亿美元，同比增长 1.6%和下降 10.2%，贸易逆差持续缩减 12.5%。

从应用市场看，新型显示产业的应用范围得到进一步拓展。智慧城市建设正处于加速阶段，以公共交通、休闲娱乐为代表的大屏商用显示面板呈现爆发式增长态势，据 IHS 预测，2018—2021 年全球商用显示销售收入复合年增长率将达到 18%，远高于显示面板 2%～3%的年均增长率。智能网联汽车的发展为显示技术提供了新的应用场景，车载显示成为中小尺寸应用中继手机之后的第二大市场。虚拟现实技术逐步走向成熟，对显示技术进步和性能提升将产生重要推动作用，将在未来数年给竞争激烈的新型显示产业带来新的挑战与机会。

从区域布局看，LCD 技术起源于美国，成熟于日本，韩国凭借反周期投资后来居上，中国台湾地区和大陆地区承接产业转移，与日韩共同形成“三国四地”的产业格局。日本最先将液晶面板成功投入商用，然而由于日本企业经营模式与产业变化脱钩，加之主体分散，政府在关键时刻投资未能跟上，导致日本面板企业竞争力逐渐衰落，目前日本依托在新型显示领域的长期投入和技术积累，在玻璃基板、掩膜版、光刻胶、OLED 发光材料、蒸镀设备及偏光片原材料等领域仍然具有竞争实力。韩国企业在政府的支持下通过“反周期投资”一举超过日本，凭借在消费电子领域的市场地位，韩国成为显示产业的主导国家。进入 21 世纪，韩国超前布局，三星和 LG Display 目标明确，确定以 AMOLED 技术作为保持其领先地位的重要选择，同时逐渐降低 TFT-LCD 的产能。中国台湾地区 TFT-LCD 产业发展稍晚于韩国，得益于及时抓住日本产业转移良机，具备了独立开发高世代生产线能力，作为“两兆双星”计划的重点，在政策的有力支持下，中国台湾地区 TFT-LCD 产业得到快速发展。随着中国大陆显示产业的崛起，中国台湾地区企业竞争压力骤升，下游市场缺乏的问题也成为明显制约因素。

第二节　创新进展

随着我国新型显示企业创新实力不断增强，新型显示领域的创新取得较大进展。TFT-LCD 领域，多条 8.6 代及以上生产线进入量产阶段，Oxide 和 LTPS TFT-LCD 面板生产能力进一步成熟。AMOLED 领域，多条柔性 AMOLED 面板生产线进入量产，产能逐渐开出，为国内手机企业的技术创新提供了基础。

企业创新方面，世界知识产权组织（WIPO）公布了 2018 年全球国际专利申请（PCT）排名情况，中国三家企业进入 TOP10，其中，京东方（BOE）以 1813 件 PCT 专利申请量位列全球第 7。PCT 国际专利申请已成为国际化创新型企业进行全球专利布局的主要途径之一，从近三年全球 PCT 榜单来看，京东方与华为、中兴通讯共同成为进入榜单 TOP10 的三家中国企业。目前，京东方累计可使用专利已超过 7 万件，覆盖美国、欧洲、日本、韩国等国家和地区。此外，华星光电、维信诺、天马等企业也在技术创新方面取得多项成绩，华星光电针对用户使用显示屏时遇到的普遍痛点着手进行创新研究，分别从高清晰度、超长待机、健康护眼等方面进行创新，自主研发了 Fine Pixel、IEST、CPLP、

Nice Blue 等独特的领先技术。天马在 LTPS 领域的市场份额已经跃居全球第一位。天马通过制定富有成效的制度，挖掘有价值的技术，对有价值的专利进行布局等，推进了公司的技术创新进程。目前，天马在非晶硅（a-Si）、OLED、LTPS 显示屏等各个领域都开展了相应的专利布局，在全球范围内已经提交了近万件专利申请。

应用模式方面，中国大陆面板企业积极迎接超高清视频时代的来临，京东方自主研发了 8K 拼接屏播放及控制系统解决方案，完美实现了 8K 超高清分辨率信号传输，让观看者体验到如临影院的震撼之感。此外，京东方还开发了数字艺术物联网解决方案，将数字化的摄影作品通过人工智能及新型显示等技术进行完美展示。2018 年华星光电投资 426.8 亿元建设第 11 代超高清新型显示器件生产线项目正式开工，该生产线增配了印刷显示技术，产品以 8K 高附加值为主。

技术储备方面，在大屏柔性显示最有前途的印刷显示技术中，京东方和华星光电近些年的专利申请量突飞猛进，京东方在全球申请人的排名中可以保持前列，而华星光电也属于国内的佼佼者。京东方和华星光电在印刷 OLED 方面都展现出了较强的实力，专利数量均超过了曾经的 OLED 专利强者 LG 和默克，反映了我国企业在该技术研发能力的进步。

第三节　发展特点

1. 产业规模不断扩大，重要地位逐渐确立

近年来，我国新型显示产业实现跨越式发展，已成为全球显示产业的重要力量，对保持产业增长活力，推动上下游产业发展起到决定作用。中国大陆新型显示产业始终保持正增长，整体增长速度已经连续多年超过全球产业增长速度，对上游产业材料市场规模增长率贡献超过 70%。经过多年发展，我国显示产业已经建立了从供给端到应用端的产业体系，具有完整的面板制造产能和下游品牌话语权。

2. 产业规模不断增长，产品结构不断优化

截至 2018 年年底，我国共有 39 条 TFT-LCD 面板生产线量产，另有 10 条生产线在建。据 CODA 统计，2017 年我国新型显示产业实现销售收入 2758 亿元，同比增长 37%，其中显示器件营收 1998 亿元，同比增长 42%，上游材料和装备营收 760 亿元，同比增长 25%。特别是京东方武汉和华星光电深圳 10.5 代

（或称11代）TFT-LCD生产线开工建设，京东方重庆、天马武汉二期和维信诺合肥等6代柔性AMOLED生产线先后确定并发布公告，相关项目投资近1500亿元。这些高水平、高产能生产线的投产，将为我国新型显示产业的持续发展和竞争力提升发挥决定性作用。

3. 骨干企业实力增强，创新能力明显提升

随着我国显示产业规模不断增长，龙头企业创新经营能力明显改善。2018年上半年，京东方在智能手机、平板电脑、笔记本电脑、显示器、电视显示屏出货量方面继续蝉联全球第一。在超高清（4K/8K）、新型显示应用等领域不断创新，与华为等合作伙伴共同提出4K/8K、VR/AR等物联网端口解决方案。华星光电2018年上半年实现销售收入121.4亿元，实现息税折旧摊销前利润（EBITDA）41.13亿元，大尺寸液晶面板出货量保持全球第五，32英寸液晶面板和55英寸超高清面板出货量均列全球第二。生产能力达4000万片的TCL模组整机一体化智能制造产业基地的建设和投产进一步提升了TCL产业链垂直一体化能力。

4. 装备和材料迎来发展机遇期，产业链建设逐渐完善

在面板生产线建设的带动下，我国上游装备和材料迎来发展机遇期。上游材料方面，国内本土液晶材料企业2018年出货量接近100吨，自给率超过35%，铜靶、铝靶、钼靶已实现规模化生产，打破了国外企业在技术和市场上的垄断。随着全球显示产业重心向中国转移，核心材料优势企业开始加速在中国大陆本土建厂，锦江集团与日东电工合作，投资48亿元在广州建设1500mm、2500mm偏光片和偏光片上游生产线，LG化学、三星SDI、奇美材料、三利谱等企业的偏光片项目也在江苏、安徽等地陆续开建或扩产。康宁在合肥、重庆、咸阳等地建设玻璃基板项目，默克在继韩国和我国台湾地区设立OLED应用实验室之后，在上海正式成立OLED技术中心。

5. 各地投资热情仍然高涨，大尺寸和柔性显示成为投资重点

我国新型显示产业投资继续保持快速增长（见表7-1）。大尺寸方面，除京东方合肥10.5代线量产外，京东方、华星光电、富士康等企业在武汉、深圳、广州等地建设10.5代TFT-LCD生产线。柔性方面，华星光电武汉、维信诺固安和京东方绵阳等6代柔性AMOLED生产线正在建设中。地方政府在投资方面扮演了积极的角色，中国电子、惠科、信利等企业与安徽、四川、河南等地方政府洽谈，计划建设8.6代、10.5代TFT-LCD生产线及AMOLED生产线。据不

完全统计，我国新型显示投资已超过万亿元，未来 2 年相关项目投资预计将超过 3000 亿元。

表 7-1　我国在建面板生产线

序　号	企　业	代　线	地　点	种　类	投产时间	投资额（亿元）
1	京东方	6	绵阳	柔性 AMOLED	2019 年一季度	465
2	京东方	10.5	武汉	a-Si LCD	2019 年四季度	460
3	华星光电	6	武汉	柔性 AMOLED	2020 年二季度	350
4	华星光电	11	深圳	a-Si LCD	2020 年四季度	427
5	信利	5	仁寿	a-Si LCD	2019 年四季度	125
6	益丰泰	5.5	井冈山	a-Si LCD	2019 年二季度	100
7	和辉	6	上海	柔性 AMOLED	2019 年一季度	273
8	LGD	8.5	广州	Oxide OLED	2019 年二季度	305
9	惠科	8.6	滁州	a-Si LCD	2019 年一季度	240
10	富士康	11	广州	a-Si LCD	2019 年二季度	610

数据来源：赛迪智库，2019 年 3 月。

第八章

电子原材料元器件行业

2018 年是全面落实“十三五”规划的关键之年，我国电子原材料元器件行业整体运行平稳，投资增速良好，关键领域创新持续推进，重点产品国内自给率明显提升，有力地保障了我国电子信息制造业的健康发展。

第一节　总体情况

（一）产业规模保持较快增长

2018 年我国电子原材料元器件行业销售收入达到 4.70 万亿元，同比增长 10.3%，增速高于电子信息制造业全行业 1.3 个百分点，占我国电子信息制造业的比重为 33.2%，比 2017 年提高了 0.4 个百分点，占比延续上升势头。其中，电子材料行业实现销售收入 0.35 万亿元，同比增长 12.9%，电子元件行业实现销售收入 2.30 万亿元，同比增长 10.6%，电子器件行业实现销售收入 2.05 万亿元，同比增长 9.9%。

（二）主要产品进出口增速差异明显

2018 年，我国电子原材料元器件行业主要产品进出口贸易情况出现明显分化。集成电路进出口额及数量均延续了增长态势，2018 年实现进口额 3120.6 亿美元，同比增长 19.8%，进口 4175.7 亿个，同比增长 10.8%；出口额为 846.4 亿美元，同比增长 26.6%，出口数量 2171.0 亿个，同比增长 6.2%。而由于多条国内液晶面板生产线点亮投产，液晶显示面板进出口额及数量继续呈现双降态势，2018 年实现进口额 261.4 亿美元，同比下降 13.6%，进口数量 21.5 亿个，同比下降 10.8%；实现出口额 231.9 亿美元，同比下降 9.9%，出口数量 17.6 亿个，同比下降 9.3%。二极管及类似半导体器件进出口额增速双双收窄，进出口数量温和变化，2018年实现进口额216.5亿美元，同比增长4.9%，进口数量5235.4亿个，同比增长1.2%；实现出口额292.0亿美元，同比增长9.5%，出口数量6052亿个，同比下降1.3%。

（三）固定资产投资增速持续向好

在一批重大项目带动下，2018年我国电子原材料元器件行业固定资产投资保持良好增长势头，全行业累计完成固定资产投资超过10000亿元，同比增长超过18%。其中，集成电路、光缆、光电子器件在汽车电子、人工智能、5G等新兴市场拉动下投资势头良好，同比增长64.7%、60.7%和58.2%。电子元件方面，锂离子电池投资持续火热，多个100亿级项目动工；借助MLCC涨价势头，国内骨干企业纷纷加快MLCC生产线建设。电子器件方面，集成电路和平板显示贡献显著，2018年我国多条8英寸、12英寸集成电路生产线项目持续落地，华力二期12英寸先进生产线等建成投产，紫光成都存储器制造基地、投资70亿美元的三星西安半导体二期等一批项目动工；华星光电第11代TFT-LCD生产线等多条高世代LCD生产线点亮投产，多条第6代AMOLED生产线量产，多条AMOLED生产线开工建设。

第二节　创新进展

1. 关键技术和产品取得重大突破

半导体器件方面，我国企业在3D NAND闪存芯片研发上取得突破，首次提出重要的新架构和技术路径；国内芯片先进设计能力导入7nm，华为先后发布了7nm麒麟980芯片、昇腾910芯片、鲲鹏920芯片，主流设计水平达到16/14nm；16/14nm制造工艺研发取得重要进展，100G硅光收发芯片正式投产，25Gb/s电吸收调制激光器芯片（EML）进入批量验证阶段，高性能车规级IGBT4.0技术达到国际领先水平；SIP、超薄指纹封装等封装技术实现突破；首条金属溅射膜压敏芯片生产线成功通线。新型显示方面，全球首条最高世代线、全球第二条柔性AMOLED生产线实现量产，引领全球大尺寸超高清显示产业发展，打破海外巨头在小尺寸OLED领域的垄断局面，柔宇科技率先推进可折叠显示屏手机产品。太阳能光伏方面，我国刷新了多个电池转换效率纪录，晶科能源高效P型单晶电池转换效率达到23.95%；南开大学化学学院陈永胜教授领衔的团队设计和制备的叠层有机太阳能电池材料和器件，实现了17.3%的光电转化效率；天合光能自主研发的6英寸面积N型单晶全背电极太阳电池（IBC）

效率高达25.04%（全面积）；汉能砷化镓薄膜单结电池效率达29.1%。电子材料方面，关键材料规模化量产，解决了“卡脖子”问题，中镓半导体国内首创4英寸氮化镓自支撑衬底量产技术，上海新昇300mm大硅片正式导入中芯国际生产线；内蒙古晶环电子生产出全球最大450公斤级超大尺寸高品质蓝宝石晶体，将蓝宝石晶体世界纪录由350公斤级提升至450公斤级；蚌埠中建材信息显示拉出0.12mm的超薄电子触控玻璃，又创浮法技术工业化生产最薄玻璃的世界纪录；电子科技大学研制的高磁导率磁性基板，打破了国外基板厂商垄断市场的局面。

2. 行业国家创新中心建设步伐加快

在动力电池、印刷与柔性显示、信息光电子三家制造业创新中心基础上，2018年电子原材料元器件行业又新增集成电路、智能传感器两家国家制造业创新中心，2019年广东省5G中高频器件创新中心建成。国家集成电路创新中心是由复旦大学、中芯国际和华虹集团等单位共同发起，以上海集成电路制造创新中心有限公司为依托，围绕集成电路关键工艺节点和系统集成开展共性技术研发。国家智能传感器创新中心是由上海新微、中电海康、格科微电子等14家单位共同发起筹建，以上海芯物科技有限公司为依托，通过关键共性工艺技术的研发，建设研发平台、检测技术平台、设计服务平台、工程服务平台等，促进传感器产业链协同发展。

3. 企业创新能力稳步增强

骨干企业研发投入持续增强，2018年（第三十二届）中国电子信息百强企业研发投入总额同比增长16%，平均研发投入强度达到6.3%；2018年中国电子元件百强企业研发投入总额同比增长30.9%，平均研发投资比为3.6%。2018年我国发明专利授权量前10位的企业中，电子信息行业占有7席，京东方作为唯一一家电子原材料元器件行业企业入选。电子原材料元器件行业制修订标准数量稳步增长，太阳能光伏、LED、锂离子电池等领域联盟标准蓬勃发展，标准体系逐步完善。

第三节　发展特点

一、产业整体增速回调

2018年，我国手机、彩色电视机等终端产品产量出现不同程度负增长，加上中美贸易摩擦、“中兴事件”、“晋华事件”等因素影响，我国电子原材料元器件行业增速略有下滑，呈现回调态势。2018 年我国电子原材料元器件行业整体增速为 10.3%，增速较 2017 年回落 4.2 个百分点。从细分领域看，2018 年电子材料、电子元件和电子器件行业的增速分别为 12.9%、10.6%和 9.9%，增速分别均上年回落 0.9、5.3 和 3.1 个百分点。从增长贡献率看，电子元件是拉动电子原材料元器件行业增长的主要力量，2018 年其贡献率达到了 50%，电子材料和电子器件的贡献率分别为 9%和 41%。

二、主要产品产量增速明显放缓

2018 年，我国手机、彩色电视机等终端产品产量出现不同程度负增长，对上游电子材料、元器件带动作用减弱，电子原材料元器件行业主要产品产量增速显著放缓。电子材料方面，2018 年我国多晶硅产量超过 25 万吨，同比增长 3.3%，增速较 2017 年下滑了近 10 个百分点。电子元件方面，2018 年我国电子元件产量 4.9 万亿只，同比增长 12.0%，增速较 2017 年下滑 5 个百分点；锂离子电池产量上升至 139.9 亿只，同比增长 12.9 %，增速较 2017 年下滑了 18.4 个百分点；我国光缆产量 31734.5 万芯公里，同比下降 3.5%，连续多年增长势头受遏制，增速较 2017 年下降了 8.7 个百分点。电子器件方面，2017 年我国集成电路产量为 1739.5 亿块，同比增长 9.7%，增速较 2017 年下滑 8.5 个百分点；半导体分立器件产量突破 8700 亿只，同比增长 13.9%，增速较 2017 年下降 11.4 个百分点；光电子器件 17060.0 亿只（片、套），同比下降 1.1%，出现负增长，增速较 2017 年下滑 18 个百分点；太阳能光伏电池产量 96.1GW，同比增长 7.7%，增幅较 2017 年下滑了 22.9 个百分点。

三、主要产品进出口贸易逆差分化态势加剧

2018 年，国内电子原材料元器件行业需求旺盛，进口稳健增长，出口增速放缓，国内部分产品自给率显著提升，行业主要产品进出口贸易逆差分化态势加剧。2018 年，集成电路进出口逆差高达 2274.2 亿美元，同比增长 37.0%，增速较 2017 年提高 20.5 个百分点，增幅创近十年来的新高；液晶显示面板进出口逆差为 29.5 亿美元，同比收窄 34.7%；二极管及类似半导体器件实现进出口顺差 75.5 亿美元，同比增长 13.9%，增速较 2017 年下调 73.6 个百分点。

四、一系列事件暴露出我国电子原材料元器件短板

2018 年，我国电子信息行业热点事件不断，中微半导体与 Veeco 的专利纠

纷、“中兴事件”等摩擦最终平息，但“晋华事件”尚未得到根本解决，这背后反映出我国电子原材料元器件还存在很多关键短板。中微半导体与Veeco的专利纠纷虽然最终和解，但我们要看到，Veeco提出的禁止西格里碳素向中微半导体提供石墨盘（晶圆承载器）的主张，差点让我国众多MOVCD设备因缺乏更换配件而停工。美国商务部以中兴通讯未完全履行和解协议为由再次将中兴通讯列入“实体清单”，长达三个月的“休克”状态差点让中兴通讯现金流断裂，最终中兴通讯付出了巨额罚款及一系列制约条件才达成和解，关键就在于模数转换器件（AD/DA）、CPU、DSP、FPGA等关键元器件都掌握在美国人手上。美国商务部将福建晋华列为“实体清单”，其理由之一是福建晋华会威胁到美国唯一的DRAM生产商的长期经济生存能力，并进而危及美国军用系统的供应链安全，但是最根本的原因还在于我国电子原材料元器件上存在短板，受制于人。

领域篇

第九章

智能手机

第一节　发展情况

一、产业规模

从行业生产看，智能手机生产规模有所下降。据工业和信息化部运行局数据，2018 年，我国手机产量同比下降 4.1%，其中智能手机同比下降 0.6%。

从出货量看，受消费者换机周期拉长、碎片化智能终端分流、普及率提升及新功能驱动力下降等因素影响，国内手机出货量下降态势明显。据工业和信息化部统计，2018 年 1—12 月国内手机市场出货量为 4.14 亿部，同比下降 15.6%；上市新机型 764 款，同比下降 27.5%；国产品牌手机出货量为 3.71 亿部，同比下降 14.9%，占同期手机出货量的 89.5%；智能手机出货量为 3.90 亿部，同比下降 15.5%，占同期手机出货量的 94.1%，其中安卓手机在智能手机中占比 89.3%。

二、市场结构

从整体格局看，排名前十的厂商合计出货量份额达到 93%，较 2017 年同期提高 7.9 个百分点。头部品牌产品竞争力实现了进一步提升，行业集中度趋高，排名前十厂商的市场份额增长明显，中国智能手机行业格局趋于稳固。与此同时，国产品牌手机出货量下降幅度低于市场总体 0.7 个百分点，国内消费者对于国产品牌的认可度得到进一步强化。

从主要厂商看，华为、OPPO、vivo、小米、苹果为国内市场出货量排名前五的厂商（见表 9-1）。其中，华为中国市场出货量达 1.05 亿台，同比大增 15.5%，以 26.4%的市场份额稳居首位。OPPO 中国市场出货量 7890 万台，同比小幅下降 2%，市场份额 19.8%，其在 2018 年将品牌重心继续靠拢科技创新，并通过主流价位段的 A、K 系列保证市场份额。vivo 中国市场出货量 7600 万台，同比增长 10.8%，市场份额 19.1%，其 2018 年 6 月发布的首款主打“真全面屏”的 NEX 机型激发了消费者的购买意愿，并通过线上渠道寻求新市场拓展。小米中国市场出货量 5200 万台，同比下滑 5.6%，市场份额 13.1%，在 2018 年下半年进入调整阶段。苹果中国市场出货量 3630 万台，同比下跌 11.7%，市场份额仅为 9.1%，已连续三年出现出货量同比下滑。苹果在 2018 年发布的新品除了常规性能升级和外观小幅优化外，并无更突出的创新点。同时，国产品牌创新产品百花齐放也是苹果在国内市场持续下滑的原因。

表 9-1　2018 年主要智能手机厂商在我国的出货量情况

厂　商	2018 年出货量（单位：百万台）	2018 年市场份额	2017 年出货量（单位：百万台）	2017 年市场份额	同比增幅
华为	105.1	26.4%	90.9	20.4%	15.5%
OPPO	78.9	19.8%	80.5	18.1%	-2.0%
vivo	76.0	19.1%	68.6	15.4%	10.8%
小米	52.0	13.1%	55.1	12.4%	-5.6%
苹果	36.3	9.1%	41.1	9.3%	-11.7%
其他	49.5	12.5%	108.1	24.4%	-54.2%
合计	397.7	100.0%	444.3	100.0%	-10.5%

数据来源：IDC，2018 年 12 月。

三、产业创新

从新兴领域看，在手机市场的衰退周期中，各大手机厂商积极寻求前瞻性布局前沿领域，以期保有自身市场地位或实现弯道超车。华为等手机企业高度重视 5G 研发布局。2018 年 2 月，华为推出全球首款基于 3GPP 标准的商用 5G 芯片“Balong 5G01”，支持全球主流 5G 频谱，并预计在 2019 年下半年推出支持 5G 网络频段的手机。OPPO、小米、联想、vivo 等诸多智能手机厂商均成为高通“5G 领航计划”合作伙伴。苹果和三星等手机巨头竞相发展以人工智能技术为基础的语音虚拟助手，纷纷扩大 Siri 和 Bixby 等语音助手研发团队，提升研发实力。HTC 等企业正积极布局 VR 领域，展开对未来智能终端新型交互方式的探索，通过“手机+VR”一体机模式，使消费者在满足社交需求时，还享有“沉浸体验”。智能手机企业持续拓新与转型升级成为发展新趋势。

从局部创新看，屏幕、拍照、快充、识别等功能技术的成熟，一批高性能、高价位的产品被集中推出。屏幕方面，各大厂商纷纷推出“真全面屏”手机，OPPO Find X、vivo NEX、小米 MIX3、荣耀 Magic 2 等产品采用机械结构，将摄像头藏在手机之中。部分厂商采用各类异形屏，如水滴屏、打孔屏等，尽可能缩小摄像头所占面积。努比亚 X、vivo NEX 双屏版等产品采用双屏，将自拍功能挪至背面。三星则在 SDC 2018 开发者大会上展示了一款折叠屏手机，这种屏幕技术被三星命名为 Infinity Flex Display，该款手机拥有正面和背面的双屏设计，正面是一块 4.6 英寸的显示屏，背面则是一块可展开的 7.3 英寸显示屏。华为在 MWC 2019 现场发布了全球首款 5G 折叠屏智能手机——Mate X。屏下指纹方面，vivo 发布全球首款采用屏幕指纹识别设计的机型 X20 Plus 屏幕指纹版，由 Synaptics 提供指纹识别传感器。9 月，随着 OPPO R17、vivo X23 的发布，屏幕指纹渗透率的大幅提升。10 月，OPPO 发布的 K1 成为首款采用屏幕指纹识别设计的千元机，预计屏幕指纹识别将成为主流的生物识别传感器。摄像头方面，后置多摄已经迅速得到普及。12 月，三摄手机新增设备数总计超过 200 万台，华为作为三摄的主要推动者，是目前三摄机型的主要供应厂商。OPPO、vivo 也推出了首款采用 TOF 摄像头的三摄手机 OPPO R17 Pro、vivo NEX 双屏版。不过，由于目前三摄镜头模组复杂程度以及镜头分布方案难度较高，其主要为中高端机型所采用。

第二节　发展特点

一、智能手机出货量增速放缓乃至下滑的趋势难以逆转

近年来，存量市场饱和、技术创新乏力、消费者换机频率下降等因素导致智能手机行业进入“负增长”时代。从市场需求来看，除印度手机市场仍存在增量红利外，全球主要市场已接近饱和状态，智能手机平均渗透率高达 76%。从技术迭代来看，无论是屏幕、摄像头、内存、传感器等硬件堆砌，还是无线充电、异性设计、异形切割等局部单点创新，都难以有效激发消费主体的换机意愿。从市场数据来看，智能手机出货量在波动中缓降成行业“新常态”。据 IDC 数据显示，2018 年第一季度全球智能手机出货 3.34 亿台，同比下降 2.9%。国内手机市场面临形势更加不容乐观，2018 年第一季度国内手机市场出货量出现断崖式下跌，跌幅高达 27.9%，跌速创历史纪录。

二、存量市场寡头竞争趋势强化，诸多昔日巨头驶入下滑轨道

全球智能手机品牌在有限的存量市场内展开激烈竞争，市场由“倒三角”向“T 型”格局演变。一方面，苹果、三星和华为等头部品牌，借助其核心技术能力、融合创新能力、市场开拓能力等竞争优势，持续扩大市场份额。另一方面，尾部品牌的生存空间被大幅挤压，相当数量的中小品牌，乃至昔日的大品牌厂商，由于经营思维欠缺、创新能力不足、产品结构单一、品牌定位模糊，以及在全球市场布局欠缺等原因，面临市场份额下降、被收购重组或逐渐消失的危机。金立、魅族、联想等昔日巨头的市场出货量持续衰退，纷纷裁员保产。金立手机 2017 年和 2018 年第一季度销量同比降速分别达 10.3%、27%，曾为亚洲最大单体智能终端制造中心的金立工业园，即将通过裁员 50%引资保产。魅族已连续三年大量裁员，裁员比例约 10%。联想摩托罗拉手机 2017 年销量同比下降 28%，2018 年裁员比例达 50%。

三、中国头部品牌海外表现亮眼，挤占国际巨头市场空间

中国手机品牌在全球市场迅速扩张，日渐动摇着苹果、三星的霸主地位。苹果方面，2018 年第二季度全球智能手机出货量被华为超越，跌出全球前两位；中国市场排名下滑至第四位，落后于华为、OPPO 和 vivo。三星方面，集团手机业务在全球范围内遭遇了来自中国品牌的挑战，其中国市场份额从五年前的 20%下滑至不到 1%；印度高端市场份额被中国的一加品牌所超越；在以往颇具优势的欧洲市场，华为已经站稳脚跟，小米、OPPO 也开始发力；在拉美市场，荣耀等中国手机品牌已开始布局；非洲的市场份额被传音大幅挤占，三星的市场统治地位已失。

四、新兴动能和创新势能尚难弥补传统产品降势

从全球产业发展态势看，传统电子信息产品出货量增速放缓乃至下滑的趋势难以根本逆转，但 5G、人工智能、超高清视频等新兴领域尚处于孕育期或爆发前夕，现阶段还难以产生根本性提振作用。从创新势能看，苹果、三星等巨头的颠覆性创新水平与消费者成长速度的矛盾日益凸显，无论是屏幕、摄像头、内存、传感器等硬件堆砌，还是无线充电、异形设计、异形切割等局部单点创新，尚难以有效激发消费主体的换机意愿。

五、产业上游价值与业务利润多元化价值越发突出

从苹果、三星财报利润增长点看，产品供应链前端布局与新兴领域的多元

化布局愈发重要。三星在芯片、内存、屏幕、电池等关键元器件方面的横向一体化供应链布局，整合下游资源，形成规模效应，通过大量核心元器件的供应持续稳固产业根基，以分散对单类型产品的利润依赖，降低了企业整体风险。苹果则是在服务业务、可穿戴设备、智能家居等新兴领域的营收增势突出，反映出企业对全球新一轮信息技术趋势的判断，通过对未来技术与产品进行关联性投资，以多线程能力和布局，稳固市场地位和营收，成为化解传统产品销量不振和营收潜在危机的有效办法，也是高技术企业培育核心竞争力、创新整合能力，以及敏锐捕捉前沿技术的重要手段。

第十章

虚拟现实

2018年，我国虚拟现实产业市场规模持续增长，应用场景进一步拓展，产品多样化进一步增强，关键技术不断突破，产业投资更加理性，产业生态体系初步形成。在行业应用方面，虚拟现实技术成为生产领域的重要工具，在飞机、汽车、船舶等大型装备的制造中已经实现初步应用。虚拟现实得到从中央到地方政府的高度重视，VR产业相关的政策、规划纷纷出台，明确提出鼓励和支持VR产业的发展。

第一节　发展情况

一、产业规模

2018年，虚拟现实产业市场规模持续扩大。在整体规模方面，据Greenlight Insights预测，2018年全球市场规模超过700亿元，同比增长126%。其中，虚拟现实整体市场超过600亿元，虚拟现实内容市场约200亿元，增强现实整体市场超过100亿元，增强现实内容市场接近80亿元。在行业应用方面，虚拟现实技术成为生产领域的重要工具，在飞机、汽车、船舶等大型装备的制造中已经实现初步应用，在研发、装配和检修中发挥作用，并在教育、医疗等领域革新知识获取渠道，提升教学与培训质量，并在文化、军事等领域继续深化拓展。

二、产业结构

国内VR/AR创业公司已超过千家，主要分布在游戏、硬件、教育、地产、影视、工业等方向，创业公司聚集地以北深沪杭为主，福州、南昌、成都、武汉、西安、南京也有不少新创企业。虚拟现实产业链包含硬件、软件、内容制作与分发、应用和服务等环节。按产业链各环节划分，中国虚拟现实重点企业可以归纳为表10-1。

表10-1 中国虚拟现实产业链各环节重点企业

产业链环节		企业名称
硬件	头戴显示器	暴风科技、蚁视科技、乐相科技、虚拟现实科技、焰火工坊科技、极睿软件、极维客科技、理想境界科技、乐蜗信息科技、小鸟看看科技、亮风台信息科技、映墨科技、塔普仪器、多新哆技术、眼界科技、大相科技、维阿时代、幻触信息科技、掌网科技
	显示屏	维信诺、加你科技、爱客科技、焰火工坊科技
	外设及触控设备	利达光电、诺亦腾科技、歌尔声学、蚁视科技、凌感科技、广东虚拟现实科技、七鑫易维、睿悦信息技术、锋时互动科技、虚现科技、柔石科技
	内容制作硬件	海康威视、橙夏科技、完美幻境、岚锋创视、极图科技、疯景科技、得图网络、圆周率软件科技、时代拓灵科技
软件	虚拟现实软件	大恒科技、华力创通、迈吉客科技
	三维引擎	无限时空、起源天泽科技、曼恒数字技术
内容	游戏	TVR、暴风科技、焰火工坊科技、极维客科技、广东虚拟现实科技、叮当猫科技、时光机虚拟现实、魔视互动科技、超凡视幻网络科技
	影视	兰亭数字、暴风科技、焰火工坊科技、极维客科技、乐蜗信息科技、追光动画、互动视界文化传媒、清显科技、热播科技、米粒影视
	内容分发平台	暴风科技、乐相科技、焰火工坊科技、追光动画、得图网络、乐客灵境科技、赛欧必弗科技、创幻数码科技、巨果文化传媒、斗鱼网络科技
应用	应用平台	暴风科技、深圳虚拟现实科技、焰火工坊科技、极睿软件、映墨科技、视辰信息科技
	教育	新东方、央数文化、信恩科技
	军事航空	航宇荣康
	工业设计	锐扬科技
	旅游	赞那度网络科技
	房地产	指挥家智能科技、无忧我房、思能创智科技、美屋三六五科技
	主题公园	举佳爽网络科技
	医疗	幸福互动、虚拟内窥云

数据来源：赛迪智库整理，2019年3月。

中国虚拟现实市场主流设备仍以移动端VR眼镜为主，中国VR视频内容的开发数量要远多于VR游戏内容。中国VR平台上已有约2700款视频和800

款游戏。与此同时，中国 VR 线下体验馆数量增长迅速，已超过 5000 家。中国 VR 体验店以小型体验店为绝对主力，有体系化运营的中大型体验品牌店有望突围，二三四线城市的体验店更容易盈利。

三、产业政策

虚拟现实产业作为新兴战略性产业，得到国家的高度重视，相关的政策措施和规划方案处于高密度发布时期。国家和各有关部委对产业发展出台大量专项政策，鼓励、支持、促进虚拟现实产业的发展。2018 年 12 月 25 日，工业和信息化部正式发布《关于加快推进虚拟现实产业发展的指导意见》（工信部电子〔2018〕276 号），推动虚拟现实产业快速发展

中国多地政府纷纷启动规划或建设虚拟现实产业基地，包括南昌、福州、贵安、青岛、成都、郑州、嘉兴、武汉、宁波、重庆、长沙等十几个地方已经或者正在进行 VR 产业的发展规划。各地方的 VR 小镇、VR 产业基地、VR 孵化器纷纷开始兴建，其中多半位于中西部地区。2018 年各地出台的政策有《江西省加快推进虚拟现实产业发展的若干措施》（赣府厅字〔2018〕96 号）、《南昌市关于加快 VR/AR 产业发展的若干政策（修订版）》（洪府发〔2018〕115 号）、《成都市虚拟现实产业发展推进工作方案》（成经信函〔2018〕338 号）等。

第二节 发展特点

一、消费市场快速培育，产品形态更加丰富

2018 年，消费级虚拟现实产品不断涌现，“VR+”应用场景不断拓展。在游戏、娱乐、影视等消费市场，线上与线下结合更加紧密，商业模式逐渐走向成熟。虚拟现实产品供给更加多元化，头戴式、一体机、移动端等各类产品层出不穷，Oculus、小米的一体机新品上市，更拉动一体机销量大幅提升。根据 IDC 数据，2018 年第一季度虚拟现实一体机出货量达到 11.5 万台，同比增长 234%，第二季度销量同比增长幅度达到 417.7%。虚拟现实内容开发平台生态架构基本完善，3D 模型/场景、3D 动效、全景图片、虚拟现实视频、网页等不同内容素材源日益丰富，以 Oculus、百度、VRCORE 为代表的开发者平台开始实现开发者集聚。

二、关键技术不断突破，VR+5G成为关注热点

2018年，虚拟现实关键技术进一步成熟，在画面质量、图像处理、眼球捕捉、3D声场、手交互、人体工程、机器视觉等领域有重大突破。在图像处理方面，AMOLED显示技术已经成熟，同时GPU处理技术的成熟带动了图像引擎和渲染算法的优化发展。交互技术方面从视觉向触觉、听觉、动作等多通道交互发展，弥补了单个特征识别技术的缺陷，进一步提升虚拟现实服务的沉浸感和可靠性。5G技术的应用将全面提升虚拟现实体验，华为、HTC、联想、大朋等企业纷纷加快布局VR+5G业务。

三、产业资本理性投入，软件与应用成为投资热点

2018年，虚拟现实产业投资再度高涨，集中化趋势明显。根据映维网数据，2018年1—10月，国内创业投资总额达到108.14亿元，同比增长27.10%。10月在南昌成功举办的世界虚拟现实产业大会达成投资额631.5亿元，进一步提高地方发展虚拟现实产业的热情。资本投资的热点领域也逐渐由单一游戏、社交、视频、直播等大众应用向工业、医疗、教育等多元垂直领域聚集。虚拟现实产业投资已经进入更加理性的阶段，行业投资方向更加明晰。

四、产业生态初步形成，标准体系逐步建立

2018年，我国虚拟现实产业生态初步形成，在硬件、软件、内容制作与分发、应用与服务等环节逐步完善。在硬件领域，据市场调研机构Canalys数据，2018年第一季度，我国在全球虚拟现实一体机的出货占比达82%，整体虚拟现实头显出货量占到28%，成为全球重要的终端产品生产地，并在AMOLED屏、快速响应液晶屏、近眼显示、追踪定位、多通道交互等领域实现突破。在软件领域，国内企业和高校纷纷搭建开源平台和资源共享平台，开放软件开发工具包，促进了生态形成。在内容制作与分发领域，制作、集成、分发、增值、安全等服务分工日益明确，内容生态已逐渐建立。在应用领域，我国虚拟现实技术广泛应用于娱乐、制造、教育、医疗、交通、商贸等领域，加快了线上和线下的融合。

五、行业应用需求更加明晰，融合应用更加紧密

虚拟现实在行业端应用的共性结合点可归纳为三个方面：一是规划决策，二是设计评价，三是训练体验。国家发展改革委虚拟现实/增强现实技术及应用国家工程实验室的创建，以及国家制造业创新中心的建设，将进一步明确制造

领域虚拟现实技术的应用场景，推动虚拟三维设计、虚拟装配、虚拟维修等新型生产方式形成，提升研发、制造、流通、服务等各环节生产效率。教育部成立了虚拟现实应用教育部工程研究中心，将推进虚拟现实在教育行业中的应用，基础教育、高职教育、科研教育等一体化解决方案未来将相继落地开花。此外，虚拟现实和健康医疗、养老关怀、文化教育等领域进一步融合，不断创新社会服务方式，有效缓解医疗、养老、教育等社会公共资源不均衡问题，促进社会和谐发展。

第十一章

超高清视频

视频是信息呈现、传播和利用的重要载体，是电子信息产业的核心基础技术之一。据预测，未来个人消费者网络流量的80%以上和行业应用流量的70%以上都将是视频数据。我国视频技术经历了由模拟向数字标清、数字高清的演进，正在向超高清（4K/8K）跨越式发展。超高清视频的定义源自画面分辨率达到4K及以上，4K超高清（3840像素×2160像素，约829万像素）、8K超高清（7680像素×4320像素，约3386万像素）的画面分辨率分别为高清的4倍和16倍。但分辨率提高并非体验效果提升的全部，必须全面突破高分辨率、高帧率、高色深、宽色域、高动态范围、三维声等六方面技术，才能实现更具感染力和沉浸感的体验。

超高清视频产业是以超高清视频的采集、制作、传输、呈现为主的相关经济活动。超高清视频以其更强的信息承载能力和应用价值，为消费升级、行业创新、社会治理提供新场景、新要素、新工具，必将有力推动经济社会各领域的深刻变革。发展超高清视频产业将有效带动终端产品替代升级以及制作播出设备的更新，带动上游芯片、面板等产业发展，促进宽带网络投资建设、5G网络商用和业务发展。

第一节　发展情况

一、产业链概述

超高清视频产业链总体可分为核心层、服务层和应用层三个层次（见图11-1）。其中，核心层提供硬件设备的生产制造，涉及视频生产设备、网络传输设备、终端呈现设备及相关核心元器件；服务层提供面向超高清视频的平台服务；应用层为超高清视频与各行业融合应用形成的新模式新业态。

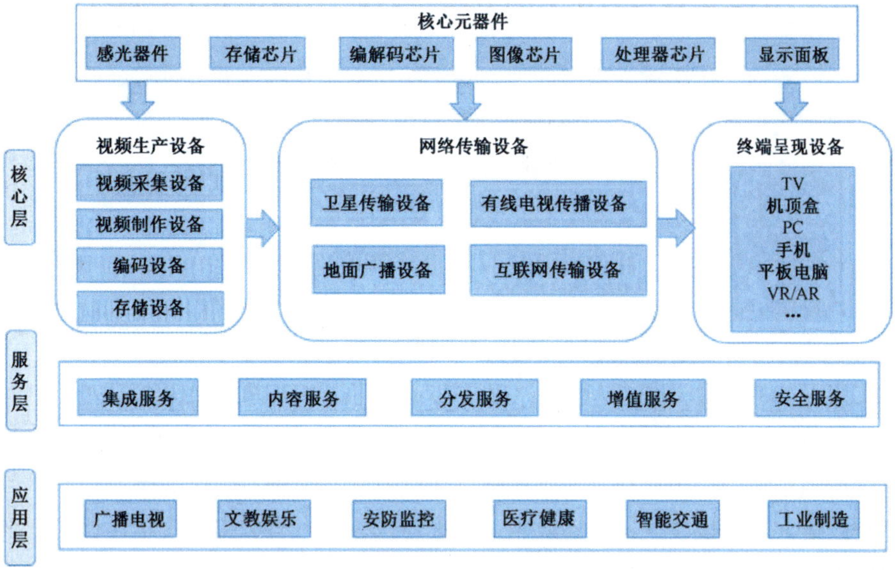

图 11-1　超高清视频的三层产业链结构

（数据来源：赛迪智库整理，2018 年 9 月）

（一）核心层方面

1. 视频生产设备

视频生产设备是对超高清视频采集、制作、编码和存储的设备，主要包括视频采集设备、视频制作系统、编码设备和存储设备。

视频采集设备是通过采样、量化等操作将图像信息转化为视频数据的设备，包括演播室摄像机、影视节目摄像机、消费级摄像机、视频监控摄像头视频、录像机、专业单反和微单等。

视频制作系统是对超高清视频进行编辑、制作、剪辑的相关软硬件设备，包括内容制作系统、演播室图文系统、演播室播出系统、非线性编辑系统、视觉效果包装系统等，对软件编码、硬件接口、帧率、分辨率、色域稳定性和视频格式兼容性等有较高要求。国内企业将新一代机器视觉技术、智能语音技术、5G 通信技术、图形芯片（GPU）加速技术、显示技术、云服务、VR/AR（虚拟现实/增强现实）视觉计算、三维全景声计算等技术应用于超高清视频制作系统中，可解决专业视频信号传输、专业视频信号监视、专业视频播出、制播网络等领域存在的问题。

编码设备是运用特定算法将超高清视频数据转换成格式化视频文件的设备，包括硬件编码器、软件编码服务器、云编码服务等，涉及专用音视频压缩编解码器芯片、数据输入输出通道、各类接口控制和嵌入式软件等，需具有高压缩比、高质量流畅图像、高码流精度控制、多标准格式支持、低延时和低网络传输带宽等特性，可应用于视频会议、安防监控、医疗示教、课堂录播、无人值守、庭审系统等环境条件下的软硬件配套服务。

存储设备是以电、磁或光学方式存储超高清视频数据的设备，需具备高速读写、容量扩展、智能定位等能力，以保障超高清视频存储的安全性、可靠性和高效性，多采用分布式集群架构。

2. 网络传输设备

网络传输设备是对超高清视频数据进行发送、交换、转发、接收和流量管理的设备，主要包括卫星传输设备、地面广播设备、有线电视传输设备和互联网传输设备等。超高清视频的传输，按照H.265标准，4K视频传输的传输速率至少为12~40Mbps，8K视频传输的传输速率至少为48~160Mbps。未来随着5G网络的普及，将有效满足4K的视频传输需求，并支持8K视频传输需求。

3. 终端呈现设备

超高清视频终端呈现设备包括电视、机顶盒、PC、平板电脑、手机、VR/AR等。目前，我国已有4K超高清广色域智能电视、4K智能交互会议平板、4K智能拼接屏、4K监视器、4K超高清数字机顶盒、4K虚拟现实一体机及8K电视等多种类超高清视频显示终端产品，主要性能指标已具备国际领先水平，未来我国4K/8K产品渗透率将不断提高。

4. 相关核心元器件

超高清视频设备使用到的核心元器件，主要包括感光器件、存储芯片、编解码芯片、图像芯片、处理器芯片和显示面板等。随着系统集成度不断提升，存储芯片、解码芯片和处理器芯片已经集成为SoC芯片。显示面板则主要有液晶面板和OLED面板等。

（二）服务层方面

超高清视频产业发展需要多种类型平台服务的配套支持，包括集成服务、内容服务、分发服务、增值服务、安全服务等。

集成服务是针对超高清视频需方业务进行的需求分析、系统设计、软硬件设备集成整合等服务，涉及系统搭建、网络接入、UI 界面设计、客户端集成等。

内容服务针对超高清视频内容提供聚合、存储、播放、搜索、管理等服务。

分发服务主要是指向用户提供超高清视频数据的分发、加速等内容分发网络（CDN）服务。通过建立超高清内容分发平台提供服务，可应用与个人或家庭电视、VR 直播或点播的观影体验。

增值服务是基于或结合超高清视频开展的服务，包括网上社区服务、在线购物、视频点播、视频通话、互动游戏等。

安全服务是面向超高清视频安全、敏感内容安全和超高清视频系统安全的保障需求提供的专业服务，主要包括安全加密、认证鉴权、数字版权管理、播出安全、链接安全、传输安全和客户端安全管理。

（三）应用层方面

超高清视频具有比现有全高清更高的清晰度，正在加速向行业应用领域渗透，可为用户带来更具震撼力和感染力的视觉冲击，更丰富的信息内容，更有价值的视频资料。未来，将以更加精细的图像数据为基础，依托人工智能处理的效率和准确度，以及 5G 的低时延、高带宽传输能力，加速超高清视频在车联网、云计算等领域的应用，推动广播电视、文教娱乐、安防监控、医疗健康、智能交通、工业制造等行业应用的创新发展。

超高清视频产业链各环节发展情况如表 11-1 所示。

表 11-1　超高清视频产业链各环节发展情况

产业链环节		国内外代表企业	发展情况	2022 年我国市场规模预测
视频生产设备	视频采集设备	索尼、松下、夏普、RED、卓曜、华创科技、尊正、智为、海康威视、天地伟业、富士康、扳手科技	日本企业具有较强话语权。我国已初步具备摄像机、专业监视器自主设计和制造能力	120 亿元
	视频制作系统	奥多比（Adobe）、欧特克（Autodesk）、杜比（Dolby）、新奥特、中科大洋、索贝、捷成世纪、紫桓华韵、索广电子、水晶石、天工异彩	国外企业在图形图像处理及编辑系统方面具有丰富的经验。我国已初步具备超高清内容编辑制作系统、网络化制播系统的自主研发设计能力	430 亿元

续表

产业链环节		国内外代表企业	发展情况	2022年我国市场规模预测
视频生产设备	编码设备	NHK、三菱电机、数码视讯、柯维新、国茂、视骏	超高清编码设备仍处于发展阶段。国外企业推出了HEVC实时编码器产品。我国企业推出了AVS2实时编码器	119亿元
视频生产设备	存储设备	西部数据、IBM、Intel、富士通、华为、华录集团、浪潮、富士康	国外企业注重固态硬盘。我国在存储设备领域的产业基础较好，已开发了60PB大容量存储系统和蓝光光盘库	178亿元
网络传输设备	有线电视传输设备	日本Kansai TV、捷克CRa、法国HD Forum、英国BBC、美国Technicolor、NHK、广联电子、江苏西贝	国外已有设备可支持4K、8K超高清频道开通。 国产设备成熟度较弱	700亿元
网络传输设备	互联网传输设备	思科、瞻博网络、博科、华为、中兴通讯、电信、移动、联通、珠江数码	国外技术和设备已成熟。 我国处在国际先进水平	1694亿元
终端呈现设备	电视	索尼、三星、LG、飞利浦、海信、TCL、创维、海尔、康佳、长虹、小米	国外已推出4K、8K电视机。 我国主要是4K电视机，将推出8K电视机	5050亿元
终端呈现设备	机顶盒	瑞芯微、贝尔、ARRIS、Freesat、中广电、百视通、华为、小米、TCL、创维	国内外都已推出4K机顶盒	600亿元
终端呈现设备	计算机设备	Apple、雷蛇、惠普、戴尔、索尼、联想	国内外都已推出4K笔记本电脑产品	1144亿元
终端呈现设备	平板电脑	ONKYO（安桥）	国外已推出4K平板电脑	1144亿元
终端呈现设备	VR/AR	谷歌、Facebook、索尼、HTC、枭龙科技、小派科技、幻弈VR	国外已推出4K VR一体机。 我国已有8K VR头显产品	1144亿元
核心元器件	显示面板	三星、LGD、夏普、京东方、华星光电、惠科、友达、富士康	国外已有4K、8K液晶产品和4K OLED产品。我国处在国际水平，同样推出了4K、8K液晶产品和4K OLED产品	1660亿元

续表

产业链环节		国内外代表企业	发展情况	2022 年我国市场规模预测
核心元器件	芯片产品	联发科、高通、晨星、瑞昱、联咏、海思、晶晨、富士康、欧比特、景嘉微、艾派克	国外仍占据技术优势和主导地位。 我国已打破国外垄断局面，正加大市场份额	1028 亿元
平台服务	集成服务	YouTube、DirecTV、NTT、索尼、艾普视达、大华、海康威视、南方新媒体、中广电传媒	国内外均有企业能够提供超高清视频的集成解决方案	311 亿元
平台服务	内容服务	Netflix、YouTube、亚马逊、索尼、爱奇艺、腾讯视频、4K 花园、华数传媒	国外超高清内容丰富。 国内超高清视频内容总体偏少，不能满足用户观看需求	732 亿元
	分发服务	NTT、KT Corporation、DirecTV、Comcast、网宿科技、阿里云、迅雷、中国电信、移动、联通	国内外正在发展超高清视频的分发服务	683 亿元
行业应用	广播电视领域	NHK、BBC、广东广播电视台、中央广播电视总台	日本已有多个 4K 频道，将开通 8K 频道。 我国未有正式 4K 频道	12960 亿元
	文教娱乐领域	夏普、微视酷、讯飞幻境、网龙、Idealens、富士康、视源电子、奥威亚、腾讯、大华、海尔	国外主要用于 VR 教育方面，App 数量快速增长。 国内外合作用 8K 技术展现《清明上河图》等文物或古迹，使其更真实逼真	
	医疗健康领域	索尼、奥林巴斯、广东世源科技、海信集团	国外已将超高清影像技术、图像传感器技术等应用于新型外科手术用内窥镜。 我国已有医疗健康领域应用	5040 亿元
	安防监控领域	Intertrust、Realtek、海康威视、大华、华为	国外主要用于高速公路上。 我国已解决大场景的监控，同时可大量应用于制高点监控、广场监控及森林防火等场合	
	智能交通领域	宝马、奔驰、九洲电子、一汽集团	国内外正在发展超高清视频智能交通解决方案	
	工业制造领域	西门子、华为、海康威视、富士康	国内外正在发展超高清视频用于工业制造场景的解决方案	

数据来源：赛迪智库整理，2018 年 9 月。

二、我国超高清视频产业发展现状

在产业界共同努力下，2018 年超高清视频产业发展取得了不俗成绩，在关键设备研发、显示终端普及、网络传输、频道建设、内容制作、4K 用户等方面取得了突破。

关键设备研发方面，超高清视频制作技术协同中心牵头开展了国内首台商用 8K 超高清转播车的研制工作，采用了 100G 核心 IP 交换系统、高性能 8K 存储系统、8K 视频显示设备、8K 记录和慢动作回放系统等国产化设备，预计将于 2019 年 7 月完成整车制造和系统集成调试并交付使用。

显示终端普及方面，2018 年我国超高清电视销量达 3189 万台，同比增长约 11.5%，占彩电总销量的比重达到 66.8%。

网络传输方面，截至 2018 年年底，国内 100Mbps 及以上光纤网络用户数占比已经达到 70.3%。

频道建设方面，2018 年中央广播电视总台和广东广播电视台分别开通了一个 4K 超高清频道，实现了从无到有的突破。北京、上海、四川等地已开展 4K 超高清频道开通的准备工作。多地推出了 4K 超高清 IPTV 点播业务。

内容制作方面，中央广播电视总台已具备每天 6 小时 4K 内容的生产能力，4K 节目内容累计总时长达到 2000 小时；广东广播电视台 4K 节目内容总时长达到 1400 小时；4K 花园 4K 内容（包括自制、合制和外来引进）累计总时长 6100 小时；咪咕文化在 2018 年俄罗斯世界杯期间完成了 20 个比赛场次的 4K 超高清直播，形成了较大的社会反响。

4K 用户方面，三大电信运营商 4K 机顶盒用户数达 1.5 亿，中央广播电视总台 4K 频道覆盖用户数超过 1000 万。

第二节　发展特点

一、国外超高清视频产业发展特点

（一）日本

日本在超高清前端设备、播出领域和应用方面均占据全球领先地位，目前正积极推动超高清视频的播出和应用。

1. 前端设备产品种类齐全，引领国际市场

日本在超高清视频前端设备领域的产业链健全，技术水平和市场份额方面

都处于全球领先位置，能够生产高质量的 4K/8K 感光器件、高端光学镜头和机内光学器件、专业编解码器等核心器件，在全球具有领先优势，其代表企业如表 11-2 所示。在电影摄影机、电视直播摄像机、摄录机、电视演播讯道机、超高清转播车、专业视频监视器、高端视频制作系统等方面都有超高清产品产出，且技术参数处于国际先进水平。索尼、佳能、尼康、松下、日立等企业的 4K/8K 产品占据大部分国际市场份额，品牌优势突出。

表 11-2 日本超高清视频前端设备代表企业

前端设备	分类	用途	代表企业
视频摄像机	电影摄影机	用于电影、电视剧等中高端视频内容拍摄	索尼、松下、佳能
	电视直播摄像机	用于新闻、体育、综艺及重大活动电视直播	索尼、松下、池上、日立
	视频摄录机，包括手持不可换镜头摄录机、手持可换镜头摄录机、肩扛摄录机	用于各类常规专业视频内容的拍摄	索尼、松下、佳能、夏普
节目制作平台	超高清转播车	录制和直播电视节目	NHK、索尼
	虚拟演播室	制作节目所需的现实存在或虚拟的布景和道具	NHK
光学镜头	电动变焦镜头、变形宽银幕电影镜头、电影镜头、摄影镜头等	广泛用于各类摄像机	索尼、佳能、富士通、适马、尼康
图像传感器	电荷耦合元件（CCD），互补金属氧化物半导体（CMOS）	广泛应用在数码相机、摄像机和其他电子光学设备中	索尼、佳能、松下
专业视频监视器	主要有技术（主控）监视器、现场监视器系列	用于影视节目拍摄、制作和播出中对视频技术质量的监看	索尼、佳能、松下
高端视频制作系统	主要包括高端视觉创作合成类系统、高端现场节目制作类系统	制作动画视频，影视后期处理制作，包括加特效、加文字，以及为影片制作声音等	索尼、松下

数据来源：赛迪智库整理，2018 年 6 月。

2. 4K 广播技术经验丰富，布局开通 8K 频道

日本目前的地面广播、卫星广播、有线电视、IPTV 等播出方式都能够播出

4K超高清内容。2015年日本总务省发布了二次修订版的4K/8K推进路线图（见图11-2）。日本先后于2014年和2016年率先成功试播4K、8K超高清节目，2017年NHK 4K测试频道正式播出，2018年12月，日本正式开始通过卫星播送4K、8K电视信号，到2020年东京奥运会将普及8K电视节目，为此正在开发和准备涵盖内容制作、播出、传输和接收的一系列功能的UHDTV设施。其中8K内容制作方面，主要摄像机企业已经测试了多种型号8K演播室摄像机，并且多家企业可以提供8K记录产品。

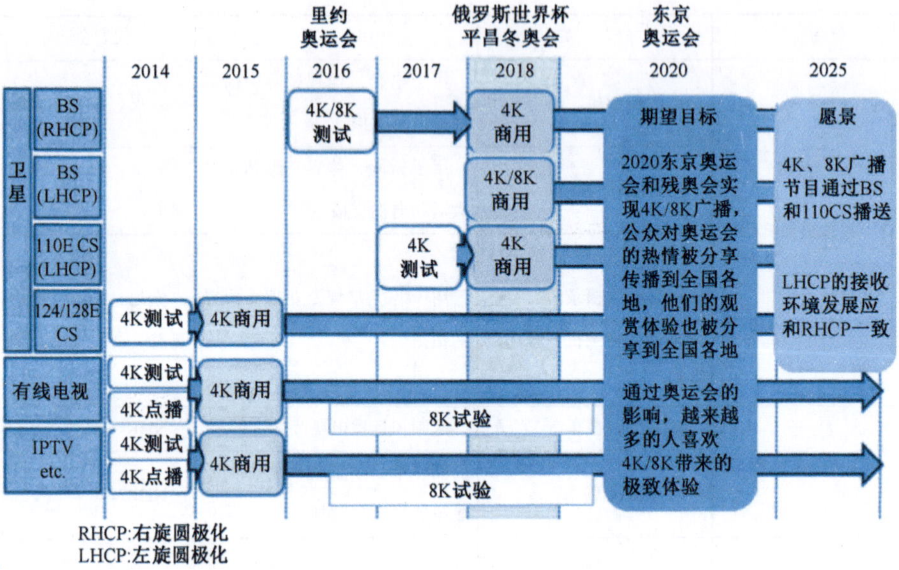

图11-2　日本4K/8K推进路线图

（资料来源：日本总务省，赛迪智库整理，2018年6月）

3. 超高清视频终端质与量并重，多维技术整体提升

日本总务省已发布《日本4K超高清及未来路线图》，提出在2020年，50%的日本家庭及一些公共场所要能够观看4K/8K奥运比赛。为此，索尼、松下、夏普等日本企业加快研发，并已推出4K、8K、HDR超高清电视，技术水平处于国际前列。根据日本电子情报技术产业协会（JEITA）数据，截至2018年3月，日本4K电视的出货量约为408万台，约占所有电视出货量的35.3%。同时，日本企业也相当注重HDR、广色域、高亮度、高色深、全景声等多维度的进步，以整体提升观看者感官体验。

（二）韩国

通过平昌冬奥会的实践，韩国在超高清频道建设及超高清视频播出方面积累了丰富的经验。

1. 频道建设方面起步早

2012 年，韩国在全球首先进行了基于地面数字电视广播网络的 UHDTV 传输试验，并进行试验广播。2014 年 4 月，全球第一个 4K UHD 频道 UMAX 在韩国开播，同年 6 月，KT Skylife 公司推出韩国第二个 4K 超高清频道 SkyUHD，并于 2015 年正式全面实现商用。2017 年 5 月，韩国开启无线电视台运行 UHD（超高清）电视服务，KBS、MBC、SBS 韩国三大电视台面向首尔、仁川和京畿等首都圈地区家庭传输超高清节目信号。

2. 高端面板方面具备先发优势

韩国的面板企业 LGD、三星在大尺寸超高清面板方面具有技术优势和品牌优势。LGD 生产的超高清 OLED 电视在技术上和市场上均占据领先地位。终端产品方面，2017 年 4 月，三星推出了 4K 高动态范围（HDR）MU 系列电视。2018 年 3 月，三星推出 UA82MU7700JXXZ 82 英寸平板 4K 液晶电视，具备 1000 尼特的峰值亮度，配合 HDR 技术，使高亮和阴影状态的显示细节更加明显。

3. 网络建设方面具有独特优势

截至 2018 年年底，韩国目前已经部署了近 6000 个 5G 基站，2018 年 12 月，韩国三大运营商 SK、KT 与 LG U+同步在韩国部分地区推出 5G 服务，这是新一代移动通信服务在全球首次实现商用。2019 年 2 月，韩国官方公布韩国将成为世界首个实现 5G 商用的国家，3 月末将进入 5G 商用模式。韩国在 5G 方面的建设为超高清视频的传输提供了良好的网络传输条件。

（三）美国

美国长期以来在超高清内容制作和核心技术方面具有优势，引领超高清视频的行业应用和标准体系。

1. 超高清视频内容丰富

2015 年，蓝光光盘协会发布 4K 蓝光视频格式，其后好莱坞的多部电影推出 4K 蓝光碟片，极大地丰富了美国超高清视频内容。在 4K 电视频道方面，美国制定了一系列 4K 内容播出计划，包括点播、推送以及直播频道在内的 4K 电视业务逐渐涌现。例如，2017 年，欧洲卫星公司 SES 在美国境内正式开通 4K 超高清电视频道，提供关于自然风光的 4K 超高清节目内容；2017 年，美国亚马逊实现了 4K 直播 NASA 航天员太空生活。

2. 国际联盟组织影响力大

2015 年，由多家美国 OTT 行业、多频道视频服务提供商、电视节目制作商及演播室行业等领域的企业（包括环球影业、21 世纪福克斯、沃尔特迪斯尼等）共同组建成立 UHD 超高清联盟（UHD Alliance），加速推进了超高清技术创新、标准制定、评测认证及生态体系建立，抢占产业发展主导权和制高点，截至 2018 年，UHD Alliance 评测认证范围已覆盖面板等核心元器件、超高清电视等终端产品、超高清内容等，如 2018 年飞利浦推出的 43 英寸 QD 量子点显示器。2018 年，由美国有线电视巨头康卡斯特（COMCAST）、杜比实验室等企业成立的超高清论坛（UHD Forum）发布了《Ultra HD B 阶段实施指南》，为全球超高清视频技术发展指明方向。

（四）欧盟

欧盟地区各国国情和网络建设水平参差不一，超高清视频产业推动主要依托行业组织从内容端发力。

注重视频内容的发展。根据 IHS 估算，2021 年，欧洲将有 22 个 4K 超高清频道，日本有 6 个，北美有 16 个。欧洲数字电视标准组织（DVB）正在为 2020 年正式商用 UHD-2（8K 超高清晰度电视 3200 万像素图像系统）而努力。2018 年 8 月于柏林举行的欧洲田径锦标赛上，欧洲广播联盟（EBU）与多家 EBU 会员和行业伙伴共同摄制、处理、分发实时超高清内容，并测试了内容的高帧率（HFR）、高动态范围（HDR）和下一代音频（NGA），推动沉浸式体育内容制作的发展。

二、我国超高清视频产业发展特点

1. 消费升级推动超高清视频需求不断增长

信息消费新产品、新业态、新模式不断涌现和发展为超高清视频产业带来重要机遇。宽带网络提速、5G 商用临近及虚拟现实等新型视听媒体终端快速兴起加大对超高清视频技术和内容的需求。国内有条件的地区加快推进超高清战略，广东实施“新数字家庭行动”，推进4K电视网络应用与产业发展，打造以4K电视为核心的超高清互动数字家庭网络；北京瞄准冬奥会8K转播目标，推进8K关键技术研发和产业链建设，积极开展试点试播。央视及上海、江苏、湖南、广东等地方电视台陆续开展了4K电视的节目制作和在有线电视网的传输实验。中国电信、中国联通自2015年开始在IPTV中推出4K电视点播节目。

2. 终端呈现环节已具备全球领先优势

我国在超高清电视机市场普及全球领先，海信、TCL、创维、海尔、康佳、长虹等传统电视企业和小米、微鲸等互联网电视企业已推出4K电视产品。面板企业京东方、华星光电在8K超高清显示面板领域全球领先，韩国三星、LG在美国获奖的8K系列产品，日本在巴西奥运会上试播的显示终端均采用了中国制造的8K液晶显示屏。小派科技推出全球首款8K分辨率的VR设备，满足深度沉浸效果，可提供200度视场角。中广电、百视通等推出4K广电机顶盒，华为、小米、TCL、创维等推出4K互联网机顶盒。

3. 超高清视频行业应用正在加速起步

我国超高清视频行业应用主要集中在安防监控、医疗健康、教育科研等领域。安防监控领域，国内处于全球领先地位，国内一二线城市的地铁、机场、高速、道路卡口超高清改造已开始启动，超高清视频为主的智慧天网正在形成。医疗健康领域，海信在诊断显示和会诊显示领域已有超高清产品问世，内窥超高清显示技术储备基本完成。教育科研领域，海尔推出基于4K的互动增强现实（AR）幼教专区，可提供更加生动的教学互动体验。

第十二章

智能家居

第一节　发展情况

一、智能家居概述

智能家居是指以住宅为主要应用平台，以家庭网络和各类智能终端为基础，通过集成人工智能、自动控制、网络通信、音视频、信息安全等技术，构建智能化住宅设施与家庭事务管理系统，实现家居设施的智能控制功能和数字娱乐、智能安防、健康服务等应用服务的软硬件系统。智能家居通过应用各种智能家居产品（见图 12-1），打造个性化的家庭生活综合服务系统，提升家居的安全性、便利性、舒适性、艺术性。

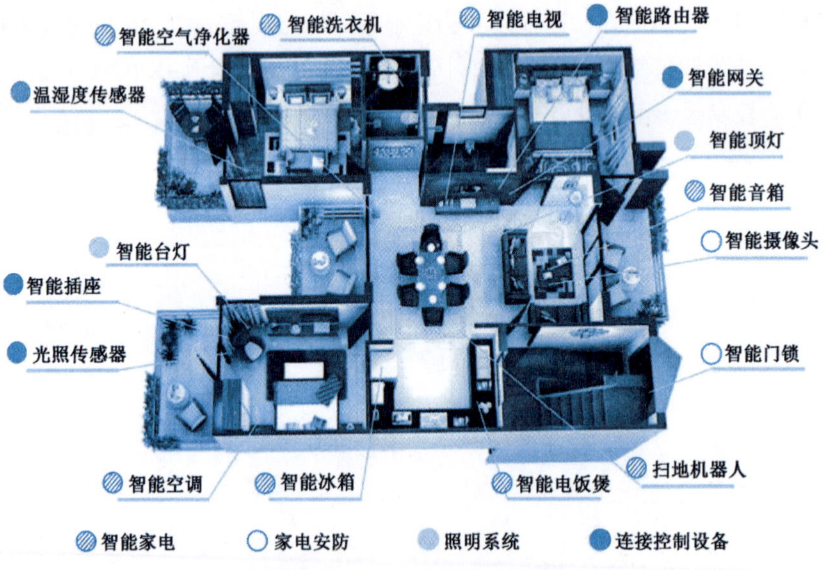

图 12-1　智能家居关键产品

（数据来源：艾瑞咨询研究院，2018 年 12 月）

二、智能家居发展历程

智能家居的概念起源甚早，世界上首个智能建筑于 1984 年在美国康涅狄格州哈特佛市建造完成。20 世纪 80 年代末，总线技术的出现为实现住宅监控与管理的商用系统提供了技术支撑，出现了智能家居的原型“Smart Home”。智能家居发展萌芽期开始于 1990 年，互联网的迅猛发展使家电网络化成为智能家居的最原始尝试。微软、东芝、三星等全球领先的互联网企业率先推动智能家居的探索。自 2000 年起，智能家居发展进入加速期，互联网企业和传统制造企业纷纷加入，这一阶段的探索以构建智能家居系统为显著特征，以微软、英特尔推出的智能家居系统和海尔推出的 U-home 为代表。智能家居发展自 2014 年进入爆发期，随着智能手机、平板电脑等移动智能终端的广泛普及，国内外智能家居产品层出不穷，苹果、三星、百度等国内外巨头企业正着力搭建智能家居平台。

三、智能家居产业发展现状

2017 年，我国智能家居市场规模为 3254.7 亿元，未来预计智能家居市场仍将保持快速增长，2018—2020 年将保持 21.4%的年复合增长率，到 2020 年市场规模将达到 5819.3 亿元（见图 12-2）。从全球市场来看，据 Strategy Analytics 数据，预计 2018—2023 年全球智能家居复合增长率为 10%，到 2023 年全球智能家居市场将达到 1550 亿美元。在新一代信息技术的强力带动下，智能家居作为应用人工智能技术的核心场景和提升生活品质的重要载体，正迎来蓬勃发展的重大契机，将成为推动经济发展和产业跃升的巨大力量，并有望迅速发展成为量大面广、前瞻引领的新兴领域，并带来规模巨大的增量市场。

四、智能家居产业生态

智能家居产业是围绕智能家居产品的设计、研发、制造、系统化集成应用等核心环节，以满足家庭生活环境便捷性、舒适性、安全性、节能性需求为核心的一类产业形态。智能家居产业链以智能家居整机产品为核心，上游包括基础硬件、软件等，下游包括智能家居的系统解决方案与应用服务等（见图 12-3）。

智能家居整机产品主要包括智能黑色家电与智能白色家电两部分。其中，智能黑色家电包括智能电视、智能音箱、可穿戴设备、智能安防、家用服务机器人等智能家居等产品，代表企业有创维、TCL、夏普等。智能白色家电包括智能空调、智能冰箱、智能洗衣机、智能照明、智能热水器，代表企业有海尔、美的、美菱等。智能家居产品包含种类多样，各产品之间逐步互通互联集成为系统，可在多个场景中提供更为舒适、便捷、节能的人性化家居环境。

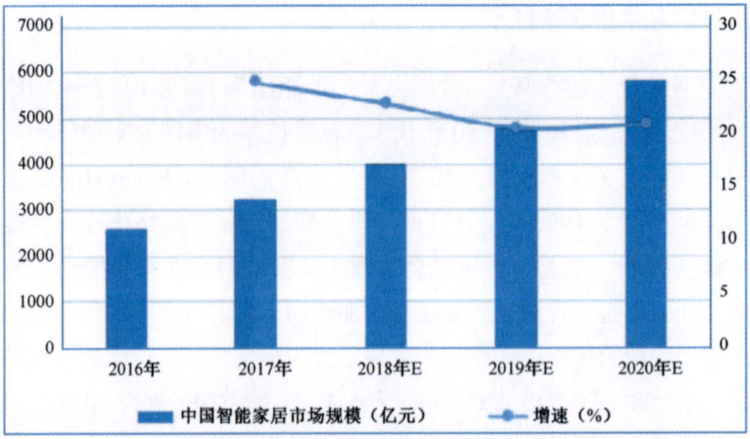

图 12-2　2016—2020 年中国智能家居市场规模及预测

（数据来源：前瞻研究院，2018 年 12 月）

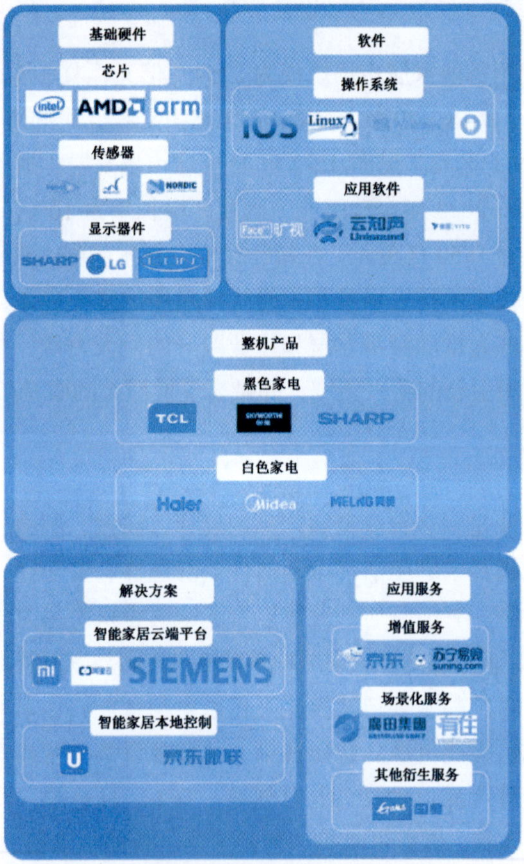

图 12-3　智能家居产业链

（数据来源：赛迪智库整理，2019 年 1 月）

基础硬件是指用于智能家居整机产品的零部件，其中主要包括芯片、传感器、显示器件等。芯片是智能家居硬件的核心，直接决定智能设备在网络链接、智能控制等方面的性能。目前，芯片主要由英特尔、高通、恩智浦、英飞凌等外国厂商占据主导，国内企业在关键技术上仍需继续突破。传感器包括物理量传感器、化学量传感器和生物量传感器，是家居智能化的实现基础。在传感器等领域，以主攻智能传感器的美新半导体、明皜传感等为代表，国内相关企业发展迅速，不断取得技术创新突破。显示器件包括直接显示屏（图像显示屏）和人机交互显示屏（触控显示屏）两类。目前，显示器件领域企业主要分布在日本、韩国，我国台湾地区企业和京东方、华星光电等也发展十分迅猛。

软件是指应用于智能家居整机产品以提供数据处理、信息管理、网络通信等功能的产品，主要包括操作系统、应用软件等。操作系统是智能家居软件平台体系的核心，其向下适配硬件系统发挥终端基础效能，向上支撑应用软件决定用户最终体验。目前，主流操作系统包括 Windows、Linux、iOS、Android 等，占据了国内外市场的主导地位。应用软件方面，主要包含了用于实现产品基本功能的嵌入式软件以及实现各类增值服务的应用软件。当前，得益于人工智能、云计算、大数据等领域的迅速发展，智能家居领域应用软件企业越来越多，其中既包含海尔、美的等传统家电巨头，也不乏各类技术驱动型的初创企业。

系统解决方案是指实现智能家居产品互联互通和集中管理的系统方案，主要包括智能家居云端平台和本地端的控制系统。当前，以阿里为代表的互联网巨头、以西门子为代表的传统家电巨头，以及以小米为代表的新兴智能家居企业均积极搭建智能家居平台，推动智能家居向系统化方向发展。

应用服务是指基于智能家居产品及其系统解决方案的增值服务，主要包括基于智能家居产品基本功能的增值服务、基于系统解决方案的场景化服务，以及其他各类衍生服务。当前，智能家居产品制造商、系统解决方案提供商、渠道供应商等各类企业均在基于自身优势探索提供各类智能家居应用服务。智能家居应用服务未来有望成为智能家居产业中产值规模最大的环节。

第二节 发展特点

一、从驱动因素看，“技术+政策+需求”三力强势驱动产业崛起

近年来，在技术创新、政策支持和市场需求的三重驱动下，智能家居产业进入快速发展时期。从技术创新来看，人工智能、物联网、云计算、大数据等新一代信息技术的突飞猛进为智能家居产业加速崛起奠定坚实基础。从政策方

面来看,《2016 年国务院政府工作报告》提出壮大智能家居等新型消费，国家发展改革委、工业和信息化部、科技部等部门联合发布的《物联网发展专项行动计划》将智能家居列为发展重点，智能家居在未来有望获得更多配套政策支持（见图 12-4）。从需求来看，据前瞻研究院行业分析报告，我国拥有超过 4 亿户家庭，住宅家庭智能家居潜在存量市场约 12 万亿元，住宅家庭智能家居每年潜在新增市场超过 6030 亿元，发展潜力巨大。过去十多年来，我国住宅施工面积和竣工面积两大指标始终维持在高位，地产黄金期所积累的大量住房库存为智能家居市场增长打下坚实的基础。

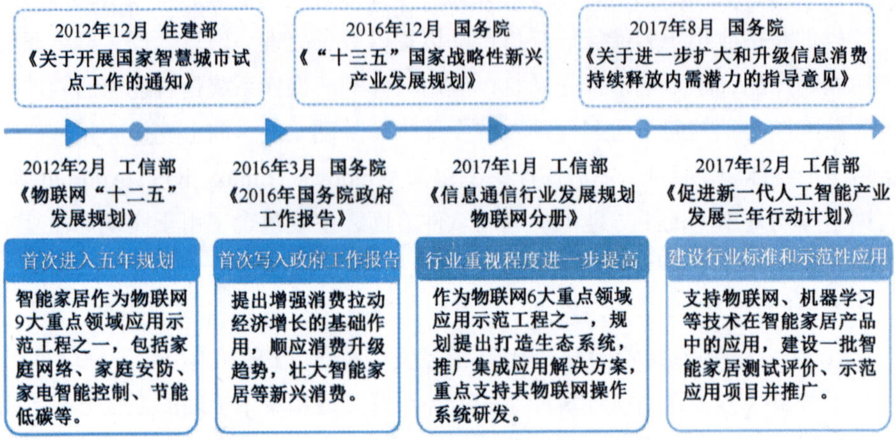

图 12-4　2012—2018 年智能家居产业相关政策

（数据来源：艾瑞咨询研究院，2018 年 12 月）

二、从竞争态势看，“系统中枢+平台”成为巨头抢滩布局焦点

智能家居产业的巨大前景已吸引众多国内外巨头公司争相布局。亚马逊、苹果、谷歌、小米、海尔等科技巨头围绕构筑智能家居生态体系的总目标，纷纷打造各类“系统中枢”型产品，展开了智能化家居场景中流量入口和控制中心的争夺战。与此同时，各巨头企业大力抢占智能家居产业上下游的支持者资源，搭建完善以自己为核心的智能家居平台。例如，亚马逊推出了智能蓝牙音箱 Echo 作为智能家居中枢提供服务，苹果发布了 HomePod 智能音箱及 HomeKit 平台，谷歌则推出携带 Google Assistant 的 Google Home 智能音箱，小米也发布了小爱音箱，并积极打造小米物联网生态链。

三、从推广路径看，前装与后装模式共同延展市场空间

智能家居产品的家居属性使其对终端销售渠道的依赖性较大。当前，智能家居制造商通过与房地产开发商、装修公司、零售渠道商合作，搭建了前装、后装两种模式以推进智能家居产品渗透，延展产业发展空间。前装市场渠道方面，制造商与房地产开发商、家装公司等合作，依托用户购房、装修等刚性需求，一站式打造体验完整的智能家居系统产品，以吸引用户消费并增强用户黏性。例如，少海汇通过与有屋、博洛尼、克路德等家装公司合作，将众多智能家居单品打包进入家庭，而用户可以根据不同需求进行选择。后市场渠道方面，智能家居制造商积极采用最新技术打造爆款产品，并大力开展营销宣传，借助线上、线下多种零售渠道进行产品销售，挖掘规模庞大的家居存量市场。

四、从商业模式看，“硬件销售+衍生服务”已成主要盈利方式

随着智能家居产业发展阶段由单品向系统演进，相关企业盈利模式也在改变，如图 12-5 所示。以往，智能家居产品制造商聚焦硬件产品设计制造，通过硬件产销差价实现盈利。随着智能家居平台化运营发展，信息技术在软件层面的增值服务带来了新的价值空间，其中既包含了对硬件产品赋能的价值，也包含了借助智能家居流量入口可实现的流量变现和数据变现。一方面，通过向消费者提供支付、游戏、视频、社区生活等互联网服务，可依靠增值服务实现流量变现；另一方面，通过依托掌握的海量数据，面向企业提供技术迭代、精准营销等数据服务实现数据变现。随着智能家居生态体系的逐步建立完善，未来硬件和软件层面的价值创新还将更加活跃。

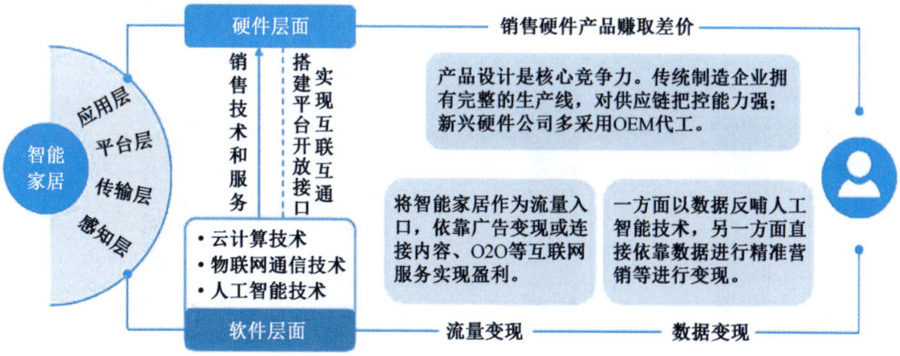

图 12-5　智能家居产业链实现盈利的核心路径

（数据来源：艾瑞咨询研究院，2018 年 12 月）

第十三章

汽车电子

第一节　发展情况

一、汽车电子市场规模快速增长

2018 年我国汽车电子市场规模达 7049 亿元（见图 13-1）。我国汽车电子市场需求规模增长的直接动力主要表现在两方面：一是汽车整车市场的发展，汽车作为汽车电子的载体，其产量和增长速度直接影响汽车电子市场规模；二是汽车电子化程度大幅提高。

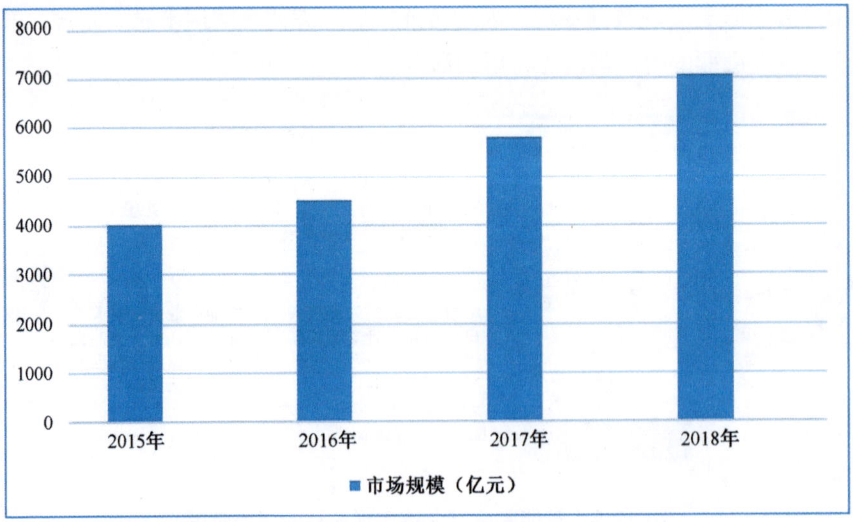

图 13-1　2015—2018 年中国汽车电子市场规模

（数据来源：中商产业研究院，赛迪智库整理，2019 年 1 月）

二、汽车半导体市场销售额持续增长

汽车电子作为汽车控制系统的核心部件，使用场景不断拓展，市场需求不断攀升。自 2012 年以来，中国汽车半导体市场销售额持续稳定增长(见图 13-2)，由 39.7 亿美元增长至 79.9 亿美元，7 年间增长了 40.2 亿美元，年复合增长率达 12.37%。

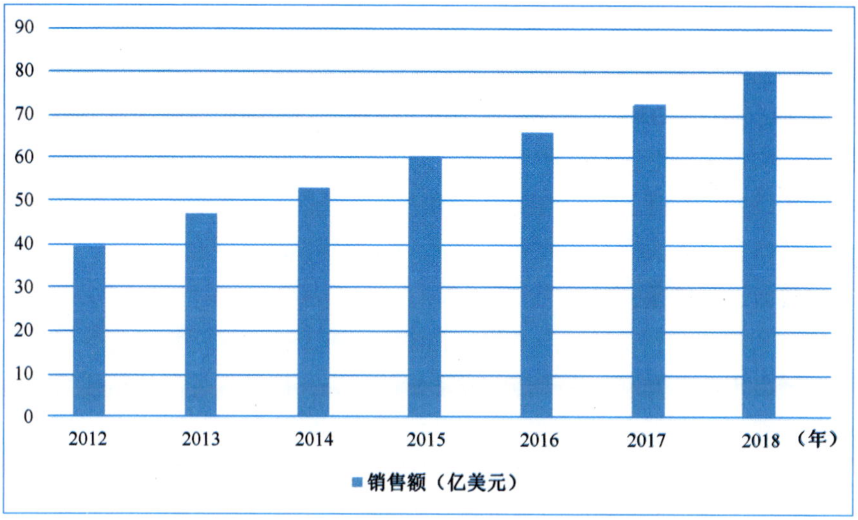

图 13-2　2012—2018 年中国汽车半导体市场销售额

（数据来源：中商产业研究院，赛迪智库整理，2019 年 1 月）

三、自动驾驶时代来临

自动驾驶改变汽车产业格局和出行方式。与传统的汽车行业相比，电动车在系统控制与执行层面更适合自动驾驶，而自动驾驶与车联网、共享化结合的趋势，能够有效地预防交通事故，同时减少拥堵，提高道路的通行效率，使其容纳不断上升的通流量。全球近 20 万亿元的汽车产业将面临前所未有的变革，行业更迭催生巨大投资机会，预计我国 2030 年自动驾驶汽车会占据整体出行里程 40%以上；目前，在 ADAS 基础上，L2~L3 级自动驾驶贡献标配化需求，为目前主要的投资机会；L4~L5 级尚待成熟化。自动驾驶在部分领域的商业模式逐渐确立。行业发展沿着基础理论、传感器、芯片和解决方案逐步传导，发展关键点集中于降本、优化及数据积累。

芯片领域，汽车电子发展初期以分布式 ECU 架构为主流，芯片与传感器一一对应，随着汽车电子化程度提升，传感器增多、线路复杂度增大，中心化架构 DCU、MDC 逐步成为发展趋势。随着汽车辅助驾驶功能渗透率越来越高，传统 CPU 算力不足，难以满足处理视频、图片等非结构化数据的需求，而 GPU 同时处理大量简单计算任务的特性在自动驾驶领域取代 CPU 成为主流方案；从 ADAS 向自动驾驶进化的过程中，激光雷达点云数据及大量传感器加入系统中，需要接受、分析、处理的信号大量且复杂，定制化的 ASIC 芯片可在相对低水平的能耗下，将车载信息的数据处理速度提升更快，并且性能、能耗和大规模量产成本均显著优于 GPU 和 FPGA，随着自动驾驶的定制化需求提升，ASIC 专用芯片将成为主流。

目前，随着 ADAS 功能模块渗透率不断提升，短期内传感器市场将主要由对摄像头和毫米波雷达的需求所驱动；而 L3 级别自动驾驶的奥迪 A8 量产给了整个汽车行业一剂强心剂，自动驾驶的进程比想象中来得要早，各个传感器及控制系统都在迅速迭代中；2020 年前后，L4 级别自动驾驶量产上路，激光雷达的市场将会迅速扩大。

在现代汽车系统及模块电子化的趋势下，电子控制执行系统的渗透率不断提升；随着电动车发展，由于传统发动机的消失，传动、转向、制动的动力源与执行方式发生了根本性的转变，电动控制执行系统成为基本配置；进入自动驾驶时代，控制系统收集来自感知层的大量传感器的信息，将其处理分析、感知周围环境、规划驾驶线路，最终通过线控执行系统操纵车辆。

第二节　发展特点

一、传感器性能不断提高、数量不断增加

由于汽车电子控制系统的多样化，使其所需要的传感器种类、数量不断增加，并不断研制出新型、高精度、高可靠性、低成本和智能化的传感器。在性能上，具有较强的抵抗外部电磁干扰的能力，保证传感器信号的质量不受影响，在特别严酷的使用条件下能保持较高的精度；在结构上，具有结构紧凑、安装方便的优点，从而免受机械特性的影响。同时，随着汽车电子占整车比重的不断提高，MCU（微控制单元）在汽车领域的应用将超过家电和通信领域使用的数量，成为世界上最大的 MCU 应用领域。

二、新技术在汽车电子产品中不断得到应用

以卫星通信、移动通信、计算机技术为依托进行车载电子产品的开发和应用，实现计算机、通信和消费类电子产品“3C”整合，如车辆定位、自主导航、

无线通信、语音识别、出行信息通报、电子防撞产品、车路通信及多媒体车载终端等。光纤在汽车信号传输中的应用、新的控制理论和方法的大量应用、蓝牙技术等都是汽车电子技术的发展趋势。国际汽车巨头纷纷将更多的电子信息技术设备装备到整车中，而电子信息技术设备供应商也纷纷将下一个经济增长点定位在汽车电子行业上。

三、受环保驱动的汽车电子向绿色转型

汽车行业一直致力于节能减排。其中的一部分原因是受到更加严格的二氧化碳减排规则限制：例如，新的欧盟委员会规则要求到 2021 年将平均车辆排放量减少到 95g CO_2/公里等。同时，越来越多的中产阶级也充分意识到减少燃料消耗可以节省资金，并减少对健康和环境的影响，有助于提高生活质量，这都直接增加了对新能源汽车的需求。与燃油发动机的汽车相比，纯电动汽车使用电动机代替了燃油车的柴油/汽油发动机；以电池组代替了燃油，为电动机提供动力；其中还有一个最主要的部件就是电控系统，电控系统由电池管理系统和控制系统构成，管理电池组和控制电池的能量输出及调节电动机的转速等，是连接新能源电池和电机的重要中间载体。

四、新能源汽车带来的功率半导体质的变化

不同新能源汽车电力系统的主要作用不同，中微混汽车的电力系统主要在空挡滑行时提供电动助力，而全混或纯电动汽车的电力系统主要功能则是提供电力驱动。一方面，由于电力系统的主要功能不同，不同新能源汽车电力系统的运行电压功率的范围差异巨大。中混汽车的电压一般在 150V 以下，而全混合纯电动汽车的电压超过 400V，甚至更高。另一方面，不同功率半导体的工作电压不同，IGBT 适合高压工作，而 MOSFET 适合低压工作。在电力驱动系统中，IGBT 用于逆变器模块，该模块将蓄电池的直流电转换成交流电驱动电机。在电源系统中，IGBT 用于各种交流/直流与直流/直流变换器中，实现为蓄电池充电与完成所需电压等级的电源变换等功能。同时，新能源汽车充电桩中也需要大量使用 IGBT。因此，新能源汽车导致了汽车功率半导体中 IGBT/MOSFET 的使用量越来越大，种类也越来越多。

第十四章

锂离子电池

2018 年，在新能源汽车销量持续迅猛增长的带动下，我国锂离子电池行业继续保持良好发展势头，产业规模稳步增长，骨干企业快速成长，技术创新步伐加快，全球竞争力逐步提升。

第一节　发展情况

一、产业规模

2018 年国内新能源汽车产量达到 127 万辆，同比增长 59.9%，增速较 2017 年提高 6 个百分点，呈现加速增长态势。在此带动下，2018 年我国锂离子电池产量保持快速增长势头，全年累计产量达 139.9 亿只，同比增长 25.9%，继续保持快速增长态势（见图 14-1）。

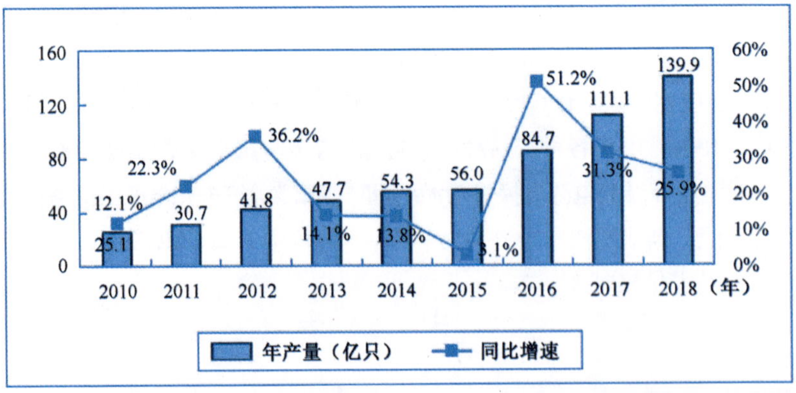

图 14-1　2010—2018 年我国锂离子电池产量和同比增速

（数据来源：国家统计局，赛迪智库，2019 年 3 月）

2018 年，我国锂离子电池产业规模达到 1830 亿元，再次创下历史新高，同比增长 15%，继续保持快速增长态势（见图 14-2）。产业规模增速较产量增速低了近 11 个百分点，主要原因是 2018 年动力电池价格出现了明显下滑。

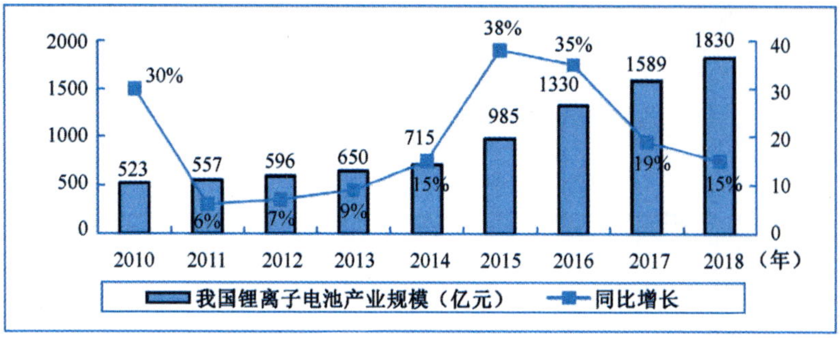

图 14-2　2010—2018 年我国锂离子电池产业规模和同比增速

（数据来源：赛迪智库，2019 年 3 月）

二、产业结构

从 2015 年开始，随着动力型锂离子电池产量迅猛增长，我国锂离子电池产业结构发生了显著变化，消费型锂离子电池独大的市场格局被打破。从锂离子电池出货量看，2018 年我国锂离子电池总出货量达到了 102GWh，同比增长 27%。其中，主要应用于新能源汽车、电动自行车、电动工具三大市场的动力型电池出货量达到 65GWh，占比上升至 63.7%，较 2017 年提高了 8.3 个百分点；消费型电池出货量为 32.4GWh，基本与上年持平，占比仅为 31.8%，较 2017 年下滑了 9.7 个百分点，主要是全球及国内智能手机、笔记本电脑、移动电源等出货量减少；储能型电池出货量为 4.6GWh，较上年增长超过 40%，占比提升至 4.5%，逐年上一个台阶（见图 14-3）。动力型电池已经成为推动锂离子电池行业增长的决定性因素，2018 年动力型电池对锂离子电池增长的贡献率达到了 94%。

三、关键配套材料

2018 年我国锂离子电池产量持续快速增长，带动关键配套材料市场稳步扩张。正极材料方面，2018 年我国正极材料出货量 27.5 万吨，同比增长 28.5%。其中，三元正极材料出货量 13.7 万吨，同比增长 57.1%，占正极材料市场份额达 49.7%，较 2017 年提高 9 个百分点；磷酸铁锂出货量 5.8 万吨，同比下降 1.2%。我国正极材料市场规模达到 535 亿元，同比增长 22.7%。负极材料方面，2018 年我国负极材料出货量 19.2 万吨，同比增长 29.7%，其中，人造石墨出货量 13.3 万吨，同比增长 32.7%，占负极材料市场份额达 69.3%；天然石墨出货量 4.6 万吨，同比增长19%。我国负极材料市场规模突破100亿元，同比增长27.9%。隔膜方面，2018年我国锂离子电池用隔膜出货量20.2亿平方米，同比增长39.7%。其中，湿法隔膜出货量13.1亿平方米，同比增长66.4%；干法隔膜出货量7.1亿平方米，同比增长7.8%。2018年我国隔膜市场规模约为41亿元，同比下降8.8%。电解液方面，2018年我国电解液出货量14万吨，同比增长27.3%。电解液市场规模64亿元，同比下降3.1%。

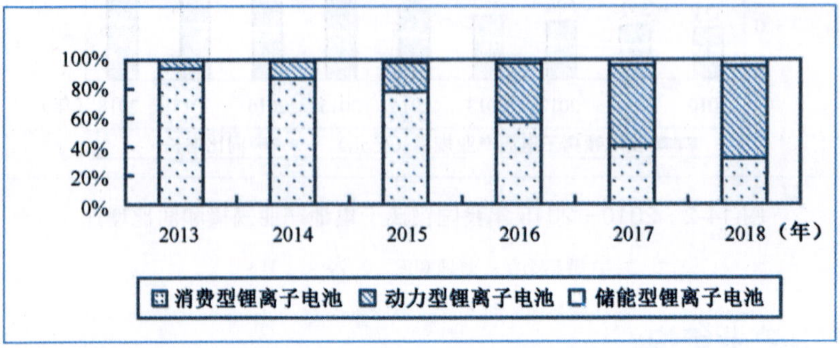

图14-3　2013—2018年我国锂离子电池市场结构变化情况

（数据来源：赛迪智库，2019年3月）

第二节　发展特点

一、技术创新不断取得突破，能量密度稳步提升

高能量密度电池研究不断突破。2018年，国轩高科实现磷酸铁锂电池能量密度达到190Wh/kg，三元300Wh/kg高比能电池的研究成果得到科技部认可，其自主开发的622三元电芯产品单体能量密度超210Wh/kg，已于2018年6月开始交付下游客户。由力神电池牵头的“高比能量动力锂离子电池开发与产业化技术攻关”项目已完成了高镍正极材料的开发，可逆克容量达到213mAh/g，首次效率达到91.4%；完成了硅碳复合负极材料开发，可逆克容量达到了754.8mAh/g，首次效率达到89.87%；开发了高比能量电池单体，比能量达到了302Wh/kg，并进行了软包电池生产线的建设；国内正极材料龙头企业当升科技实现高镍811三元材料量产。

电池成本显著下降。2018年三元电池规模应用产品的单体比能量提升至265Wh/kg，成本降至1元/Wh以下，较2012年分别提高了2.2倍，下降了75%；磷酸铁锂电池技术趋于成熟，单体比能量达到了160Wh/kg，成本降至0.7元/Wh，已实现我国提出的“到2020年时动力电池的成本要降低到1元/Wh”规划目标。

二、补贴政策更加细化，进一步鼓励高能量密度电池

2018年年初，财政部、科技部、工业和信息化部、发展改革委联合印发了《关于调整完善新能源汽车推广应用财政补贴政策的通知》（财建〔2018〕18号），继续调整我国新能源汽车补贴政策，进一步提高技术门槛，加大对搭载高能量密度动力电池的新能源汽车补贴力度。

鼓励使用高能量密度动力电池。乘用车补贴车型能量密度不低于105Wh/kg，对于能量密度大的电池，给予较高的补贴系数（160Wh/kg及以上的车型按1.2倍补贴），新能源客车的能量密度要求也进一步提升。此外，政策还提高了新能源车整车能耗的要求，根据乘用车的百公里耗电量和客车的单位载质量能量消耗量（Ekg）值设置调整系数。

完善新能源汽车补贴标准（见图14-4）。根据成本变化等情况，调整优化新能源乘用车补贴标准，合理降低新能源客车和新能源专用车补贴标准。燃料电池汽车补贴力度保持不变，燃料电池乘用车按燃料电池系统的额定功率进行补贴，燃料电池客车和专用车采用定额补贴方式。鼓励技术水平高、安全可靠的产品推广应用。

2017年和2018年纯电动乘用车补贴方案对比

考核参数	现行方案/2017		最终方案/2018	
	分档标准	补贴金额（万元）	分档标准	补贴金额（万元）
续航里程（km）	$100 \leq R < 150$	2	$150 \leq R < 200$	1.5
	$150 \leq R < 250$	3.6	$200 \leq R < 250$	2.4
	$R \geq 250$	4.4	$250 \leq R < 300$	3.4
			$300 \leq R < 400$	4.5
			$R \geq 400$	5
技术要求	分档标准	补贴系数（倍）	分档标准	补贴系数（倍）
技术要求——30分钟最高车速（km/h）	≥ 100	1	≥ 100	1
技术要求——能量密度（Wh/kg）	$E < 90$	0	$E < 105$	0
	$90 \leq E < 120$	1	$105 \leq E < 120$	0.6
	$E \geq 120$	1.1	$120 \leq E < 140$	1
			$140 \leq E < 160$	1.1
			$E \geq 160$	1.2
车辆能耗调整系数（百公里电耗优于政策的比例）	/	1	$0\% \leq Y < 5\%$	0.5
			$5\% \leq Y < 25\%$	1
			$Y \geq 25\%$	1.1

注：车辆能耗调整系数中，按整车整备质量（m）不同，工况条件下百公里耗电量（Y）应满足以下门槛条件：$m \leq 1000$kg时，$Y \leq 0.0126 \times m + 0.45$；$1000 < m \leq 1600$kg时，$Y \leq 0.018 \times m + 2.25$；$m > 1600$kg时，$Y \leq 0.0045 \times m + 12.33$

图14-4 2017年和2018年我国纯电动汽车补贴方案对比

（数据来源：工业和信息化部，赛迪智库，2019年3月）

三、三元电池强势崛起，产业集中度显著提升

2017 年以来，我国新能源汽车补贴加大了对高能量密度动力电池的支持力度。三元电池凭借高能量密度优势快速崛起，强势改变动力电池市场格局。2017 年，三元电池装机容量达到了 16.5GWh，增加近 10GWh，占动力电池装机容量的比重达 45%，较 2016 年的 22%提高了 23 个百分点；2018 年，我国动力电池装机容量达到了 57GWh，其中三元电池装机容量为 30.7GWh，同比增长 91.7%，占动力电池装机容量的比重达 54%，较 2017 年提高了 9 个百分点（见图 14-5）。随着三元电池能量密度和安全性的不断提升，其在动力电池市场占比将稳步提升。

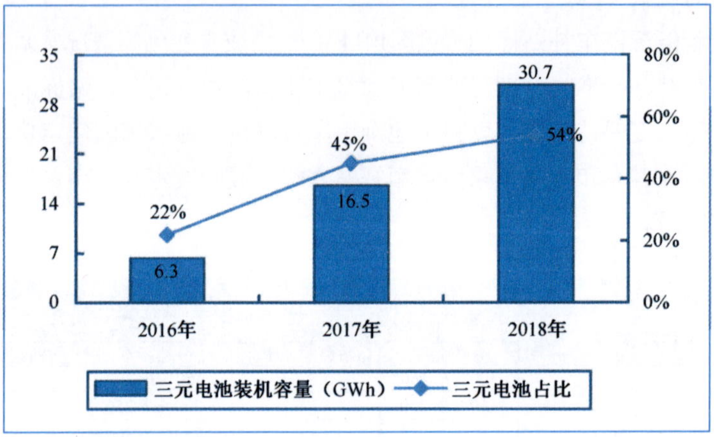

图 14-5 2016—2018 年我国三元电池装机容量及占比

（数据来源：企业财报，赛迪智库，2019 年 3 月）

动力电池市场集中度显著提升。GBII 的数据显示，2018 年我国动力电池装机容量约为 57GWh，位列 TOP10 的企业分别是（按装机容量高低排列）：宁德时代（CATL）、比亚迪、国轩高科、天津力神、孚能科技、深圳比克、亿纬锂能、国能电池、中航锂电、卡耐新能源。相比于 2017 年，沃特玛、智航新能源跌出榜单外，其他 8 家动力电池企业仍然稳定在前十行列，中航锂电、卡耐新能源跻身前十行列（见表 14-1）。2018 年，CATL 的动力电池市场占有率达到 41.1%，比亚迪为 20.1%，相比 2017 年均有大幅提升，合计约占 61%。2018 年的动力电池 CR2、CR5 和 CR10 市场集中度分别达到 61.2%、73.5%和 82.6%，分别较 2017 年提高了 19.2、16.7 和 15.3 个百分点（见图 14-6）。

表 14-1　2016—2018 年我国动力电池装机容量 TOP10 企业

序　号	2016 年		2017 年		2018 年	
	企业名称	装机容量（GWh）	企业名称	装机容量（GWh）	企业名称	装机容量（GWh）
1	比亚迪	7.4	CATL	10.6	CATL	23.5
2	CATL	6.7	比亚迪	5.7	比亚迪	11.4
3	沃特玛	2.5	沃特玛	2.4	国轩高科	3.1
4	国轩高科	1.9	国轩高科	2.1	天津力神	2.1
5	万向	0.8	深圳比克	1.5	孚能科技	1.9
6	天津力神	0.8	孚能科技	1	深圳比克	1.7
7	深圳比克	0.7	亿纬锂能	0.9	亿纬锂能	1.3
8	光宇	0.5	国能电池	0.8	国能电池	0.8
9	迈尔斯	0.5	珠海银隆	0.7	中航锂电	0.7
10	中航锂电	0.5	江苏智航	0.7	卡耐新能源	0.6

资料整理：赛迪智库，2019 年 3 月。

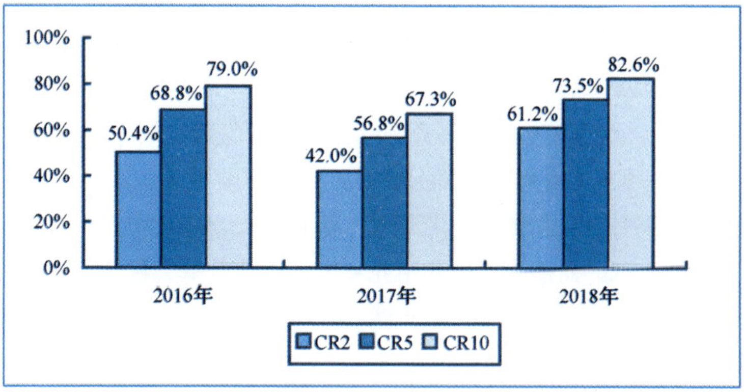

图 14-6　2016—2018 年我国动力电池市场集中度

（数据来源：企业财报，赛迪智库，2019 年 3 月）

四、投资热度不减，产能结构性过剩态势延续

随着新能源汽车热潮的到来，动力电池迅速成为各大企业争相布局的焦点。2015 年以来，我国动力电池领域迎来了投资高潮，过去四年内我国动力电池投资额累计超过了 3000 亿元，CATL、比亚迪、国轩高科、天津力神等国内龙头企业投资额均在 100 亿元以上。2018 年锂离子电池投资热度不减。从项目建设

情况看，根据不完全统计，2018年国内锂离子电池产业公开报道的投资项目（包括发布公告33个、签约39个和今年开工29个的项目，但不包括2018年之前投资今年投产的项目）超过110个，合同投资额累计超过了3300亿元。其中，电池材料和电池制造项目个数和额度较多，占比分别达到29%和56%，而三元电池和三元正极材料领域投资热度较高。从投融资并购情况看，在财政补贴退坡、融资渠道收紧的背景下，锂离子电池行业投融资并购偏谨慎。2018年，锂离子电池行业涉及投融资并购相关案例超过60起，涉及金额约800亿元，与前三年动辄上千亿元的金额相比，资本投资更加冷静和理性。其中，上游资源和动力电池成为投资热点。上游资源项目交易额合计近400亿元，占总金额的一半左右，以天齐锂业40.66亿美元收购SQM23.77%股份为代表；动力电池项目主要集中在投资并购排名靠前的骨干企业，如孚能科技完成C轮融资逾10亿美元、复星战略投资捷威动力等。

投资持续高涨造成我国锂离子电池产能快速增长。据不完全统计，2015—2017年，我国锂离子电池产能由不到50GWh暴增至近200GWh，而2017年我国锂离子电池产量约为80GWh，产能整体利用率不到四成。在2018年国内龙头宁德时代、比亚迪规划了大量的产能扩张，部分二线电池企业，如国轩高科、孚能科技、万向等规划了新的产能扩建或开启了原有产能建设计划的设备招标，2018年年底我国锂离子电池产能预计超过250GWh，而2018年锂离子电池出货量约为102GWh，产能结构性过剩态势未得到明显改善。

电池产能快速扩大导致绝大部分企业产能利用率不高。2018年第三季度，CATL产能利用率达到了90%，比亚迪、孚能科技、捷威动力、哈光宇的产能利用率为50%~60%，而捷威动力和哈光宇的产能还较低，包括天津力神、国轩高科、深圳比克、北京国能等在内的一大批企业的产能利用率都在30%以下（见图14-7）。

五、国内企业积极走出国门，跨国企业加快中国布局

随着全球新能源汽车持续快速增长，国内企业积极走出国门，加速拓展国际市场，深化与海外企业合作。2018年，CATL先后与大众、宝马、戴姆勒等达成动力电池供应合作关系，并计划在德国投资2.4亿欧元建立动力电池生产基地；孚能科技成为戴姆勒供应商，并启动欧洲动力电池工厂建设；亿纬锂能与戴姆勒达成长期供应合同，中航锂电与德国大陆集团合作，等等。

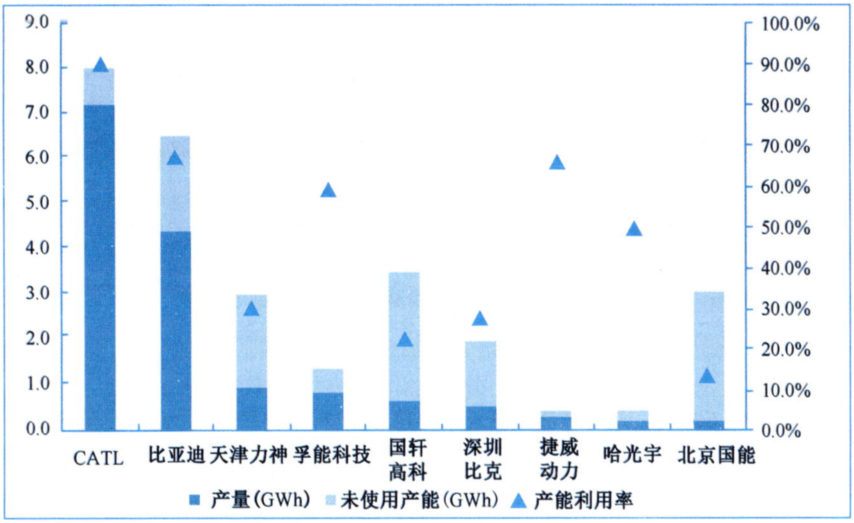

图 14-7 2018 年第三季度我国部分动力电池骨干企业产能利用情况

（数据来源：企业财报，赛迪智库，2019 年 3 月）

随着国内政策松绑（动力电池投资股比限制取消），加上中国新能源汽车市场火爆，跨国企业加大在中国投资力度。2018 年，三星开始在西安新建动力电池二期工厂，总投资 105 亿元，建设 5 条 60Ah 锂离子动力电池生产线，并将在天津建立工厂；LG 化学总投资 20 亿美元的动力电池项目在江宁滨江开发区动工建设，并将中国总产能目标调高至 90GWh；松下启用大连动力电池工厂二期厂房，预计动力电池产能增加近一倍；SKI 在常州投资约 24 亿元新建锂离子电池隔膜（LiBS）和陶瓷涂层隔膜（CCS）生产工厂，并与北汽合作在常州投资 50 亿元建设年产 7.5GWh 的动力电池工厂。

六、价格持续下滑，锂电行业洗牌加速

近年来，我国锂离子电池尤其是动力电池价格持续下滑，主要原因在于：一是动力电池产量迅猛增长，规模化生产效应增强，再加上市场竞争加剧，众多企业不得不降低价格；二是我国新能源汽车补贴政策调整，补贴力度大幅下调，车企为了控制成本，不断压低动力电池采购价格。2018 年年底，动力电池价格已经降至 1.1 元/Wh 左右，较 2017 年同期下降了 25%以上（见图 14-8）。不仅锂离子电池价格出现了下滑，通过层层传导，四大关键配套材料价格在 2018 年也出现了不同程度下滑，磷酸铁锂全年均价较 2017 年下跌约 20%，隔膜全年均价下跌幅度超过 40%，电解液全年均价较 2017 年下降 15%左右。

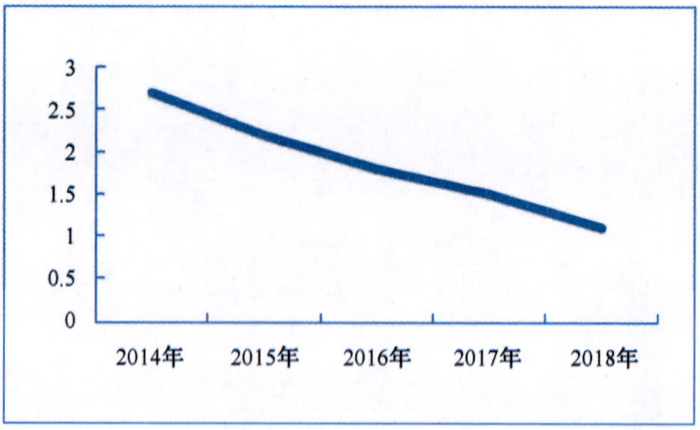

图 14-8　2014—2018 年我国三元动力电池价格变化情况（单位：元/Wh）

（数据来源：企业财报，赛迪智库，2019 年 3 月）

2018 年，新能源汽车补贴不能及时发放、动力电池产品价格持续下降、资本市场融资收紧。我国锂离子电池行业多家企业出现现金流紧缺、业绩对赌失败、资金链断裂甚至直接倒闭，行业洗牌加速。沃特玛负债达 221 亿元，董事长股份遭冻结；猛狮科技现金流紧张，银行账户被冻结，虽然最后找到了国资背景资金入驻，但要复产也要到 2019 年；银隆拖欠货款引发供应商不满。据不完全统计，2018 年我国锂离子电池产业链中倒闭、退出、暂停等不良经营企业超过 60 家。2018 年，我国实现新能源汽车配套的动力电池厂商下降至 90 家，较 2016 年减少一半，较 2017 年下降 33%。

第十五章

智能传感器

第一节　发展情况

一、智能传感器概述

智能传感器作为与外界环境交互的重要手段和感知信息的主要来源，是指具有信息采集、信息处理、信息交换、信息存储功能的多元件集成电路，是集成传感芯片、通信芯片、微处理器、驱动程序、软件算法等于一体的系统级产品。近年来，伴随着信息技术的快速发展，新兴应用需求不断衍生，对电子元器件，尤其是高端元器件的需求日益旺盛。智能传感器作为智能时代的关键基础器件，相关技术创新高度活跃，市场应用正呈现爆发式增长态势。

传感器的发展大致经历了结构型传感器、固体型传感器和自 21 世纪初逐步兴起的智能传感器等三代。相较于传统的传感器，智能传感器具备以下功能。

一是兼具信息的感知、处理和通信。智能传感器可通过信息传输来实现数据输出、参数设定等功能。

二是计算和自补偿。智能传感器能够利用微处理器对感知的信号进行运算处理，通过采用多次拟合和差值计算方法对漂移和非线性进行补偿。

三是自诊断和自校。智能传感器具备在工作状态下的自检功能以确定是否存在故障，还能够利用存储的计量特性数据，在线进行对比校正。

四是复合传感。依赖高度的集成化，智能传感器可同时测量多种物理和化学量。

二、智能传感器产业现状

随着消费电子、汽车电子、工业电子等领域的快速发展，以及物联网的不断推进，全球范围内，传感器市场始终保持较快增长。2018 年，全球传感器市场规模突破 2000 亿美元，是 2010 年 720 亿美元市场规模的 2.8 倍，年均复合增长率达 13.6%（见图 15-1）。

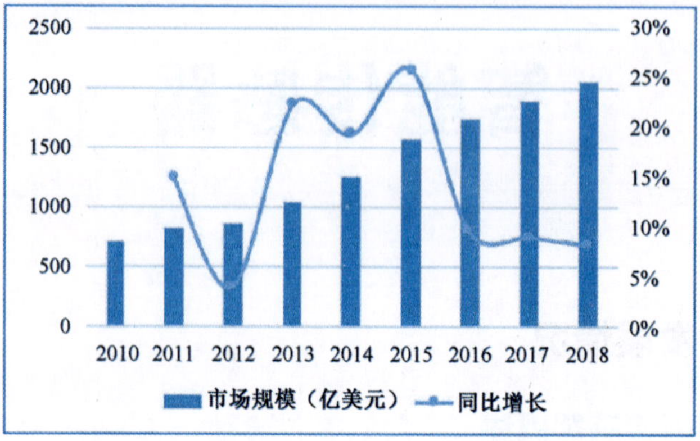

图 15-1　2010—2018 年全球传感器市场规模

（数据来源：前瞻产业研究院，2019 年 1 月）

就我国而言，2018 年国内传感器市场规模有望达到 1472 亿元，相比 2017 年的 1300 亿元，同比增长 13.2%。相较于 2015 年的 995 亿元，年均复合增长率达到 13.9%。预计未来仍将保持 12.1%的年均复合增长率，并有望于 2022 年达到 2327 亿元（见图 15-2）。

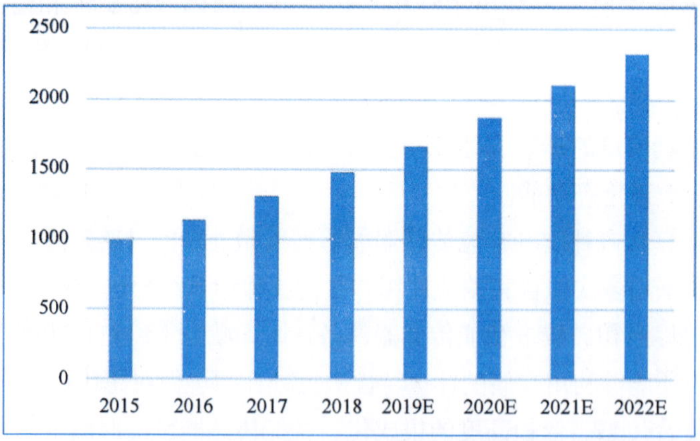

图 15-2　2015—2022 年我国传感器市场规模及预测

（数据来源：前瞻产业研究院，2019 年 1 月）

智能传感器作为传感器领域的前沿方向，其市场渗透率也在逐步提高。据数据统计，2018 年，全球智能传感器市场规模将超过 330 亿美元，相较 2016 年的 258 亿美元，年均复合增长率达到 13.6%，预计未来几年有望持续保持较高增速。从全球区域市场看，北美地区是智能传感器市场规模最大的地区，近年来的占比超过 40%；含我国在内的亚太地区排名第二，市场份额超过 20%，并在消费电子、汽车电子等领域的强劲带领下增速最大，未来有望超过北美地区。从国内市场看，2018 年，我国智能传感器市场规模预计有望超过 120 亿美元。然而，由于国内智能传感器企业的规模较小、技术较为落后，因此超过 70% 的市场份额被国外企业垄断，预计 2018 年国内企业的产值约为 35 亿美元。2017 年 5 月，工业和信息化部发布了《智能传感器产业三年行动指南（2017—2019 年）》，提出到 2019 年，国内智能传感器产业规模要达到 260 亿元，预计今年产业将能如期达成目标，未来也会在政策驱动和市场需求的双重推动下持续保持高速增长。

智能传感器的种类十分繁多。其中，CMOS 图像传感器所占的比例最高，达到全球智能传感器市场的 45%，其次是指纹传感器、压力传感器、射频识别传感器。2018 年，上述四类传感器占据了全球智能传感器超过 75%的份额。此外，份额较大的智能传感器种类还有加速度计、MEMS 麦克风、陀螺仪、组合式运动传感器、电子罗盘等。

三、智能传感器产业结构

相较于传统的传感器，智能传感器可视为传感器与微处理器的结合，因而其产业链结构与半导体产业十分密切。一般地，智能传感器的产业链可划分为设计、制造、封装测试、系统及应用等环节。然而，由于智能传感器的种类极其繁多，不同类别产品之间制造工艺和标准差别较大，因此，智能传感器产业并未采用半导体产业盛行的“Fabless + Foundry”模式，而多是采用 IDM（Integrated Design and Manufacture）模式，即企业独立完成设计、制造、封装测试等环节。国际上，知名的智能传感器企业包括楼氏电子、博世、欧姆龙、旭化成微电子、ADI、恩智浦、英飞凌、霍尼韦尔等，国内的知名企业包括美新半导体、歌尔声学、明皜传感、瑞声科技、芯奥微、敏芯微电子、康森斯克、多维科技、豪威科技、格科微电子、汇顶科技、美泰科技、士兰微、高德红外等。

四、智能传感器应用现状

近年来，智能传感器的应用愈加广泛。从应用领域来看，消费电子、汽车电子、工业电子已经成为智能传感器需求最旺盛的领域，对应的市场规模及预测如图 15-3 所示。2018 年，上述领域合计占到智能传感器下游市场约 90%的份额。同时，随着新一代信息技术的快速发展，智能机器人、智能医疗器械等新兴领域的不断延展为智能传感器带来了诸多新的增长点。

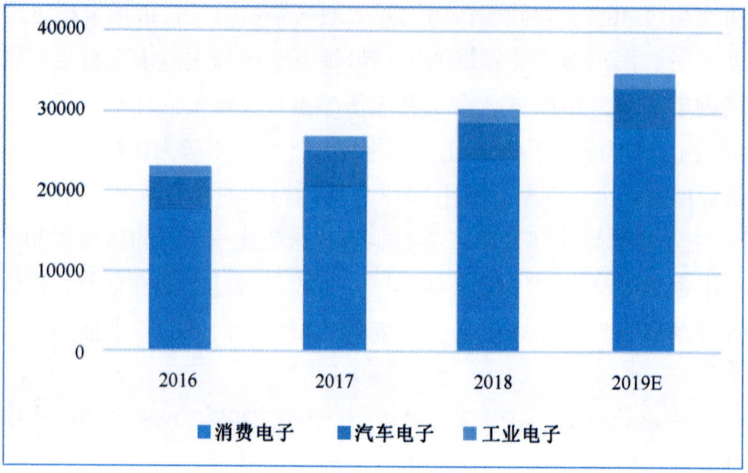

图 15-3　2016—2019 年我国传感器应用领域市场规模及预测（百万美元）

（数据来源：赛迪智库整理，2019 年 1 月）

（一）消费电子领域

得益于以智能手机为代表的智能移动终端的普及应用，消费电子目前仍是智能传感器最主要的应用领域。2018 年，全球消费电子领域智能传感器市场规模超过 240 亿美元。具体而言，CMOS 传感器、指纹传感器及惯性传感器等 MEMS 传感器成为消费电子领域应用最多、增长最快的几类智能传感器，对应的市场规模及预测如图 15-4 所示。例如，随着 iPhone 引发的智能手机指纹识别功能浪潮，2013 年出货量仅有 2300 万颗的指纹传感器，到 2016 年暴增至 6.89 亿颗，市场规模达到 28 亿美元，2018 年的市场规模进一步达到约 40 亿美元，2013—2018 年的年均复合增长率高达 51.3%。

（二）汽车电子领域

随着汽车的智能化、网联化发展，智能传感器已经渗透至汽车的动力、车身、安全等诸多系统中。例如，运用在汽车动力系统中的加速度计、压力传感器和力矩传感器等。此外，随着自动驾驶技术的蓬勃发展，高性能摄像头、毫米波雷达、激光雷达等高端智能传感器也逐步进入汽车领域。高级辅助驾驶系统（ADAS）是智能传感器在汽车领域应用的典型代表。ADAS 能够通过摄像头、雷达等传感器感知周边信息、识别周围物体，并结合高精度地图等做出行为决策，继而有效提升驾驶安全性、舒适性。近年来，ADAS 已呈现出持续高增长态势。2018 年，预计全球 ADAS 市场将达到 300 亿美元，国内市场规模也有望超过 370 亿元。

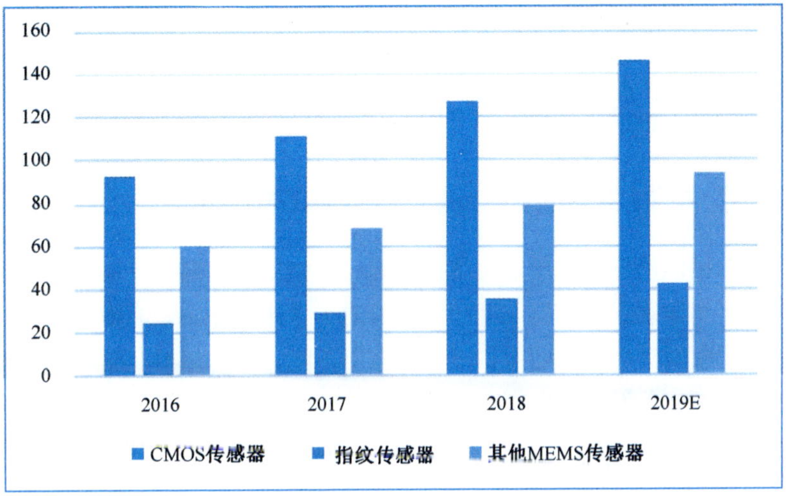

图 15-4　2016—2019 年全球消费电子领域智能传感器市场规模（亿美元）

（数据来源：赛迪智库整理，2019 年 1 月）

（三）工业电子领域

2017 年，我国工业传感器市场规模达到 204.8 亿元，同比增长 13.1%，2013—2017 年的年均复合增长率也达到 12.5%。2018 年，我国工业传感器市场规模有望超过 230 亿元，预计 2020 年将达到 308 亿元。随着我国经济步入追求高质量发展的新阶段，先进制造业受到高度重视，工业领域的结构演变和转型升级正在成为经济增长的新动力。在此过程中，智能化改造成为推动制造业转型的重要力量，智能传感器在工业领域的应用也愈加广泛。

第二节　发展特点

一、全球智能传感器产业的集中程度很高

从全球来看，传感器领域的龙头企业主要分布于美国、日本和德国等地。

具体来看，智能传感器领域的主要厂商包括GE、爱默生、博世、意法半导体、霍尼韦尔、欧姆龙、西门子、施耐德电气等工业和半导体领域的传统巨头。2018年，上述企业持续垄断着全球传感器市场，也占据了我国传感器市场份额的70%。例如，在消费电子领域，2018年，随着智能手机等智能移动终端的创新升级，对加速度计、陀螺仪等惯性传感器的需求保持高涨，意法半导体、旭化成微电子、应美盛、博世合计占据了惯性传感器市场约75%的市场份额。再如，三轴电子罗盘、六轴电子罗盘因其在精确定位等方面的功能已被广泛用于智能手机等消费电子产品中，旭化成微电子在该领域长期垄断全球市场，市场份额高达80%。

二、智能传感器的技术和行业门槛极高

智能传感器已日渐发展成为结构特殊、结构复杂的微型分立器件，其设计制造类似于半导体器件，但难度高于一般的半导体器件。智能传感器的种类繁多，不同厂家同类产品的结构和工艺也有所不同，因此每类产品的产量较少，规模效应不显著，不适于代工厂的工艺平台模式。例如，台积电拥有200亿美元年销售额，但MEMS传感器代工仅占4000万美元。这也是智能传感器企业大多采用IDM模式的重要原因。此外，全球智能传感器产业已经竞争激烈、集中度很高，但国内仍处于起步爬坡阶段，企业数量少、规模小且成立时间普遍较短，因而面临着很高的技术和行业门槛。

三、我国智能传感器产业亟待加速发展

近年来，我国成为全球智能传感器产业发展最为迅速的地区之一，产值和出货量的年均复合增长率分别达到了37%和34%。然而，与此形成鲜明对比的是，国内智能传感器企业的数量依然较少、规模大多偏小，企业缺乏长期的技术和市场积累，与消费电子、汽车电子、工业电子等领域的整机企业之间的合作不够密切，难以进入后者的供应链体系，因而存在着“技术落后—市场缺乏”的恶性循环。在国内市场蓬勃发展的同时，国内企业的产值、市场份额占比均不足30%，且国内企业生产的产品主要集中于附加值较低的环节。因此，面对我国庞大的市场需求，国内智能传感器企业亟须在政策支持和市场牵引下，加大研发投入、强化产业合作，尽快改变落后局面。

第十六章

电子信息行业智能制造

第一节　发展情况

一、试点推进

2015—2018 年，我国智能制造试点示范项目累计遴选 305 个，其中电子信息行业共遴选了 62 项（见图 16-1）。从项目数量分析，电子信息行业智能制造试点示范项目呈现逐年增多态势。从覆盖领域分析，电子信息行业智能制造试点示范项目涵盖领域不断扩大，基本实现了计算机、智能终端、通信设备、视听设备、电子元件、电子器件、电子材料等大类全覆盖，着重支持了显示面板、太阳能光伏等重点领域（见表 16-1）。从示范模式看，试点示范项目重点建设智能工厂，集中在离散型智能制造、流程型智能制造两大模式，重点是离散型智能制造。近两年试点示范项目还涉及了网络化协同制造、远程运维服务等新模式。

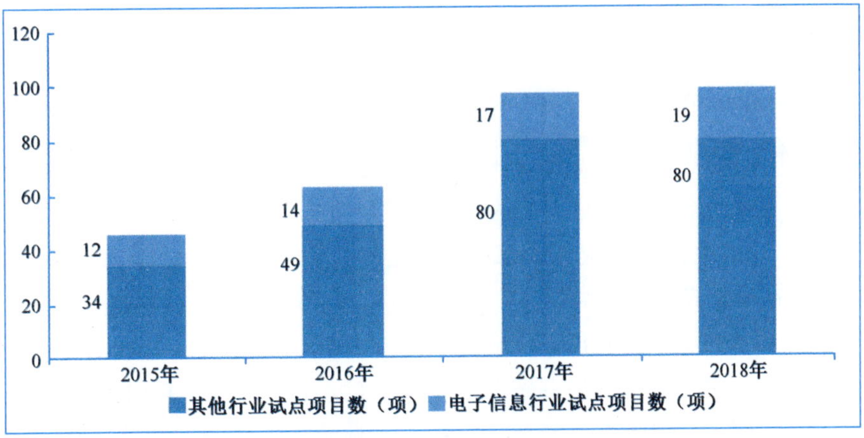

图 16-1　电子信息行业智能制造试点示范项目数变化

（数据来源：赛迪智库整理，2019 年 1 月）

表 16-1 历年电子信息行业智能制造试点示范领域

年 份	涉及电子信息领域
2015	通信设备、智能家电、光纤、移动终端、控制系统
2016	液晶玻璃基板、物联网、高性能锂电池、印制电路板、LED 照明、可穿戴设备、液晶显示器件、智能金融终端、智能家电、智能终端、晶体硅
2017	智能终端、光纤、光缆、液晶显示器件、汽车电子、摄像头模组、通信产品、太阳能电池、高端服务器、面板、光电子器件、智能家电、物联网、太阳能电池、光学镜头
2018	光通信设备、航空航天机电产品、高效太阳能光伏组件、AMOLED 显示屏、特种计算机、运程运维平台、液晶玻璃基板、大规模集成电路硅基底、LED 芯片、精密电子元器件、智能驾驶、光纤光缆、显示面板

数据来源：赛迪智库整理，2019 年 1 月。

2015 年以来，四年间随着国家智能制造项目总数的扩充，从绝对值讲，电子信息行业试点示范项目数不断增加，涵盖新型领域逐步增多。从相对值讲，行业试点项目占国家试点项目总数未呈现同趋势的增长。2015 年，电子信息行业试点项目数占国家总项目数的 26%，2017 年该占比下降到 17%，2018 年回升到 19%。占比的变化趋势反映出两方面的内容：一是体现了电子信息行业是国民经济的先导性行业。在试点示范项目开展伊始，电子信息行业的试点项目数占比 26%，通过先行实施电子信息行业智能化改造，引领整个工业体系的技术发展和产业结构演进方向。二是占比的回升体现了电子信息行业对深入开展智能制造的关键支撑作用不容忽视。随着两化融合的深入推进，电子信息行业的支柱性地位更加突出。

二、政策完善

为贯彻落实制造强国战略，国家相继出台了一系列政策文件，着力提升制造业智能制造水平，电子信息产业被作为重要领域和发展重点之一。

2016 年以来，国务院及相关部委连续发布了多个推进发展的重要政策文件，包括 2016 年 5 月《国务院关于深化制造业与互联网融合发展的指导意见》（以下简称《指导意见》）、9 月《智能制造工程实施指南（2016—2020）》（以下简称《实施指南》）、12 月《智能制造发展规划（2016—2020 年）》（以下简称《发展规划》）等。

《指导意见》是对电子信息行业赋能其他行业智能转型路径的指引，是制造业智能化转型的方法。《实施指南》突出电子信息行业在实施智能制造工程的两个阶段内不同的支撑重点，是电子信息行业助力制造业转型的基本路径。《发展规划》阐明电子信息行业在十大重点任务中的具体支撑作用，是电子信息行业与制造业深度融合的指导文件。

具体来看，新一代信息技术作为建设制造强国的十大领域之一被率先提出，从提升集成电路及专用装备的供货能力到推动核心信息通信设备体系发展和规模化应用，以及推进自主工业软件体系化发展和产业化应用的角度，鼓励电子信息产业夯实关键技术、软件和核心设备的供给能力。《指导意见》中更加强化信息技术对互联网与制造业融合发展的支撑作用。例如为强化互联网与制造业融合发展，需发展基础支撑能力。“强化制造业自动化、数字化、智能化基础技术和产业支撑能力，加快构筑自动控制与感知、工业云与智能服务平台、工业互联网等制造新基础。组织实施‘芯火’计划和传感器产业提升工程，加快传感器、过程控制芯片、可编程逻辑控制器等产业化。”《实施指南》更加突出电子信息行业在实施智能制造工程的两个阶段内不同的支撑重点。例如智能制造工程分为两个阶段实施，“‘十三五’期间通过数字化制造的普及，智能化制造的试点示范，推动传统制造业重点领域基本实现数字化制造”。“‘十四五’期间加大智能制造实施力度，关键技术装备、智能制造标准/工业互联网/信息安全、核心软件支撑能力显著增强，构建新型制造体系，重点产业逐步实现智能转型。”《发展规划》中着力阐明在分类指导、分步推进智能制造的过程中，电子信息行业在十大重点任务中的具体支撑作用。例如在加强关键共性技术创新任务中，要“突破先进感知与测量、高精度运动控制、高可靠智能控制、建模与仿真、工业互联网安全等一批关键共性技术，研发智能制造相关的核心支撑软件，布局和积累一批核心知识产权，为实现制造装备和制造过程的智能化提供技术支撑。”

三、发展成效

四年来，电子信息行业智能制造试点项目取得了可喜的进展，发挥了较强的示范作用。

（一）试点示范项目成效显著

从已经完成生产线智能制造改造的示范项目运行情况看，生产效率平均提升 20%以上，不良品率降低 20%以上，单位产值能耗降低 10%以上，均超过了示范项目预期目标，通过生产线智能制造改造实现了生产过程的标准化。部分领域试点示范作用突出。彩电行业，在示范企业带动下，6 大骨干企业全部开展了生产线智能化改造，在标准化基础上基本实现了生产模块化、定制化；显示面板行业，京东方、华星光电等试点示范项目通过生产线智能化改造大大缩短了新品开发周期；多晶硅方面，新特能源、新疆大全等试点示范企业实现了从原材料、设备到尾气处理的全流程监测控制，有效降低了多晶硅生产能耗和污染物排放。

（二）关键器件系统实现突破

工业传感器不断取得应用，国内市场满足率约为 20%。上海步科、信捷电气、汇川技术等国内企业从小型 PLC 开始切入，利用自身高性价比及服务本地化优势实现快速发展，市场份额逐步提升。工业机器人最为核心的减速机、伺服电机等关键零部件，国内企业正逐步起量，产品的安全可靠性差距逐步缩小。苏州绿的已在谐波减速器市场有一定的市场占有率，南通振康、双环传动、中大力德等 RV 减速器产品正在放量。米格电机为国内最大的伺服电机生产厂家，2017 年产销量近 90 万台套，增长超过 30%。埃斯顿、新松机器人、拓斯达、双环传动等本体生产企业快速成长，不断扩充产能抢占市场。

（三）解决方案供应商逐步成长

我国智能制造系统解决方案市场仍处于起步阶段，但局部环节已有成熟案例，基本生态初步形成。随着智能制造逐步“由点及面”、向各行业深入推进，专业化的智能制造系统解决方案供应商开始崛起。当前我国具备智能制造系统解决方案的供应商数量为 500～600 家，未来将有更多的传统解决方案商向智能制造系统解决方案商转型。2017 年 12 月，在《工业和信息化部办公厅关于印发第一批智能制造系统解决方案供应商推荐目录的通知》中，共有 23 家企业入选。入选企业主要有三类：一是国内制造企业技术部门转型成为智能制造系统解决方案供应商；二是专业的智能硬件厂商转型；三是制造业科研机构或下属企业的业务延伸。

第二节　发展特点

党的十八大以来的五年，电子信息产业坚持稳中求进，稳增长、调结构、促安全、保供给，发展水平迈上新台阶。过去 20 年，中国电子信息产业实现了持续快速发展，产业规模稳步扩大，关键技术不断取得突破，骨干企业实力逐步壮大，国际地位显著增长。但应该注意到，随着传统终端设备接近天花板而新兴增长点尚未形成、全球贸易摩擦导致进出口形势堪忧，我国电子信息产业已经进入转型升级关键阶段，迫切需要内生动力。与此同时，我国电子信息产业粗放式发展现象较为突出，大部分企业还处于 2.0 或 3.0 阶段，与国际先进水平相比，产品质量和可靠性尚有差距，资源利用效率不高，亟须通过智能制造改造，全面提升我国电子信息产业发展质量，进而实现产业提质增效和转型升级。

一、电子信息产业是推进智能制造的战略基础

实施智能制造的关键在于运用物联网、人工智能、移动互联网、云计算、大数据等新一代信息技术改造传统制造业，优化配置市场资源、整合生产要素，推动生产方式和发展模式深刻变革，实现生产力又一次质的飞跃。集成电路、可编程逻辑控制器（PLC）、传感器、工控设备、工控软件等电子信息产品，以及基于此的系统解决方案已经成为实现智能制造的关键环节和战略基础。而信息技术的持续演进并深度与制造业融合，也正在为智能制造创新发展提供源源不断的动力。

二、智能制造是加快电子信息产业转型升级的重要抓手

智能制造是推进电子信息行业供给侧结构深入改革的新动能。一方面传统规模优势继续保持，2017 年我国手机、计算机和彩电产量分别达到 19.2 亿部、3.1 亿台和 1.7 亿台，占全球产量的比重分别达到了 90%、95%和 80%以上。另一方面，主要行业和产品的高端化、智能化发展成果显著，智能手机、智能电视市场渗透率超过 80%，智能可穿戴设备、智能家居产品、虚拟现实设备等新兴产品种类日益丰富。在人工智能、VR/AR、无人机、无人驾驶、智慧健康养老等新兴领域，国内涌现出一大批创新型企业，其技术和应用水平在全球处于领先位置。

三、聚焦自主研发创新，骨干企业国际竞争力进一步巩固

企业研发投入比例持续上升。据工业和信息化部电子信息司数据，2017 年全国电子百强企业研发投入合计超过 2194 亿元，是 2012 年 994 亿元的 2.2 倍，百强企业研发投入强度达到 6.3%，较 2012 年提高 1.4 个百分点。专利申请数量不断上升，截至 2017 年年底，国内信息技术专利申请总量已超过 398.6 万件。2017 年中国提交的 PCT 专利申请量为 4.8882 万件，首次排名全球第二，同时，华为与中兴通讯分别位居 2017 年 PCT 国际专利申请人前两名。龙头企业培育

成果显著。据华为财报，2017 年华为营业收入突破 6000 亿元，成为全球首屈一指的通信设备制造商。个人电脑领域，据 Gartner 数据，2018 年联想成为全球最大的个人电脑供应商，占全球个人电脑市场份额的 22.5%。智能手机领域，据 IDC 数据，2018 年华为、小米、OPPO、vivo 分别为全球智能手机出货量第三至六名的厂商。新型显示领域，据京东方发布的公告，2018 年京东方成为智能手机液晶显示屏、平板电脑显示屏、笔记本显示屏领域全球出货量第一的供应商。

四、融合发展深入推进，引领经济社会数字化发展

电子信息行业是我国制造业转型升级的主战场。新一代信息技术与经济社会各领域的跨界融合不断加深，以其强大的渗透力、融合力及变革力引领我国数字经济快速发展，并改变着全球的经济和产业格局。信息技术与制造业融合不断深入，两化融合持续加深，各行业智能制造水平显著提升。其在“天宫二号”“神舟十一号”和“墨子号”等国防和国家重点工程领域发挥重要作用。信息技术进一步与交通、金融、教育、医疗等领域的产业、技术和市场融合，智慧城市、智慧交通、智慧健康养老、远程医疗等新业态、新模式不断涌现，对国民经济和社会发展的支撑引领作用愈发凸显，加速经济社会深度变革。信息消费从生活消费向产业消费加速渗透，已发展成为创新最活跃、增长最迅猛、辐射最广泛的经济领域之一。

区 域 篇

第十七章

长江三角洲地区电子信息产业发展状况

第一节　整体发展情况

长江三角洲地区（以下简称“长三角地区”），涵盖上海、江苏、浙江、安徽“三省一市”，是我国最具经济活力、开放程度最高、创新能力最强、吸纳外来人口最多的地区之一，是“一带一路”与长江经济带的重要交汇地带，也是我国电子信息制造业发展的最重要聚集区之一。

一、产业规模

2018 年，长三角地区电子信息制造业保持平稳增长，创新实力持续增强，产品转型升级步伐加速。上海市全年实现电子信息制造业产值 6450 亿元，同比增长 1.9%，占全市工业总产值的 18.5%，占六个重点工业行业总产值的 27%，依旧是全市的战略性产业，其中新一代信息技术中电子信息制造业产值 3062 亿元，同比增长 5.5%，高于全行业增速 3.6 个百分点，结构调整成效显现。1—9 月，浙江省电子信息制造业新产品产值达 3621.9 亿元，同比增长 23.2%，重点产品中列入国家“三新”统计达 10 种新产品，其中光纤、智能手机和太阳能电池等产品实现快速增长，增速分别为 44.3%、18.5%、14.9%。2018 年，安徽省电子信息制造业增加值增长 22.2%，高于全国同行业增速 9.1 个百分点，对全省工业经济增长贡献率继续居各行业首位，高于全省工业增速 12.9 个百分点，占全省工业比重比 2017 年提升 0.3 个百分点，成为全省实施创新驱动、制造强省和转型升级发展的重要引擎。

二、产业结构

长三角地区电子信息制造业产业链较为完善，建立了从上游原材料到下游应用的完整产业链。江苏省已形成涵盖 EDA、设计、制造、封装、设备、材料等较为完整的集成电路产业链，汇集了众多知名集成电路企业，更是形成了无锡、苏州和南京等市为中心的集成电路产业带。浙江省已形成稀土永磁材料、含氟新材料、高性能纤维、光伏材料等特色产业链和全国最大的产业基地，拥有 7 家国家重点实验室和国家级工程技术研究中心，13 家国家级企业技术中心，近 70 家省部级重点实验室和重大科创平台。其中，浙江省在新材料产业链的特色优势日益明显，如高铁接触网铜合金导线、光芯片材料等一批新材料品种国内领先；T800 碳纤维、电子级低氧超高纯钛等产品填补国内空白，石墨烯规模化微片制备等技术处于国际领先地位。上海市形成了集成电路产业“一核多极”和新材料产业“3+*X*”的布局。安徽合肥新型显示产业快速发展，在新站高新区等重点园区聚集了京东方、康宁、三利谱等行业龙头企业，汇聚上下游产业链从业企业 75 家，涵盖全部生产环节。

第二节 产业发展特点

一、区域协作增强

长三角地区逐渐联合，发挥各自优势，逐步增强电子信息领域的协同发展。2018 年 6 月，长三角地区主要领导座谈会，三省一市就《长三角地区一体化发展三年行动计划（2018—2020 年）》达成共识，该计划覆盖了交通能源、科创、产业、信息化、信用、环保、公共服务、商务金融等 12 个合作专题，并聚焦 7 个重点领域，形成了一批项目化、可实施的工作任务，签约 27 个项目。2018 年 8 月，“长三角区域新型显示高质量一体化发展研讨会”在上海召开，其中，人才培养、产业融合等成为研讨主题，长三角地区在区域一体化新理念下，正在加速推动集成电路、平板显示、新材料等各自具备基础和优势领域的合作深度。

二、产业聚集加速

2018 年，上海市集成电路设计产业园落户张江科技园区，依托周边龙头企业，发挥上海芯片制造产业集群和产业链齐备的优势，着力打造国内领先的集成电路平台。江苏省发布《关于加快培育先进制造业集群的指导意见》，重点培育 13 个先进制造业集群，其中物联网、前沿新材料、集成电路、核心信息技术、新型显示等领域都与电子信息制造业息息相关。浙江省创建集成电路产业基地，分别布局在杭州市、绍兴市、衢州市、嘉兴市、宁波市（北仑区、鄞州区）等重点城市。安徽省构建合肥集成电路三大集聚区，助力合肥形成更为完善的集成电路产业链。

三、龙头企业带动作用显著

2018 年 1—9 月，浙江省电子信息制造业 30 强企业实现主营业务收入和利润总额 1862.5 亿元和 162.7 亿元，分别增长 23.4%和 15.4%，高出全行业 8.1 个和 8 个百分点，占全省规模以上电子信息制造业的 31.1%和 40.7%。江苏省拥有全球排名第 3、国内排名第 1 的封测大厂江苏长电，以及全球排名第 7、国内排名第 3 的封测厂商通富微电，连全国排名第二的华天科技也在昆山设立了子公司。安徽省引进维信诺（合肥）G6 全柔 AMOLED 生产线建设，填补了合肥 OLED 面板生产线空白，提速合肥新型显示产业集群建设。

四、重大项目持续推进

上海华力二期项目正式建成投片，建成后华虹集团制造规模进入全球前五，工艺技术进入全球第一梯队；和辉光电二期完成实现设备搬入；积塔项目从签约到开工仅用时 8 个月，至 2018 年底完成桩基工程。江苏省在集成电路领域加大重大项目推进工作，2018 年 3 月，华虹无锡集成电路研发和制造基地项目举行开工仪式，4 月华虹七厂一期桩基工程正式启动。浙江省积极推进实施信息经济“双百”工程，加大在集成电路、新一代通信网络、云计算大数据、人工智能等关键领域谋划，推进一批重大项目，前 9 个月电子信息行业完成工业投资 266.6 亿元、技改投资 187.5 亿元，成为浙江省工业投资重要领域。安徽省一批重大产业项目实施建设，总投资 440 亿元的维信诺 6 代 AMOLED 项目落地建设；总投资 240 亿元的滁州惠科 8.6 代液晶显示面板项目主体结构封顶，全年电子信息工业投资、技改投资分别增长 23.3%和 20.5%。

第三节　主要行业发展情况

近年来，长三角地区电子信息产业加快协同发展，产业集聚效应进一步增强，在集成电路、新型显示等领域形成较强的产业集聚发展优势。

一、集成电路

上海市是我国重要的集成电路设计和制造地区。2018 年，上海市集成电路产量排名全国第四，产量为 231.76 亿块。上海正在形成“一核多极”的布局，“一核”为浦东新区的张江高科技园区，“多极”为徐汇区、杨浦区、浦东新区的临港地区、松江区、嘉定区、青浦区、金山区。

江苏省是我国最重要的集成电路产业聚集区之一，产业规模占全国近 1/3，涵盖设计、制造、封装、设备、材料等较为完整的集成电路产业链，华润矽科、无锡友达、华虹半导体、SK 海力士、台积电等知名企业分布在无锡、苏州、南京、南通等沿江城市，形成蔚为壮观的沿江“硅走廊”。2018 年，集成电路产量 564.2 亿块，同比增长 4.89%，位居全国第一。

浙江省集成电路设计行业发展良好，全省 85%以上的设计企业和 95%以上的设计业务收入集中在杭州，涌现出士兰微、中天微、国芯科技、中科微等一批明星企业。士兰微是国内唯一一家集成电路芯片设计与制造一体化企业（IDM），名列 2018 年我国集成电路设计行业第七位。2018 年浙江省集成电路产量 65.3 亿块，排名第七。

安徽省是集成电路行业的后发赶超者。合肥市已形成从设计、制造、封装测试、材料及平台等较为完整的集成电路垂直产业链。总投资 1500 亿元的合肥长鑫作为我国存储器项目的引领者，2018 年合肥长鑫的 8Gb LPDDR4 规格的 DRAM 正式投片，有望进一步提升产品技术实力和市场占有率。

二、新型显示

长三角地区在发展新型显示产业上具有天然的优势，这里科研机构众多，有着深厚的研发基础。上海大学、东南大学、浙江大学、合肥工业大学、中电 55 所、中科院研究所等在新型显示领域具有国家和省部级科研平台的机构皆汇集于此。此外，长三角地区在产业上也具有集群优势。据了解，目前在全国 31 条高端显示生产线中，长三角地区就拥有 13 条，总投资达 2065 亿元。其中，上海的 AMOLED 及产业链领域，江苏的氧化物 TFT LCD 和 OLED 领域，安徽的高世代领域，浙江的激光显示及产业链领域都处于全国领先地位。合肥京东方全球首条 10.5 代液晶面板生产线产能和良率爬坡顺利，配套项目晶合 12 英寸驱动集成电路月产能达到 1 万片。长三角地区新型显示应用基础和产业技术科技创新能力和人才培养综合优势全国领先，有新型显示技术及应用集成教育部重点实验室（上海大学）、信息显示与可视化国际合作联合实验室（东南大学），以及国家工程实验室和国家工程技术研究中心等科研平台基地。

第四节　重点省市发展情况

一、上海市

上海市增强在集成电路领域发力。2018 年 7 月，上海成立国家集成电路创新中心、国家智能传感器创新中心。2018 年 11 月，上海市在张江科学城成立集成电路设计产业园，紫光集团、兆易创新、韦尔半导体、阿里巴巴 4 家企业首批入住园区，进一步推动设计产业集聚发展。2018 年 12 月，首届全球 IC 企业家大会及第 16 届中国国际半导体博览会在上海举办，搭建了国际化交流合作平台，促进了国内外技术交流与产业合作，实现共赢发展。同时，精测电子全球研发中心和半导体检测设备制造基地正式落户青浦，上海合晶硅全球研发总部开工建设，全球研发体系不断完善。

平台和展会成为上海市发展的重要支柱。2018 国际新型显示技术展、2018 国际新型显示与智慧互联大会暨第二届“金水湖”论坛相继举办，进一步提升了上海在新型显示方面的知名度。

二、江苏省

2018 年 3 月，东南大学、南京大学分别与无锡高新区、SK 海力士半导体（中国）有限公司签订有关集成电路人才培养合作协议，工业和信息化部人才交流中心“芯动力人才计划集成电路创新创业基地”同时宣布落户无锡。2018 中国集成电路产业发展研讨会暨第 21 届中国集成电路制造年会在无锡召开，无锡地区集成电路产值实现 1000 亿元，无锡市加大集成电路产业支持力度，无锡国家集成电路设计产业园揭牌，国家芯火双创基地平台成功获批。

2018 年 5 月，“2018 海峡两岸（南京）新型显示产业高峰论坛”召开，关注柔性显示和印刷技术的未来发展，共同聚焦新型显示产业链的整合和完善，并逐步打造成两岸乃至全球行业技术、产业上下游对接和人才交流合作的平台。

三、浙江省

2018 年构建浙江省级集成电路产业基地，确定杭州市、绍兴市、衢州市、嘉兴市、宁波市北仑区、宁波市鄞州区为创建单位。2018 年中国（绍兴）集成电路产业高峰论坛上发布了“绍兴集成电路小镇规划”，绍兴市越城区与绍兴集成电路小镇创新综合体项目、新华越 IPT 项目、北斗导航产业园项目、吉姆西半导体设备项目等 8 个项目集中签约，协议总投资超 150 亿元，主要涉及集成电路设计、制造、封装、综合运营、产业基金等领域。杭州市政府印发《进一步鼓励集成电路产业加快发展专项政策》，助力打造集成电路设计创新之都。

2018 中国新材料产业创新发展论坛在浙江绍兴召开，2018 中国（宁波）国际新材料科技与产业博览会于 11 月在宁波举行，为浙江省新材料的发展提供了良好的契机。

第十八章

珠江三角洲地区电子信息产业发展状况

第一节 整体发展情况

珠江三角洲地区（以下简称“珠三角地区”），具有完善的制造业体系，深圳市更有“世界工厂”之称。珠三角地区是我国最重要的电子信息制造业集聚区之一，具有强大的制造优势。虽然近年来受到成本上升的困扰，但仍通过创新不断创造比较优势，东莞、珠海、佛山等城市加大承接广州、深圳的省内转移，省内电子信息产业区域一体化协同效应持续显现。

一、产业规模

2018 年，广东省电子信息产业保持平稳较快增长。1—10 月，广东省电子信息制造业主营业务收入 3.38 万亿元，增长 10%，占全国的 33.3%，居全国第一；工业增加值 6936.7 亿元，增长 10.1%，占全省工业的 26.7%。前三季度，全省规模以上制造业累计完成增加值 21011.08 亿元，同比增长 5.9%，三大行业合计对全省规模以上工业增长的贡献率达 59.4%，合计拉动全省规模以上工业增长 3.6 个百分点。其中，计算机、通信和其他电子设备制造业产值占比 26.6%，保持较高增长速度，前三季度增长 9.4%，增幅高于全省规模以上工业平均水平 3.4 个百分点，产值和增速分别超过电气机械和器材制造业、汽车制造业两大支柱性行业，保持全省产值最大的行业地位。

二、产业结构

珠三角地区电子信息产品规模和技术水平在全国具有引领地位，主要优势领域是通信设备、计算机、家用电器、视听产品和基础元器件等。在重点领域方面，智能终端产业领先全国，华为、OPPO、vivo 三家品牌出货量占据国产手机前三名，市场份额达 54%。新型显示产业产能全国领先，拥有全球最大的液晶电视模组生产基地。云计算、大数据、4K 电视、人工智能等新一代信息技术产业快速增长，助推数字经济蓬勃发展。

在空间布局方面，珠三角地区不断突出以通信产品和消费电子类产品为重点的产品转型，逐渐形成以东莞、深圳、惠州为中心的电子计算机制造产业链，以深圳、广州、东莞为中心的通信设备制造产业链，以惠州、珠海、佛山为代表的智能家电制造产业链。

在企业培育方面，珠三角地区积极打造世界级电子信息龙头企业，拥有一大批实力强劲的电子信息骨干企业，拥有中国电子信息百强企业数量的 1/4，拥有信息技术领域上市公司 123 家，数量超过北京和上海之和，总市值居全国首位。具体来讲，TCL 等智能电视品牌加速向高端化发展，华为、中兴通讯、OPPO、vivo 等智能手机品牌正在引领全球手机市场发展，海思半导体、中兴微电子等集成电路设计企业具有全国领先实力。

第二节　产业发展特点

在国家政策与地方政府的协作与推动下，广东省省内产业转移与协同发展加速。《粤港澳大湾区发展规划纲要》发布，提出打造以珠海、佛山为龙头建设珠江西岸先进装备制造产业带，以深圳、东莞为核心在珠江东岸打造具有全球影响力和竞争力的电子信息等世界级先进制造业产业集群，广东省出台了 66 项任务、100 条举措落实推进粤港澳大湾区建设，构建起协调联动、运作高效的大湾区协调工作机制。惠州市、东莞市正在加速承接和提升电子信息领域制造能力，惠州依托强大的智能手机生产能力打造万亿级电子信息产业集群，并将建设世界级先进电子信息产业制造集聚区；东莞市加速对深圳市龙头企业的承接和协作，逐渐形成“一企两市/多市”的常态化布局，保持龙头企业的竞争力和创新力。

第三节 主要行业发展情况

一、通信设备

2018 年，广东省程控交换机 873.49 万线，同比增长 4.0%，手机 7.89 亿台，同比下降 7.0%，传真机 172.1 万部，同比下降 23.8%，移动通信基站累计产量 42428.74 万信道。随着 4G 应用普及和 5G 建设周期的到来，移动通信基站需求不断增长，华为、中兴通讯等龙头企业正在进入快速建设期。当前智能手机市场饱和，但 5G 时期的到来将刺激新的更新换代需求。

二、新型显示

经过多年的发展，广州开发区已经汇集了乐金显示、电气硝子、创维电子等全球显示行业龙头企业，聚华印刷显示获批建设印刷及柔性显示国家级创新中心。一大批上游设备、原材料和零部件企业，中游的面板制造与模组企业，下游的整机企业在此投资建厂，协同发展的平板显示产业链在该区不断扩大，成为国内技术最先进、生产规模最大、产出效益最高的液晶面板基地之一。当前，广州正在打造“世界显示之都”，广州开发区正致力打造全国最大的新型显示产业基地，平板显示产业产值 2020 年有望达到 3000 亿元。

三、智能家居

2018 年，广东省彩色电视机产量达 9678.06 万台，同比增长 12.3%，其中液晶电视机 9491.98 万台，同比增长 11.3%。电视智能化趋势凸显，2018 年广东省智能电视产量达 6196.18 万台，同比增长 17.02%。随着智能音箱、超高清电视等产品需求进一步增长，依托创维、TCL 等企业，广东省在智能电视等智能家居产品领域仍将有广阔发展前景。

四、集成电路

2018 年，广东省集成电路产量 300.79 亿块，同比增长 6.6%，全国排名第三；全年集成电路进口 8383.3 亿元，增长 22.6%；出口 864.07 亿元，同比增长 31.4%。广东省集成电路产业链涵盖了产业链前端研发设计、后端封装测试及应用环节，其中集成电路设计领域具有全国领先优势。目前，广东省拥有深圳、珠海和广州三个国家级集成电路设计产业化基地，聚集了华为、中兴通讯、英特尔、瑞萨、美国博通等半导体研发中心。

第四节　重点省市发展情况

一、深圳市

电子信息产业已成为深圳支柱产业和创新主力。深圳正在加速从“制造工厂”向“智造工厂”转型，手机、程控交换机、彩电等产量均位居全国乃至全球前列，并培育了一批具有全球竞争力和知名度的龙头骨干企业，如华为、中兴通讯、创维、长城科技、TCL 等。

2018 年前三季度深圳市全市规模以上工业增加值 6306.21 亿元，增长 8.3%，计算机、通信和其他电子设备制造业增长 12.3%，依旧保持较高的增长活力。除了在电子整机的优势，深圳加速集成电路布局，将集成电路、第三代半导体产业作为重点培育和发展的新兴产业，并重点布局在坪山，力求产业集聚实现高质量发展。

二、东莞市

2018 年，东莞高新技术企业总量预计达到 5798 家，仅次于深圳和广州，位居广东省第三，在全国各大城市中也名列前茅。目前，东莞的高新技术产品主要集中于电子信息技术、生物技术、新材料技术、光机电一体化技术及新能源高效节能技术五大领域，其中电子信息技术领域的产品较为突出，占了各类高新技术产品生产的半壁江山。

2018 年，东莞规模以上工业增加值达 3904.57 亿元，较上年增长 6.4%，在全省 21 个地级以上市中排第 10 位。先进制造业工业增加值 2043.77 亿元，比上年增长 8.6%；高技术制造业工业增加值 1520.62 亿元，比上年增长 11.0%。其中，东莞市电子信息制造业全年完成工业增加值 1374.3 亿元，同比增长 11.5%；电子信息制造业占规模以上工业增加值比重由 2017 年的 34.6%提升至 2018 年的 35.2%；对规模以上工业的增长贡献率由 2017 年的 55.9%提升至 2018 年的 60.6%。在重点产品中，电子信息产品依旧是高技术产品稳定增长的重要支柱，智能手机产量增长 7.5%，电子元件增长 16.1%，集成电路增长 17.3%。

东莞是全国最重要的电子信息制造业产地之一，云集了华为、OPPO、vivo 等产业巨头，推动智能手机、消费电子、智能装备等领域发展。2018 年，华为、OPPO、vivo 三大手机企业增加值累计增长 32%，拉动规模以上工业增长 4.37 个百分点。

三、惠州市

惠州市是广东省乃至全国重要的电子信息产业基地，电子信息产业产值规模在全省排名第三，软件和信息技术服务业产值规模全省排名第五。经过多年发展，惠州规模以上电子信息企业超过450家，智能手机、智能电视、车载电子等产品的产量、市场份额居全国乃至世界前列，形成了较为完善的产业链，惠州基本形成了智能终端、新型显示、汽车电子、LED、新能源电池五大电子信息产业集群雏形。2018年，全市规模以上工业增加值同比增长6.6%，电子工业下降4.3%。

2018年，惠州市提出打造万亿级电子信息产业集群的目标，已完成《惠州市打造万亿级电子信息产业集群战略研究报告》专家评审，明晰了惠州打造万亿级电子信息产业集群的思路目标和实施路径，并基于此提出了发展方向重点任务，目前正在制订相关战略。当前，惠州市将利用粤港澳大湾区建设的有利机遇，发挥已有电子信息产业基础，依托三星电子、华星光电、光弘科技、海格、长城开发、龙旗电子、伯恩光学、比亚迪电子、德赛电池、欣旺达、硕贝德等龙头企业顺势奋发，力争成为全国乃至全世界更加重要的电子信息制造业基地。

第十九章

环渤海地区电子信息产业发展状况

环渤海地区是指环绕渤海全部及黄海部分沿岸地区所组成的广大经济区域，该地区电子信息产业基础雄厚，各种产业资源高效整合和交汇。环渤海地区成为继长江三角洲和珠江三角洲地区之后又一发展瞩目的电子信息产业基地。

第一节　重点省市发展情况

一、北京市

2018 年，北京市电子信息制造业发展态势良好，为工业稳增长做出贡献。北京市以 5G 移动通信、集成电路产业等领域为核心，持续推动符合首都定位的“高精尖”产业重大项目落地，不断提升北京市电子信息产业发展质量效益，引导产业布局和产业发展与城市功能定位相适应，产业发展推进工作集中在以下几个方面。

一是进一步提升基础支撑能力。突出集成电路地位作用，积极推动重大项目落地，论证建设产业发展支撑平台，助推集成电路产业创新发展，进一步提升产业支撑能力，为北京市电子信息制造业高质量发展夯实基础。

二是以 5G 带动相关应用快速发展。加强顶层设计，印发《北京市 5G 产业发展行动方案》，推进实施“一五五一”工程；推动北京移动成立“5G 产业联盟”，促进北京 5G 产业相关主体间的合作交流和行业应用方案落地；结合世园会科技展示需求，推进“5G+自动驾驶”“5G+超高清显示”等场景示范应用。

三是推动智能网联汽车应用示范落地。加强产业发展规划，编制发布《北京市智能网联汽车产业创新发展行动方案（2019—2022年）》；完成国家智能汽车与智慧交通（京冀）示范区海淀基地等封闭训练测试场建设，加快推进首钢自动驾驶示范园等的应用落地建设；成功举办2018世界智能网联汽车大会，推动产业进一步创新发展。

二、天津市

2018年，天津市电子信息制造业围绕重点产品和龙头企业，加快产业聚集，逐步形成了具有一定规模效应和较强示范带动作用的电子信息制造业聚集区，高质量发展态势初步形成。产业发展推进工作集中在以下几个方面。

一是把握电子信息领域政策落实推动工作。在智能终端、集成电路、新一代人工智能等领域落实产业发展政策。以实施一批重大项目为主要抓手，不断壮大产业规模，完善产业链条，实现产业聚集，推动天津市集成电路产业和智能终端产业重点突破和跨越发展，带动全市电子信息产业转型升级。

二是推进信息产业创新能力建设。推动全市在集成电路、传感器、云存储、智能终端等领域国家工程（技术）研发中心、国家企业技术中心创新平台等的建设。不断增强第三方公共服务平台对产业的支撑作用，提高数据资源的有效转化利用，促进产业落地，增强电子信息产业对新一代信息技术产业龙头企业的吸引力。

三是着力推动新一代信息技术产业基地建设。积极推动企业通过自主创新发展和承接京冀产业转移，加快构建新一代信息基础设施，提升软硬件和整机产品水平，大力培育和发展信息服务新业态，推动产业迈进价值链的中高端。建设培育一批高水平的特色产业集聚区，支持滨海—中关村科技园等特色产业园区建设，带动信息产业向高端化、专业化、集群化方向发展。

三、山东省

山东是我国的电子信息产业大省。2018年，山东省加快建设竞争力强、安全可控的信息技术产业体系，工业结构持续优化，新一代信息技术产业等新动能不断增强。产业发展推进工作集中在以下几个方面。

一是编制专项规划，引导产业布局。编制印发《山东省新一代信息技术产业专项规划（2018—2022年）》，明确重点发展的产业方向，强化三核（济南、青岛、烟台）一廊（胶济铁路沿线科技创新走廊）两翼（鲁西南、鲁西北产业区）的空间定位产业布局，逐步建设高新技术产业基地和高端优势产业创新集聚区，打造全省经济发展新的增长极。

二是抢抓行业热点，开拓新领域。加速北斗产业链发展，依托北斗数据中心，整合定位基站、移动运营商等资源，推动北斗产业链全方位发展。加快智慧健康养老产业发展，加快济南、淄博智慧健康养老示范基地建设，适时发布智慧健康养老试点示范目录、产品及服务名单，积极扩大智慧健康养老产业在全国的影响力。

三是发挥联盟作用，助力产业发展。山东省信息产业协会牵头，整合山东电子学会等行业组织，吸纳海尔、海信等龙头企业和天岳等成长性较好的中小企业及部分科研院所、园区，成立山东省新一代信息技术产业联盟。推动虚拟现实产业、激光电子产业和功率半导体等产业组建行业联盟，提高组团发展能力。

四、辽宁省

2018 年，辽宁省电子信息产业快速发展，特色电子产品产量位居全国前列，核心技术转化能力持续提升。围绕电子信息领域的推进工作集中在以下几方面。

一是积极推进企业提升，以存量稳增长。重点围绕英特尔、47 所、拓荆等集成电路企业，环宇、云狐、中蓝电子等现代通信企业，华录、同方、辽无二等数字视听企业，宇宙电子、达利凯普、锦州凯美等新型元器件企业，凯信、立塬、比科等锂离子电池企业，帮助企业进行本地产品推广应用。

二是主动抓融资服务，完善产业发展环境。继续推动省集成电路和智慧产业投资基金尽快完成公司注册、注资等工作；支持 47 所、大连微电子学院、集成电路产业联盟重点企业，筹建省集成电路产业创业投资基金；协调省基金、国家大基金、国开行项目基金、商业银行等金融机构，共同建立投贷联动机制。

三是推动产学研用合作，完善技术创新链和人才供给链。充分发挥产业联盟作用，围绕产业链，推动上下游协同发展、技术创新、招商引资、人才培养、对外交流合作等；推动建立产学研相结合、科技创新、成果转化、人才培养的平台和体系，完善技术创新链和人才供给链等。

五、河北省

经过多年发展，河北省电子信息产业初步形成了以太阳能光伏、通信及导航设备、半导体照明、新型显示、应用电子等为主导的产业格局，以大数据、云计算、物联网等为重点的新一代信息技术产业呈现快速发展态势。2018 年，河北省电子信息产业在以下几方面取得进展。

一是加大自主创新。围绕大数据、云计算、物联网、智能终端、新型显示等领域加强技术研发攻关，引领产业创新发展，推进科研成果产业化，推动京津科研成果在河北孵化转化。面向传统产业发展需求，开发汽车电子、医疗电子、智能仪器仪表、安防电子等应用电子技术和产品，大力发展智能手机、平板电脑、车联网终端和可穿戴设备等智能终端产品。

二是引进培育企业。强弱项、补短板、加大招商引资力度，加强与三星、京东方、华为、中兴通讯等世界 500 强、中国电子百强企业深度对接合作，引进、合作一批新型显示、IPv6 网络设备、智能终端制造等国内外知名电子信息企业、支持特色企业专注行业细分市场。

三是促进聚集发展。在做大做强现有产业功能区的基础上，持续提升产业集聚承载能力。重点扶持石家庄电子信息产业基地、邢台国家新型工业化产业示范基地（太阳能光伏）、廊坊国家新型工业化产业示范基地（电子信息）等的建设，推进产业集聚发展。

第二节　重点园区发展情况

一、发展情况

中关村国家自主创新示范区、天津经济技术开发区和青岛高新技术产业开发区是环渤海地区的重点代表园区。

中关村国家自主创新示范区（简称“中关村示范区”）以创新引领高质量发展，经过 20 多年的建设，在人工智能、工业互联网等高技术产业方面取得了丰硕成果。2018 年，中关村示范区高技术产业总收入超过 4 万亿元，占示范区总收入的比例超过 70%，增速稳定，形成了以集成电路、人工智能、新一代信息技术、智能制造等为代表的新兴产业集群。其中，新一代信息技术产业规模超过 2 万亿元，集成电路设计收入约占全国 1/3，表明中关村企业技术创新能力稳步提升，高精尖产业持续蓬勃发展，为北京市电子信息产业的高质量发展提供了有效支撑①。

天津经济技术开发区（简称“天津开发区”）坚持“稳中有进”的总基调，通过创新发展、调整升级，高质量发展态势显现。2018 年，天津经济技术开发区多数指标实现近年来最快增长，全口径税收达 556.4 亿元，同比增长 10.2%；固定资产投资完成 407.9 亿元，同比增长 17.4%；实际利用外资、内资分别完成 11 亿美元和 289 亿元。企业基本面总体良好，实现增长的工业企

① 参考中关村科技园区管理委员会官方网站，http://zgcgw.beijing.gov.cn。

业的产值占工业总产值比重超过 3/4，营利性服务业主营业务收入增速达到 27.6%；经济效益稳步向好，税收占财政收入的比重达到 94.6%，同比提高 12.6 个百分点①。

青岛高新技术产业开发区（简称“青岛高新区”）坚持高端引领、集约发展、生态优良的发展导向和良性的、可持续化的发展模式，以建设山东半岛国家自主创新示范区为契机，各项工作实现平稳较快发展。2018 年，青岛高新区以“打造具有全球影响力的海洋科学中心、开展科技创新服务业区域试点”的要求为目标，深入推进高新区创新创业体系建设，强化政策引导，先行先试，突出创新示范，为全市创新驱动发展发挥示范作用；加快新旧动能转化，确保各项工作持续走在前列；加强一区多园沟通联系和协同联动机制，持续提升园区品质和整体竞争力②。

二、发展特点

创新层次和能级实现新提升。中关村示范区高新技术企业保持快速发展，以数字经济、平台经济、创客经济为代表的新经济动力澎湃。目前，海淀区在搭建 8 个原始创新平台的基础上，努力在原始创新、自主创新等方面争取较大突破，在科技场景应用方面加大力度，助力科技企业的产品走向市场，使市民及时享受科技成果给工作、生活带来的便利。另外，在加强科技创新生态链建设方面，特别是第三方服务市场建设，一是要提升传统的孵化器、加速器的服务水平和质量，二是要在资本市场、知识产权保护、金融服务等方面提供更多的帮助③。

发展动能不断增强。2018 年，天津开发区全年新增内外资企业 5260 家，认缴注册资金约 1400 亿元，发展动能持续增强。开发区市场主体达到近 60000 家。三星动力电池、三星电机 MLCC、腾讯云基地等一大批高质量项目实现落地；大众 APP 310 动力电机等 60 个重点项目开工建设。重点在谈项目达到 690 个，协议投资额超过 4000 亿元。全年新增规模过亿元的科技型企业 45 家，累计达到 593 家，增量及总量均位居天津第一①。

营商环境不断优化。2018 年，青岛高新技术产业开发区出台《加快新旧动

① 参考天津经济技术开发区管理委员会政务服务平台网站，https://www.teda.gov.cn。

② 参考青岛国家高新技术产业开发区官网，http://www.qdhitech.gov.cn/n28356009/index.html。

③ 参考中关村科技园区管理委员会官方网站，http://zgcgw.beijing.gov.cn。

能转换推动产业发展若干政策》，鼓励符合产业发展规划新技术、新产业、新业态、新模式的“四新”企业落地落户。在招商引资方面，2018年11月，青岛高新技术产业开发区进行了一次革新招商思维的会谈，坚持优中择尖、产业链招商，实施现代产业精准招商行动计划；深入开展招商大走访活动，加大对龙头企业的关联企业和上下游企业的引进力度①。

---

① 参考青岛国家高新技术产业开发区官网，http://www.qdhitech.gov.cn/n28356009/index.html。

第二十章

福厦沿海地区电子信息产业发展状况

经过多年建设和发展，福厦沿海地区已经成为我国仅次于长三角、珠三角、京津冀的第四大电子信息制造业产业集群区域，在新型显示、集成电路、计算机和网络通信、LED、锂电池等产业领域已经成为我国有影响力的产业集群区域。

第一节　发展情况

2018 年，福建省电子信息制造业围绕推进高端化、特色化和集聚化发展，着力推动重大项目建设，策划落地一批产业配套项目，“增芯强屏”成效初显，推动产业由大奔强，取得了一定的成效。主要表现在以下几个方面。

一是整体产业运行平稳。2018 年，福建省规模以上电子信息制造业保持平稳较快增长，发光二极管、智能手机、液晶显示屏、锂离子电池、计算机整机、电子元件、显示器、液晶电视机等重点产品产量增长较快，戴尔（中国）、宸鸿、宸美、捷联、友达、冠捷、福建省电子信息集团、宁德时代新能源、厦门天马微、福州京东方、戴尔（厦门）、联想移动等龙头企业运行平稳。

二是区域特色进一步凸显。福建省电子信息制造业共拥有厦门火炬园、融侨开发区、泉州丰泽区、福州经济技术开发区、云霄云陵开发区 5 个国家新型工业化产业示范基地。集成电路和光电产业、计算机和网络通信产业集群均保持两位数增长。厦门和福州是全省主要的电子信息制造业基地，也是全国重要的计算机和新型显示生产基地，其电子信息制造业产值占全省的 2/3。随着泉州芯谷、宁德锂电基地建设和配套进一步完善，区域特色将进一步凸显。

三是政策助力集成电路产业发展。为加快推动集成电路产业提升规模和水平，打造具有两岸合作特色的集成电路产业集聚区，制订出台福建集成电路产业发展行动计划，统筹衔接全省地市集成电路产业规划，加快建立全省“一带双核多园”的集成电路产业格局，助力已经投产的重大项目提质增效，同时充分利用两岸企业家峰会、数字峰会等各类平台“走出去、引进来”，进一步拓展产业链。

四是重大项目稳步实施。及时跟踪项目进展情况，主动靠前服务，将项目建设推进中的困难和问题，纳入省政府“一季一督查、一月一协调”内容，及时协调解决，推进一批在建项目加快投产、一批前期项目加快开工、一批对接项目尽快落地。

五是行业分析逐步加强。组织开展电子信息制造业的梳理，全面分析了重点细分行业发展现状、存在问题、发展趋势、产业布局和主要项目支撑情况。梳理出集成电路和光电产业集群、计算机和网络通信产业集群，明确产业发展重点和方向。

第二节　重点园区发展情况

一、发展情况

厦门国家火炬高新技术产业开发区（以下简称“厦门火炬高新区”）是福厦沿海地区的重点园区。近年来，厦门火炬高新区以发展数字经济为牵引，促进高技术制造业与软件信息服务业融合发展，为厦门市优化产业结构，加快产业转型升级步伐提供了经验模式。2018 年，厦门火炬高新区实现营业收入超过 3300 亿元，其中，数字经济营业收入占比达 85%，总规模达 2805 亿元，成为厦门市发展数字经济的主力军。

目前，高新区正重点发展集成电路、平板显示、计算机与通信设备、大数据、人工智能、移动互联等八大产业，各产业领域均已形成较为完整的产业链，为高新区高技术产业发展提供了坚实的技术支撑。在集成电路方面，已集聚企业近 150 家，初步形成覆盖“芯片设计、材料与设备、晶圆制造、封装测试、应用”的集成电路全产业链布局；在平板显示方面，面板及模组出货量位居全国第六，成为厦门首条千亿产业链；光电显示产业在全国电子信息产业光电显示细分行业排名第一；LED 产业芯片出货量全国第一；计算机与通信设备产业整机、服务器及监视器出货量位居全国前列①。

根据 2018 年度国家高新区评价结果，厦门火炬高新区在全国 157 个单位（156 个国家高新区和 1 个苏州工业园）中，综合排名第 15，较去年提升 5 位，已连续四年实现位次提升。其中，高新区可持续发展能力排名第 5，产业升级和结构优化能力排名第 11。评价结果表明，厦门火炬高新区在财政科技投入、从业人员薪酬水平提升、国际创新成果产出效率、企业培育等方面表现突出②。

二、发展特点

2018 年，厦门火炬高新区以“双千亿”工作为抓手，推进高质量发展落实赶超，区域引领辐射和带动作用进一步增强，主要经济指标居全市前列，综合实力再上新台阶。主要发展特点如下③。

一是高新产业集群不断壮大。2018 年，厦门火炬高新区工业总产值达 2729 亿元，同比增长 11.3%，高于全市 2 个百分点；规模以上工业增加值 644 亿元，同比增长 9.6%。高新技术产值占规模以上工业总产值比重达 82.7%，高于全市 10 个百分点。新增入区企业 1752 家，同比增长 48.2%，全区企业总数达 6565 家。其中，新增亿元以上企业 27 家；省级重点上市后备企业 54 家，占全市近一半。新增“五个一批”亿元以上项目 138 个，新增开工产业项目总数排名全市第一。千亿产业链达到 2 条，分别是平板显示产业、软件与信息服务产业。平板显示产业在工业和信息化部国家新型工业化示范基地细分评价中排名第一。软件园连续两年综合评价排名全国第七，成长性指标全国第一；软件园三期获评“2017 年中国最具活力软件园”，软件园三期创新社区入选福建省小型微型企业创业创新示范基地名单。获评全国十大集成电路优秀产业园。

二是国家自主创新示范区建设成效显著。2018 年，厦门火炬高新区获批建设“大中小企业融通”特色载体，获财政部资金支持。国家双创示范基地建设获国务院表扬。国家级高新技术企业净增 120 家，占全市净增数的 57.7%。新增“瞪羚”企业 35 家，总数达 60 家，居全国第 8 位。创业中心入选国家创新人才培养示范基地，3 家单位获评国家科技企业孵化器优秀奖。在创业载体方面，中以合作项目（厦门）孵化中心揭牌成立；新增 4 个省级众创空间；3 家国家级

① 《2018 年厦门火炬高新区实现营收超 3300 亿，数字经济占超八成》，2019.05.06，http://xm.fjsen.com/2019-05/06/content_22252982_all.htm。

② 《2018 年度国家高新区评选结果出炉 厦门火炬高新区居全国第 15！连续 4 年升位》，2018.12.05，http://www.taihainet.com/news/xmnews/ldjj/2018-12-05/2210562.html。

③ 厦门国家火炬高新技术产业开发区管委会官网，http://xmtorch.xm.gov.cn。

孵化器新增入孵企业230余家，孵化毕业36家。厦门火炬高新区获得多项国家级奖项，其中，1家企业获国家科学技术进步二等奖，2家企业入选国内首台（套）智能制造装备名单；1家企业入选国家技术创新示范企业；新增2家国家级企业技术中心；3家企业入选国家知识产权示范企业，知识产权优势企业4家。

三是项目带动发展动力持续释放。2018年，厦门火炬高新区实际利用外资24.82亿元，居全市第一。其中，累计引进天虹半导体设备等新项目614个，促成增资项目229个，其中亿元以上18个。此外，新增企业技改项目261个，新增智能化改造项目83个。高新区内50家企业为厦门市标准专精特新企业，占全市近一半。已签约开工落地自建项目43个，宸鸿新一代触控、天马5.5代AMOLED、戴尔易安信扩展等8个5亿元以上重大项目落地。

四是加快建设园区载体。一方面，提速载体平台建设。同翔产业基地起步区投资41亿元，新增636亩招商用地，已落实24个产业项目，园区集聚效应初步呈现。软件园三期建成面积160万平方米，入驻企业超千家，员工突破2万人，全年实现营收175亿元。另一方面，完善园区生活配套。嘉福人才公寓交房535套。软件园三期人才公寓投入使用2771套，配套商家95家，开通18条公交（专线）线路，地铁1号线站点开通。火炬国际学校开工建设。园区安全得以稳定发展。通过落实综合治理责任制，接收处置12345平台信访件155件，完成351家小微企业安标年度评审任务。

五是持续优化营商环境。进一步简化企业行政许可、备案材料，审批服务事项通过“智慧火炬”平台或市级平台，百分百实现“最多跑一趟”。加强“火炬政务协同系统”建设，19项区级政策兑现项目实现网上审批。深入企业“大走访”，共走访企业2013家，协调解决企业困难和问题1927项。落实惠企政策，新开展的房易贷、税易贷业务，覆盖中小企业600多家，融资余额累计超过6亿元。积极兑现扶持资金26.56亿元。加大“创新券”扶持力度和覆盖范围，新增26家高水平创新券服务机构。

第二十一章

中部地区电子信息产业发展状况

我国中部地区，东接沿海地区，西接西部内陆，按自北向南、自西向东排序包括山西、河南、安徽、湖北、江西、湖南六个省份，包括了长江中游城市群和中原城市群。中部地区历史厚重、资源丰富、交通便利、工农业基础雄厚，近年来通过不断承接东部沿海地区产业转移及直接吸引投资，已是我国经济发展的第二梯队。在电子信息产业发展方面，以湖北省为代表的产业规模增速明显高于东部地区，目前已拥有了雄厚的产业基础。

第一节　重点省市发展情况

一、湖北省

湖北武汉是我国最大的光纤光缆生产基地（生产规模位居全球首位）、实力最强的光通信研发基地、最大的激光设备生产基地。光纤光缆国内、国际市场占比分别达到 50%和 25%；光电器件的国内、国际市场占比分别达到 40%和 10%；光传输系统达到世界先进水平，占据国内 10%左右的市场；激光产品国内市场占有率一直保持在 50%左右；光纤传感器产品占据国内 90%以上的市场。在北斗导航领域，湖北省技术研发能力全国最强，特别是武汉，是国内重要的地球空间信息技术及产业集聚区。

（一）产业发展布局

湖北省关于电子信息产业的主要布局是立足优势资源、紧抓重大发展机遇、加快重点领域核心材料及关键设备的开发。湖北省在光通信、激光、集成电路、新型显示、光器件等领域具有优势。其中，对于光通信、激光领域，主要推动科技创新水平达到国际领先；对于集成电路、新型显示、光器件等领域，推动达到国内领先水平。打造全国最大的激光产业基地、存储芯片生产基地，形成千亿元北斗产业集群。

（二）产业发展特点

一是积极打造特色“光谷”产业。湖北武汉聚集了烽火科技、长飞、海思、长江通信等 100 多家光通信领域企业，华工激光、锐科激光、楚天激光、光谷激光等 200 多家激光领域企业，武汉天马、武汉华星光电、精立电子等 20 多家知名新型显示企业。

二是着力建设产业载体。重点围绕光通信、激光、集成电路、移动互联、软件创意及金融服务等高新技术产业，不断完善创新产业链，打造创新产业集群。2012 年，国务院批复了《东湖国家自主创新示范区发展规划纲要（2011—2020 年）》，将东湖新技术开发区打造成享誉世界的“光谷”。

二、安徽省

安徽省将电子信息产业置于全省战略性新兴产业发展首位。根据安徽省经信厅数据，2018 年，安徽省电子信息制造业规模以上工业增加值增长 22.2%，高于全省工业、全国同行业，对全省工业经济增长贡献率居各行业首位。电子信息产业是安徽省实施创新驱动、制造强省建设和转型升级发展的重要引擎。目前已在家电、微型计算机制造、集成电路、手机等领域形成一定的行业优势。2018 年，安徽省彩色电视机全年产量为 2322.2 万部，居全国第 2（上升 2 位），占全国总产量（20381.5 万台）的 11.39%；微型计算机全年产量为 2023 万台，居全国第 5（上升 1 位）；1—11 月液晶显示屏产量为 3.9 亿片，增长 8.9%；集成电路等新兴产品产量有所增长。

（一）产业发展布局

实施建设了聚焦于光电显示、集成电路、新能源、智能装备等领域的重大产业项目。2018 年，合肥京东方的全球首条 10.5 代液晶面板生产线顺利运行，产能和良率不断提高，配套项目如晶合 12 英寸驱动集成电路月产能达到 1 万片、康宁 10.5 代玻璃基板生产线顺利量产；总投资 440 亿元的维信诺 6 代 AMOLED 项目已开工建设；总投资 240 亿元的滁州惠科 8.6 代液晶显示面板项目顺利开展；总投资 24 亿元的视涯硅基 OLED 微显示器项目一期已开展；蚌埠玻璃院的国内首条自主研发 8.5 代显示玻璃基板生产线投入建设；通威的高效晶硅电池、晶澳光伏组件等新能源项目稳步实施；欣奕华的智能装备和材料项目持续发展。

（二）产业发展特点

1. 培强扶大育优重点企业

大力实施“建芯（集成电路）固屏（新型显示）强终端（智能终端）”行动。积极支持阳光电源、天康集团、铜陵精达、芜湖长信 4 家全国电子信息百强企业；推动联宝科技开展智能化升级，提升笔记本电脑高端机的生产比重，培育其成为营收破 600 亿元的电子信息企业。推荐晶奇、安徽八千里科技等企业入选国家智慧健康养老产品及服务推广目录。

2. 加大政策法规支持力度

安徽省积极发展集成电路产业，2018 年，发布了《安徽省半导体产业发展规划（2018—2021 年）》，提出全省未来 3～4 年产业发展目标，指出到 2021 年，安徽省半导体产业规模力争达到 1000 亿元，半导体产业链相关企业达到 300 家，芯片设计、制造、封装和测试、装备和材料龙头企业分别达到 2～3 家。合肥积极出台集成电路产业政策，全力打造“IC 之都”。2018 年，合肥市发布了《合肥高新区促进集成电路产业发展政策》《〈合肥市加快推进软件产业和集成电路产业发展的若干政策〉实施细则（集成电路产业）》。2019 年，安徽将继续实施“建芯固屏强终端”行动，推动全省电子信息“屏—芯—端”联动创新发展，保持产业快速增长。

3. 搭建电子信息产业平台

2018 年，安徽省政府联合国家 02 重大专项实施管理办公室、集成电路产业技术创新战略联盟，在合肥市成功举办了“国家集成电路重大专项走进安徽活动”，为安徽省集成电路产业搭建良好的交流合作平台，同时吸引了一批优质项目落地；第十五届海峡两岸信息产业和技术标准论坛成功在合肥召开，吸引 700 多位专家学者、企业代表参会，促进了安徽省信息产业进一步发展；合肥新站高新区新型显示产业基地已有超 80 家新型显示企业入驻，累计投资项目超过

110个；总投资50亿元的凯盛电子信息产业园项目已完成厂房建设。

三、河南省

河南省发展电子信息产业，坚持高端化、绿色化、智能化、融合化“四化”发展方向，按照“龙头带动、集群配套、创新协同、链式发展”思路，积极发展智能传感器、信息安全、新型显示、电子材料等产业，力争成为全国重要的电子信息产业基地。

（一）产业发展布局

河南省积极构建“1+4+*N*”产业体系，建设具有全国竞争优势的电子信息产业基地。其中，“1”为电子信息产业，总体引领带动；“4”为积极培育智能传感器、信息安全、新型显示、电子材料4个千亿级产业；“*N*”为打造若干个百亿级电子信息产业园区，推动智能终端、汽车电子、5G等产业发展。

（二）产业发展特点

1. 做强优势产业实现跨越发展

河南省积极推动智能终端、电子材料、新型电池三个优势产业快速发展，促其成为全国优势产业；推动六个特色产业（智能传感器及终端、信息安全、光电子、汽车电子、云计算大数据、软件和信息技术服务业）向优发展，实现规模效应，提升产业核心竞争力；积极培育新型显示、集成电路等关键核心产业，实现高端突破。

2. 智能终端为重点突破领域

2018年，为了建设制造强省，河南省将智能终端产业作为重点突破领域，作为电子信息制造业的主导产业予以壮大。已引进了富士康、酷派、中兴通讯、天语、信太等多家智能终端企业落户河南。其中，积极推动富士康在河南省布局全产业链，促进智能手机产业链逐步完善。

3. 把握新趋势推进重点产业

河南省依托信息安全、智能传感器、电子材料等优势产业，着力推进电子信息产业发展。其中，加快推进信息安全产业，力争形成以安全芯片为主导，网络安全、涉密信息安全、云安全、数据安全、工控安全产品为支撑，安全服务为关联，安全终端制造为配套的信息安全产业体系，将河南省打造为“中部第一、国内一流”的信息安全产业基地和创新基地。

四、江西省

江西省毗邻长三角、珠三角、福厦沿海三个电子信息发达地区。近年来，江西省积极承接三地的产业转移，已引进众多电子信息企业入驻南昌、吉安、赣州、九江等市，产业发展势头良好。2017 年，江西省电子信息产业主营业务收入达 2173.2 亿元，同比增长 19.2%，产业规模居全国第 10（根据工业和信息化部统计数据）。2018 年，江西省的电子信息产业十三大产业集群累计完成主营业务收入 2466.2 亿元，占全省产业规模的三分之二。

（一）产业发展布局

1. 打造电子信息产业城

发展整机产品生产和系统解决方案，完善上游原材料、元器件、印刷电路板、显示模组等产业链核心配套，联通昌九资源整合经济体和“吉—泰—赣”产业走廊，围绕九江、南昌、吉安、赣州打造电子信息产业城。

2. 加强培育产业基地

继续培育南昌高新区智能通信终端产业基地、龙南印制线路板产业基地、井开区新型显示和 LED 产业基地、泰和县光电显示产业基地、吉安县数字视听产业基地、九江经开区数字家电产业基地等。

（二）产业发展特点

1. 产业载体不断增加，产业集聚初步形成

江西拥有 10 个国家级经开区，9 个国家级高新区，其中以电子信息产业为主导产业的南昌经开区、赣州经开区、井冈山经开区、九江经开区等跃居全国百强。近年来，获批省级以上电子信息产业示范基地 7 家，其中国家级产业示范基地 2 家，包括吉安电子信息国家新型工业化产业示范基地和南昌国家半导体照明工程产业化基地。

2. 创新能力显著提升，技术成果转化增多

江西省拥有众多综合性大学、研究院所，包括南昌大学、南昌航空大学、南

昌光谷光电工业研究院等，为电子产业创新能力提供坚实基础，目前已拥有南昌大学国家硅基LED工程技术研究中心、德普特科技“电子薄膜与集成器件”国家重点实验室等。总体而言，江西省在研发机构和技术支撑平台上的建设步伐正在加快，促进了科技成果转化。

3. 企业实力持续壮大，竞争优势逐步增强

江西已引进培育了一批电子信息产业技术领先、前景广阔的高新技术企业，包括木林森、欧菲光、合力泰、晶能光电等龙头企业，近年来，这些企业的市场份额不断增加。

第二节　重点园区发展情况

一、武汉东湖新技术开发区

武汉东湖新技术开发区是首批国家级高新技术产业开发区，国家光电子产业基地，被誉为“中国光谷”，由关东工业园、关南工业园、大学科技园、华中软件园、武汉国家农业科技园等园区和托管的“九村一委”组成。东湖高新区形成了以光电子信息、生命健康、节能环保、高端装备制造、高技术服务等五大千亿级产业为主导，集成电路和新型显示、数字经济两大新兴领域蓬勃发展的“5+2”产业体系。

（一）园区发展特点

1. 产业发展汇聚新动能

“5+2”产业格局逐步清晰，五大主导产业发展优势逐步显现，两大新兴产业快速发展，国内中小尺寸显示面板领先地位基本确立。招商引资工作成果丰硕，大力实施“四大资智聚汉工程”，成功举办华创会、光博会、生博会及多场资智回汉活动。深入开展“干部进企业、服务促发展”活动，促进重点项目建设快速推进，例如，国家存储器基地项目已完成主厂房建设，奇宏光电项目已开始试产。

2. 创新能力加快提升

2018年，武汉东湖新技术开发区获批武汉光电国家研究中心、国家信息光电子创新中心，32层3D NAND存储芯片等重大科技成果加快涌现，长飞等6家企业获国家科技进步奖，全年申请专利2.5万件；新建科技企业孵化器5家、

众创空间 18 家（其中国家级 8 家）、产业联盟 3 家，促进了武汉东湖新技术开发区“双创”生态逐步完善。高端人才加速聚集，在美国硅谷等全球多个创新尖峰地区举办招才引智万里行和 3551 国际创新创业大赛等活动，累计引进诺奖得主 2 名、国家“千人计划”专家 392 名、省“百人计划”专家 164 名、武汉“城市合伙人”86 名、“3551 光谷人才计划”1477 名、海内外人才团队 5000 多个。

3. 实施战略性新兴产业倍增行动计划

武汉东湖新技术开发区已在光电子信息、生命健康、集成电路、新型显示和智能制造等领域处于全国优势地位，同时抢占了人工智能、物联网、新能源、脑科学等风口领域发展先机，以高端制造、科技创新、现代金融、人力资源的深度融合，形成“光谷、药谷、智谷、金谷、才谷”相互促进、协同发展的新格局，推动产业实现高质量发展。以“光谷”为品牌引领，建设“互联网+产业园”模式，覆盖“芯片—高端显示—智能终端”光电子信息全产业链，打造万亿产业集群加快建设世界级产业。全面启动金谷规划建设，发挥光谷金控和光谷产业发展引导基金引领撬动作用，大力实施基金跟进推动工程，构建科技金融服务体系。

（二）园区发展现状及趋势

1. 优质企业不断发展壮大

支持规模以上工业企业技改，视同招商引资落实技改项目优惠政策。实施了中小企业成长计划，打造科技企业、知名互联网企业第二总部，建设“质量、标准、品牌”光谷，新培育了一批瞪羚企业、高新技术企业和行业领军企业。深化供给侧结构性改革，将工业电价适用范围扩大至全区研发类机构、孵化器大楼、互联网企业，着力降低企业生产成本，扩大互联网干线直联点容量。

2. 创新能力不断提升

建设了武汉光电国家研究中心、国家信息光电子创新中心等重大科技基础设施，计划建设“芯—端—屏”创新中心、数字化设计创新中心重大创新平台，促进创新能力不断提升。加强校企合作，促进武大、华科等优质科研力量的集中集聚、集效集成。强化企业的创新主体地位，推动建设技术创新中心、产业创新中心、制造业创新中心等国家级企业创新平台，着力推进空间信息产业园加快落地建设。依托工研院、产业联盟等研发组织，促进共性关键应用技术研发。

3. 大力改善“双创”生态

推进国家“双创”示范基地建设，打造专业化科创网络、空间等载体，建设人工智能、5G通信等“硬科技”创业孵化平台。注重引进国内外知名“双创”平台机构，例如，加快建设光谷—硅谷创新中心，未来将打造中日、中英、中瑞等10个中外合作双创服务载体。鼓励龙头企业、高校院所利用自身资源，在产业细分领域新建专业化众创空间，促进众创空间专业化发展，做大做强创新技术、创新产业、创新空间。持续办好光谷青桐汇、东湖创客汇等品牌双创活动，营造更为浓厚的双创氛围。

二、合肥新站高新技术产业开发区

合肥新站高新技术产业开发区（原合肥新站综合开发试验区），位于合肥市城区东北部，是合肥市“1331”空间发展战略的重要组成部分。聚焦“芯屏器合”的产业发展方向，建设国家产城融合示范区、国家高新技术产业开发区、国家生态工业示范园区。 新站区先后荣获新型平板显示国家新型工业化产业示范基地、新一代信息技术国家科技兴贸创新基地、合肥市承接产业转移集中示范园。

（一）园区发展特点

聚焦“芯屏器合”。重点围绕新型显示、集成电路、新能源产业、智能制造等主导产业加快产业链招商。牢牢把握新型显示、集成电路产业发展“黄金期”，不断壮大经济体量，调整产业结构，加快城市建设，细化城市管理，积极拓展优质教育、医疗、养老、文化等公共服务资源，全面优化产业、生活、生态环境。

（二）园区发展现状及趋势

2018年，完成地区生产总值同比增长10.1%，其中三产（服务业）增加值实现79.5亿元，同比增长5.3%。规模以上工业增加值同比增长12.8%，超目标增速0.8个百分点，位列全市第三；战略性新兴产业产值同比增长8.2%。固定资产投资同比增长 12.3%，超目标增速 1.4 个百分点，其中工业投资同比增长2.4%，超目标增速0.4个百分点，技改投资同比增长5.9%，超目标增速0.4个百分点。实现社会消费品零售总额 71.3 亿元，同比增长 7.5%。财政收入完成31.4亿元，同比增长10.8%，其中地方财政收入16.4亿元，同比增长6.6%。完成进出口总额52.1亿美元，与去年同期基本持平。限额以上服务业营业收入同比增长 29.6%，其中高技术服务业营业收入增速 132.6%，增速均位列全市第一。招商引资总量完成 245 亿元，其中工业到位资金 210 亿元（含外资到位资金 2.18 亿美元）。实现城镇常住居民年人均可支配收入 36228 元，同比增长 9.8%，增速位列开发区第一。

三、郑州航空港经济综合实验区（郑州新郑综合保税区）

郑州航空港经济综合实验区是我国首个上升为国家战略、目前唯一一个由国务院批准设立的航空经济先行区，规划面积 415 平方公里，规划人口 260 万人。郑州航空港经济综合实验区的定位主要是国际航空物流中心、航空经济引领的现代产业基地、中国内陆地区对外开放重要门户、现代航空都市、中国中原经济区核心增长极。

（一）园区发展特点

重点发展航空物流业、高端制造业、现代服务业。郑州航空港经济综合实验区致力于培育高端服务功能和知识创新功能，在中原经济区一体化框架下，构筑具有特色和竞争力的航空港产业体系。航空物流业方面，主要以国际中转物流、航空快递物流、特色产品物流为重点，完善航空港物流业的分拨转运、仓储配送、交易展示、产品加工、信息服务等配套服务功能。高端制造业方面，主要以航空设备制造及维修、电子信息、生物医药为重点，建设精密机械产品生产基地，促进终端、高端产品规模化发展，带动周边地区积极发展汽车电子、冷鲜食品、鲜切花等产业。现代服务业方面，大力发展专业会展、电子商务、航空金融、科技研发、高端商贸等产业，打造产业创新中心、生产性服务中心和外向型经济发展平台，为区域提供现代化服务。

（二）园区发展现状及趋势

产业发展实现新突破。地区生产总值突破 800 亿元，达到 800.2 亿元，增长 12%，为郑州市 GDP 破万亿做出了积极贡献；电子信息业产值突破 3000 亿元，达到 3084.2 亿元，增长 7.6%。2018 年，合晶单晶硅项目投产，华锐液晶面板项目开工，光力科技半导体封装划片机、DW 电子先进集成电路芯片靶材、富士康中州研发中心等项目入驻，都填补了全省空白。

四、南昌国家高新技术产业开发区

南昌国家高新技术产业开发区地处南昌市城东，创建于 1991 年 3 月，1992 年 11 月被国务院批准为国家级高新区，紧邻艾溪湖、瑶湖、青山湖及赣江。南昌国家高新技术产业开发区聚集于打造产业集群建设和产业链完善，重点发展太阳能光伏、半导体照明（LED）、服务外包等低碳产业，不断优化产业结构，目前已形成电子信息及应用软件、精密机械制造及光机电一体化、生物医药、新材料四大特色支柱产业，实现了特色产业集群化发展。

（一）园区发展特点

形成产业集群。南昌高新区是全国首批国家半导体照明产业化基地和“南昌光谷”核心区，也是全球LED第三条技术路线硅衬底技术走出实验室，实现产业化之地。全区拥有晶能光电、联创电子、欧菲生物识别、联创光电、东海蓝玉等电子信息企业近百家，初步形成了以光电、通信、微电子等为主要特色的产业集群。

（二）园区发展现状及趋势

南昌高新区努力从政府服务、产品应用等方面，打造助力电子信息等新兴产业成长的“小气候”。通过调研，摸清企业痛点及需求，缩短入园时间、提高资金使用效率、提前建好标准厂房多措并举，让企业拎包入驻，为助力电子信息产业发展壮大增添新动能。因政府服务企业方向的转变，2018年第一季度，南昌高新区新入园的企业达32个，投资总额超过2016年全年。

第二十二章

西部地区电子信息产业发展状况

我国西部地区包括陕西省、四川省、云南省、贵州省、广西壮族自治区、甘肃省、青海省、宁夏回族自治区、西藏自治区、新疆维吾尔自治区、内蒙古自治区、重庆市 12 个省、自治区和直辖市。西部地区是我国的资源富集区，矿产、土地、水等资源十分丰富，特别是天然气和煤炭储量，占全国的比重分别高达 87.6%和 39.4%，这是西部形成特色经济和优势产业的重要基础和有利条件。

第一节 重点省市发展情况

一、四川省

四川省是我国西部重要的电子信息产业基地，在新型平板显示、数字娱乐、集成电路设计、信息安全等产业领域具有独特优势。四川省重点发展新型平板显示产业，仅成都高新区就已聚集京东方、深天马、中光电、富士康、戴尔、联想、TCL 等新型显示产业龙头企业，基本覆盖了上游原材料、中游显示面板、下游终端全产业链。此外，依托绵阳高新技术产业开发区、四川绵阳经济技术开发区、成都高新技术产业开发区、四川乐山高新技术产业园区，四川省形成了“成都—绵阳—乐山”电子信息产业带、绵阳数字视听产品及配套产业集聚区、成都—乐山集成电路产业集聚区、成都—绵阳软件、网络及通信设备产业集聚区等特色产业集聚区。

（一）产业发展布局

四川将着力完成五类千亿元高端制造产业的打造。

集成电路方面，支持格罗方德等打造 FD-SOI 产业生态圈。

新型平板显示方面，支持京东方、惠科、长虹等打造 OLED 产业生态圈，助推四川成为全球最大的新型平板显示基地。

信息安全方面，支持中国电科、亚信、海康威视、360 等企业的重大项目落地投产，打造国家级信息安全产业基地。

智能终端方面，支持戴尔等企业打造智能终端产业生态圈，助力四川形成智能终端产业大集聚区。

战略新兴产业方面，四川省积极创建“国家级数字经济示范区”，已将 5G、人工智能、区块链、大数据/云计算、物联网、VR/AR 等新兴产业作为发展重点。

（二）产业发展特点

一是在新型面板显示产业投入大量资金，吸引各大屏幕产商在川投资。目前，四川已打造出全国领先的新型平板显示产业基地。

二是充分利用产业基础，依托九州电子、电子信息科技大学、本地老军工企业等原有产业资源，发展信息安全相关产品。2017 年，四川信息安全产业实现产值 360 亿元，位列全国第二。

二、重庆市

重庆拥有全球最大的笔记本电脑生产基地。2017 年，重庆市笔记本电脑产量 6059 万台，占全球三分之一；建成三亿台级手机基地。截至 2017 年年底，重庆现有规模以上手机整机企业 81 家，手机配套企业 306 家（其中规模以上企业 47 家）；860 余家零部件企业已落户重庆。其中包括全球印刷电路板第一位的翰宇伯德，键盘第一位的群光，电池封装第一位的新普，高端机壳第一、第二位的巨腾、圣美等多家龙头企业。

（一）产业发展布局

未来重庆将从三方面着重发展电子制造业。

一是突出重点策划项目，在集成电路、平板显示作为招商引资重点的基础上，将汽车电子作为重点招商，打造 2000 亿元产业集群。

二是加快推进项目建设，全力推进惠科金渝 8.5 代显示面板、康宁玻璃基板、京东方智慧电子系统智能制造、奥特斯 IC 封装载板、合川信息安全产业基地等重大项目。

三是深入推动行业创新发展，大力引进高端产业人才、推动产学研有效对接、帮助龙头企业和研究机构在渝设立研发中心和分支机构，引导企业加大研发投入。

（二）产业发展特点

一是引进整机龙头企业，带动产业链形成。自 2007 年重庆引进惠普之后，积极促进形成品牌厂商、代工企业、配套零部件厂商完整产业链。陆续引进富士康、英业达、广达等一系列笔记本电脑产业链中龙头企业，成为全球最大的笔记本电脑生产基地。

二是开辟内陆的进出口物流新模式。重庆市分别在西永微电子产业园和两江新区投资建设了综合保税区，能够为重庆市电子信息产业提供完善的进出口服务和保税业务。为了解决物流成本和交货期限两大难题，重庆市政府协调国家有关部委和欧洲有关国家，开通了“渝新欧”电子产品直达列车，能够直通欧洲，从重庆到德国只需 13 天。

三、贵州省

贵州省以大数据为旗帜，推动电子信息产业发展。中国移动、联通、电信三大运营商都将它们的南方数据中心设在贵州，并建成了运行省互联网交换中心。在贵阳本地，三大电信运营商能够实现互联网间直连。目前，贵州省已成为中国电信集团的南方数据基地、集团网络骨干节点，也是中国移动集团五大数据基地之一和中国联通集团云计算一级节点。

（一）产业发展布局

全力建设贵州国家大数据综合试验区，重点打造大数据配套产品层和信息化融合产业体系。贵州省的发展战略主线以贵阳、贵安、遵义“三核”为驱动，其他 7 市（州）差异化协同发展。到 2020 年，电子信息制造业目标产业规模为 1000 亿元。

重点发展大数据智能终端。积极推动家用视听、汽车电子、健康电子、信息安全、智能手机、智能电视、智能家居云服务器、数据中心设备、云存储设备、桌面云终端等研发与产业化。

重点发展电子信息产品制造业。推动 4G 通信终端等为主的消费类电子产品、北斗定位集成芯片、大功率的厚薄膜集成电路、电子材料等领域的研发及产业化。

（二）产业发展特点

一是占据大数据产业先机。2018年，贵州省大数据企业从2013年的不足1000家发展到超过8900家，大数据产业规模总量超过1100亿元。已吸引了苹果、高通、微软、戴尔、惠普、英特尔、甲骨文等世界知名企业，以及阿里巴巴、华为、腾讯、百度、京东等全国著名领军企业进入贵州发展。

二是大力推进大数据产业落地。贵州发布《关于加快大数据产业发展应用若干政策的意见》《贵州省大数据产业发展应用规划纲要（2014—2020年）》等一系列文件，从终端设备、芯片、云服务等领域推动大数据产业落地。先后与美国高通、苹果公司iCloud签订战略合作协议。

第二节　重点园区发展情况

一、成都高新技术产业开发区

成都高新技术产业开发区（以下简称“成都高新区”），实行省市共建，行使市级管理权限，按一区多园体制运行，已建设了起步区工业园、新加坡工业园、火车南站加工贸易区、石羊工业园、海峡两岸科技产业开发园等多个园区。成都高新区聚焦于电子信息、生物医药工程、食品工业、新材料、光机电一体化、核技术应用等高新技术领域。

（一）园区发展特点

成都高新区经过多年发展，已形成了电子信息、生物医药工程、食品工业三大支柱产业，聚集了西门子光缆、倍特、成都电缆厂、恩威、鼎天、地奥制药、华西医大制药厂、国腾、旺旺食品等年产值超亿元的重点骨干企业。

（二）园区发展现状及趋势

电子信息产业作为成都高新区的三大主导产业之一，总产值已迈过3000亿元的台阶，提供更全面的资源配置成为接下来突破、发展的关键。据介绍，下一步成都高新区电子信息局将着力完善电子信息产业功能区建设，从生产、生活等角度为企业提供更优质的政务服务。

二、金凤电子信息产业园

金凤电子信息产业园地处重庆市工业强区九龙坡区的金凤镇，处于重庆市西部新城核心，是重庆市的笔记本计算基地拓展区和核心配套区、消费电子产业基地、汽车电子产业基地。同时，金凤电子信息产业园是重庆国家级高新区重点打造的笔记本电脑配套产业基地，是重庆市副中心之一西永组团的重要组成部分。

（一）园区发展特点

园区现有企业 160 余家，2015 年已跨入百亿级工业园区，预计 2020 年实现千亿级工业园区。现有墨希科技、中显智能、莱斯康、亮晶晶、台晶电子等 70 多家企业投产，初步形成了碳产业、笔记本电脑关键零部件产业和高新技术产业等重要产业集群。

（二）园区发展现状及趋势

园区拥有重庆市最大的数码产品市场，覆盖了电子信息产业从研发、制造到销售、服务的完整产业链。日前已聚集了前沿生物科技、赛诺生物药业等一批生物医药企业，以及格力空调、梅安森科技等一批先进制造业企业。园区现有 7 家科研院所，包括机械工业第三设计研究院、煤炭科学技术研究院等，建成了留学生创业园、二郎高科孵化园等一批科技孵化平台，为促进科技创新及成果转化提供强力支撑。

三、贵州新蒲经济开发区

贵州新蒲经济开发区位于遵义市城区东部，2012 年 8 月经贵州省政府批准成立。在国家政策层面及贵州省委省政府实施的“黔中率先崛起、黔北加快跨越”区域发展战略的指引下，遵义市提出构建黔北经济区中心城市，新浦经济开发区由此成立。其主要功能为整合中心城区周边资源、打造遵义大都市区、拉开城市发展框架、集聚城市发展力量、扩大城市辐射能力，是遵义市实现产业转型升级、三化同步的唯一载体。

（一）园区发展特点

打造智能终端产业集聚区。贵州新浦开发区以电子信息、高端装备制造、新材料三大主导产业为发展重点，聚焦于电子信息基础设施服务平台建设、电子元器件及终端产品制造、科技研发。以大数据引领的智能终端产业为主导，重点发展手机整机、主板、集成电路、穿戴设备、大数据存储及应用等产业。新蒲经济开发区围绕主导、寻找差异，紧跟市场、明确目标，抢抓长三角、珠三角产业转移机遇，紧紧围绕打造千亿级“西南智能终端产业制造之都”的发展目标，打造集智能终端研发、生产、销售、物流、金融等为一体的全产业链。

（二）园区发展现状及趋势

贵州新蒲高科技产业园占地约3000亩，项目总投资60亿元。园区致力于打造“黔北智造园、低碳产业园”，坚持“以企业为主体、以市场为导向”的发展策略，是遵义市实现产业转型升级的重要载体，也是遵义打造千亿级电子信息产业的重要支撑。贵州新蒲高科技产业园依托“1+6”大学城人才培育战略，集聚了众多研发创新资源，推进了科技成果研发及产业化。目前已建成黔北高新技术产业基地、研发创新基地和科研成果转化基地，为构建完善电子信息产业链提供技术储备。到2020年，预计贵州新蒲高科技产业园将形成完整的“研发+孵化+产业化”产业价值链，成为黔北经济发展新极点。

企业篇

第二十三章

计算机行业重点企业

第一节　联想集团有限公司

一、总体发展情况

联想集团有限公司（以下简称“联想”）2018 年上半年营收 252.93 亿美元，同比增长 16%，净利润为 2.45 亿美元，同比增长 268%。第三季度营收 133.8 亿美元，同比增长 14%，净利润为 1.68 亿美元，同比增长 21%。第四季度集团综合收入 135 亿美元，同比增长 8%，连续六个季度实现增长；净利润为 2.24 亿美元，毛利率为 14.6%，均高于市场预期。2018 年全年实现营收 521.73 亿美元，同比增长 9.5%，净利润为 6.37 亿美元。

联想智能设备业务集团收入约占联想总收入的 87%，同比增长 12%。其中，联想个人计算机及智能设备业务收入同比增长 18%，约占联想总收入的 74%；移动业务约占联想总收入的 13%，同比下降 15%；数据中心业务收入同比增长 63%，约占联想总收入的 13%。区域营收方面，美洲区营收占联想总营收的 31%，中国区占比为 26%，亚太区占比为 18%，欧洲中东非洲区占比为 25%。

二、企业发展战略

（一）市场战略

联想将 2018 年的发展方向确定为“智能”“可信赖”。围绕智能化的三要素——“数据、算力、算法”，联想开始全面发力。一是让设备更全面、更快速、更有效地捕捉数据，以此更好地连接云服务、云内容、云应用。二是聚焦云计算、超级计算和边缘计算，不断提升算力，并尽可能地扩大覆盖范围，让其无处不在。三是充分利用大数据平台和商业 IoT，积极推动各行业的智能化发展。联想将新战略定义为“打造智能联想，五大方面发力智能连接”——设备与人连接更自然，设备与网络连接更无缝，设备与设备连接更智能，设备与环境连接更紧密，设备与应用及服务连接更互联。

（二）产品战略

联想在 CES 2018 上推出联想 Miix 630 二合一笔记本，可以 24 小时响应用户指令，确保计算机像智能手机一样实时在线，使得 PC 与云内容和云服务紧密相连，让设备变得更加智能。在 AR/VR 领域，联想下半年面向市场首发了沉浸式 AR 游戏设备联想 Mirage AR 智能头盔，销量达 50 万个。联想还发布了搭载 WorldSense 动态追踪技术的独立头戴式 VR 设备 Mirage Solo，以及配备双摄像头可呈现 3D 效果的便携式相机 Mirage Camera。

除了设备的迭代和革新，联想也在不断布局大数据和云计算等业务，持续扩大超算领域领跑优势。联想携手北京大学推出了高性能计算校级公共平台“未名一号”，成立了中国首个温水水冷高性能计算平台。此外，联想还投资云基础设施 Hyperscale、超融合架构 Hyperconverged 等，为物联网时代蓄势。

第二节　浪潮集团有限公司

一、总体发展情况

近年来浪潮服务器一直保持高速增长，在过去的 18 个季度中，浪潮服务器有 12 个季度出货量增速全球最高。Gartner 公司全球服务器市场调查报告显示，2018 年第二季度浪潮服务器全球市场份额增长至 9.1%，位居全球第三，中国市场销售额占比为 29.1%，蝉联中国市场第一。

二、企业发展战略

（一）产品战略

浪潮集团有限公司（以下简称“浪潮”）推出 JDM 模式。JDM 模式以浪潮与客户产业链融合为基础，提供面向客户具体业务的开发、生产、供货和实施运维等全链条定制化服务，将供需关系升级为协同创新、量身定制、商业共赢的全融合模式，并最大限度地拉近服务器厂商与互联网客户的距离。目前，浪潮面向互联网用户的服务器智能制造生产线已经投产，订单交付周期由15天缩短至5~7天，日服务器交付能力达到10000节点，使得生产效率大幅提升30%。JDM创新模式已为大规模数据中心用户提供包括SR-AI Rack、AGX-2、SAS Switch存储资源池化方案、冰山冷存储、GX4、ABC一体机等一系列创新产品，已与传统互联网企业通过战略合作实现了产品落地。

（二）市场战略

2018年，浪潮持续深化“计算+”战略，提出智慧计算战略，以云计算为基础平台、大数据为认知方法、深度学习为优化工具。在其智慧计算战略的驱动下，2018年浪潮发布了一系列AI平台产品，包括性能密度比最高的AGX-2、为百度开发的SR-AI整机柜方案等，计划打造以智慧计算为核心的计算生态。智慧计算战略为浪潮的全球化业务拓展提供了坚实的基础。在北美市场，2018年上半年浪潮出货量同比增长3倍；在欧洲市场，与德国NEC的战略合作，获得了某全球最大汽车厂的订单。目前，互联网企业百度、阿里巴巴、腾讯的AI服务器有90%以上来自浪潮。浪潮已拥有AIStation、Caffe-MPI等AI平台软件，初步建立了端到端的人工智能技术体系。

（三）创新战略

浪潮持续推进数据中心技术变革。为适应未来云数据中心的发展，提供更高的计算性能、更低功耗的计算平台，浪潮在为互联网运营商提供定制产品的同时，形成了完整的下一代数据中心解决方案。作为ODCC、OCP、OPEN19三大开放计算组织主要成员，浪潮贡献了多款创新成果及专利，在国际开放计算标准组织中发挥了积极作用。例如，浪潮SR整机柜服务器多项设计思路被ODCC组织天蝎标准采用；率先发布了符合OPEN19标准的服务器；发布了符合OCP国际标准的OR系列整机柜服务器，推出OCP社区首款基于Intel Sky lake平台的服务器节点等。同时，浪潮还开发了面向传统企业数据中心的融合架构方案，帮助不同类型的传统数据中心向互联网服务化的下一代数据中心升级。

第三节　曙光信息产业股份有限公司

一、总体发展情况

曙光信息产业股份有限公司（以下简称“曙光”）2018年营业收入为90.58亿元，比上年增长27.64亿元，增长率为43.91%；利润总额为5.41亿元，比上年增长 1.70 亿元，增长率为 45.76%。2018 年营收增长主要得益于开展研发和市场拓展工作，用户对曙光品牌和产品的认可度持续提升。曙光是国内高性能计算领域的龙头企业，近年来自研 AI 服务器产品不断落地，有望在人工智能领域占据优势地位。

二、企业发展战略

（一）市场战略

曙光提出“曙光城市云”发展战略。2018 年在保持对高性能计算领域长期专注的同时，进一步丰富了存储、服务器、大数据等产品线。在云计算领域，曙光通过战略合作、技术引进的策略，与 VMware 建立深度合作，推出虚拟化、云计算领域的软件与解决方案。曙光逐年加大对软件和服务的投入，逐渐建立起中科曙光自身的技术服务方案体系，在销售业绩提升的同时，也在引导企业用户转型获得更多发展机会。

（二）创新战略

曙光推出基于深度学习训练和推理的 AI 服务器，成立了专门的面向深度学习神经网络的研发团队，并已量产了 XMachine 系列高性能 AI 计算服务器产品。面向训练端的密集型计算需求，曙光提供整合 GPU、MIC 加速器的超高计算力的服务器解决方案。曙光发布了全球首款基于寒武纪 AI 专用芯片的 AI 服务器 Phaneron，主要面向深度学习的在线推理业务环境，其效率远高于一般 CPU 处理器，效能比达到 30:1，单节点峰值计算能力超过 100TFLops。Phaneron 可在 4U 空间中部署 20 个人工智能前端推理模块，能充分满足深度学习对密集计算和及时响应的严苛需求，并可对海量视频、语音数据进行持续实时分析。在 DOIT《2018 年度企业级 IT 风云榜》人工智能类的评选中，曙光 Phaneron 获得了 2018 年度 AI 服务器产品金奖。

第二十四章

通信设备行业重点企业

第一节　华为技术有限公司

一、总体发展情况

2018 年华为年度报告数据显示，华为实现全球销售收入 7212 亿元，同比增长 19.5%，净利润为 593 亿元，同比增长 25.1%。运营商业务领域，实现销售收入 2940 亿元，与 2017 年基本持平。企业业务方面，实现销售收入 744 亿元，同比增长 23.8%。消费者业务方面，华为智能手机完成销售收入 3489 亿元，PC 业务和 IoT 智能家居生态也取得可喜的突破。云业务领域，华为云业务已上线 160 多个云服务和 140 多个解决方案，并发布了 AI 战略与全栈全场景 AI 解决方案。

二、企业发展战略

运营商业务领域，华为从解决客户问题的角度出发，充分发挥其在 5G 端到端、云数据中心、LTE 持续演进、智简网络等方面的技术优势，全力协助运营商构建面向未来的全云化网络，以数字化运营方式和端到端一站式管理，为个人、家庭和组织机构提供更好的连接体验和服务保障，同时帮助运营商发展视频、云网协同、品质家宽、IoT 等业务，实现新业务增长。

消费者业务领域，华为致力于不断提升用户体验，打造完整的生态系统。华为将全场景硬件布局分为三个层次：以智能手机为整个场景的主入口，以 PC、平板电脑、穿戴设备等为辅入口，同时布局安防、监控、照明、影音等作为外围的泛 IoT 硬件，以此为用户提供全面的硬件服务。

云业务方面，人工智能及混合云解决方案 HCS 是华为云发展的战略主线，华为云致力于打造在人工智能时代高技术含量和高信赖度的云服务，将 AI 的技术和理念融入生活和生产，智能高效地解决现在和未来的问题。

企业业务方面，华为着重打造融合、创新、开放的数字平台，结合云计算、物联网、人工智能（AI）、大数据等领域的创新，助力政府和各行业的企业进行敏捷高效的业务创新，实现数字化转型和智能化提升。同时，华为通过打造开放 ICT 平台、全球营销平台、培训和服务平台，吸引合作伙伴做大数字化转型产业生态。

三、重点领域发展情况

芯片方面，2018 年华为持续发力，发布了世界第一个 7nm 工艺基带芯片麒麟 980、全球首款 5G 基站核心芯片华为天罡、5G 基带芯片——巴龙 5000、两款“昇腾”系列 AI 芯片。智能终端方面，2018 年华为智能手机出货量达到 2.08 亿台，实现销售收入 3489 亿元。从产品表现分析，自研麒麟 980 芯片、GPU Turbo 革命性图形处理加速技术、徕卡三摄等世界级的技术创新，大幅拉升产品竞争力，高端旗舰产品迅速引领整体业务的增长，Mate 系列和 P 系列智能手机全球发货量近 3000 万台。其中，Matc 20 系列手机在 AI 技术、性能、续航、充电、拍照、外观设计等方面引领行业创新。截至 2018 年 12 月，Mate 20 和 P20 系列分别获得国际科技媒体及权威行业机构颁发的 23 项和 16 项年度大奖。

第二节　烽火通信科技股份有限公司

一、总体发展情况

烽火通信科技股份有限公司（以下简称“烽火通信”）是我国光通信领域主要的信息通信产品和综合解决方案提供商之一。据《烽火通信 2018 年年度业绩快报》，2018 年烽火通信共实现营收 242.36 亿元，同比增长 15.1%；净利润为 9.66 亿元，同比增长 0.44%。2018 年，烽火通信荣获 2018 中国及全球光传输与网络接入设备最具竞争力企业双十强、全球光纤光缆最具竞争力企业十强与“2018 年中国光传输与网络接入设备最具竞争力企业”十强。目前，烽火通信已跻身全球光通信最具竞争力企业十强。其中，光传输产品收入全球前五，宽带接入产品收入全球前四，光缆综合实力全球前四，连续八年位列中国光缆企业出口第一。

二、企业发展战略

积极布局5G产业。烽火通信积极备战5G，全力迎接即将到来的5G大规模建设周期，并于2018年6月发布了面向5G的云化网络解决方案。同时，承建了武汉移动5G承载试验网，作为示范项目。光棒产能在也将于2019年开始逐步释放。设备方面，投资研制新一代5G承载网络系统设备，为实现5G规模部署奠定基础，积极提高光纤预制棒生产能力，以满足未来光纤光缆的旺盛需求。公司在立足光通信主业并响应国家5G战略、“宽带中国”战略的同时，进一步在网络信息安全领域深入发展，逐步完成从光通信专家向信息服务专家的转型。

持续强化技术创新能力建设。烽火通信的研发支出水平远高于同行业平均水平，研发支出占收入的比重超过10%，科研基础及科研成果转化率居行业之首，参与制定国家标准和行业标准200多项。在ICT融合发展的趋势下，烽火通信业务结构已经从以传统光通信业务为主逐渐转向通信设备和应用场景开放并重，综合盈利水平显著提升。此外，持续保持在高端、关键核心技术方面的研发力度，推出了面向5G的FitHaul全新承载解决方案。

三、重点领域发展情况

2018年前三季度，烽火通信保持持续高增长驱动网络扩容升级，光网络设备需求持续增加。同时，公司在海外通信市场快速扩张。第一季度收入同比增速20.63%，第二季度收入增速12%，第三季度增速16.24%，未来随着运营商集采复苏以及5G建设逐步落地，公司盈利能力有望持续向上改善。

产品创新方面，2018年5月，烽火通信海底光缆获得UJ认证，中国企业有望突破国际巨头垄断海缆市场局面。2018年7月，由烽火通信承建的武汉东湖综合保税区智慧园区项目荣获2018年IDC亚太区行政管理领域智慧城市大奖。

第三节　爱立信

一、总体发展情况

爱立信是全球主要的通信设备提供商，2017年占据全球通信设备市场26.21%的份额，位居全球第二。2018年，爱立信第四季度营业收入为638亿瑞典克朗，同比增长10%，环比增长19%，全年实现营业收入2108亿瑞典克朗，同比增长3%。2018年第四季度营业利润亏损19亿瑞典克朗，全年营业利润为12亿瑞典克朗，而2017年营业利润亏损381亿瑞典克朗。2018全年净亏损

63 亿瑞典克朗，净利润率为-2.99%。2018 年第三季度爱立信终结连续两年亏损的局面，实现了盈利增长，表明该企业已经走出低谷并强势复苏。

二、企业发展战略

2018 年，爱立信从四个方面进行战略调整。一是业务重组，将业务聚焦于核心领域，增加在 5G、云化、IoT、BSS 等的投资力度，减少在云垂直行业、视频领域的不必要投资，同时出售非核心的业务和资产。二是效率提升，调整管理服务战略，重视自动化，充分利用公司的全球规模和 OSS 能力，提升高科技、高性价比的服务占比。三是降低成本，将 2G/3G 研发外包来实现研发成本的降低，通过平台归一化等减少投入。四是优化战略合作，通过寻求合作来解决固定网络、IP 领域等的投资需求，目前已和亚马逊云、思科、微软等在多领域开展合作。

三、重点领域发展情况

受益于 5G 的加速建设，爱立信主要业务所在的发达国家市场复苏，推动营业收入呈持续增长态势。业务结构方面，网络业务销售收入为 1385.70 亿瑞典克朗，在 2018 年销售收入中占比最大，新兴业务及其他业务增长强劲，相比增长 7%，数字业务和管理业务同比下降，分别为 2%、3%。此外，2019 年年初，爱立信宣布已与 10 家运营商达成可公示的 5G 协议，公司目前正在美国、欧洲、亚洲和澳大利亚部署 5G 网络，并会于 2019 年在全球范围内助力开启 5G 网络。

第四节　诺基亚

一、总体发展情况

诺基亚是全球主要的通信设备提供商，2017 年占据全球通信设备市场 22.33%的份额，位居全球第三。2018 财年第四财季业绩显示，全年净营收为 225.6 亿欧元，去年同期为 231.5 亿欧元。公司全年亏损 0.59 亿欧元，2017 年同期盈利 0.16 亿欧元。2018 年第四季度结束了连续三个季度亏损的局面，第四季度营业利润同比增长 32%，达到 5.52 亿欧元。

二、企业发展战略

诺基亚看好 5G 产业，正在强势回归 5G 市场。2018 年，其“通过其通信服务提供商，引领高性能的端到端网络”的发展方向是该公司的战略重点，全年研发投入46亿欧元，其中网络业务研发投入36亿欧元，占整体研发投入的比重高达78%。2018年7月，诺基亚与T-Mobile宣布签署价值35亿美元的多年期协议，是迄今为止全球已公开的最大一笔5G订单，将加速全美5G网络的部署；2018年，诺基亚在北美区域不断增加客户，北美市场仍是诺基亚销售增长的主要驱动市场。此外，基于日本2020年奥运会将部署5G的契机，诺基亚已与日本国内三个运营商合作。同时，2018年，诺基亚先后收购Unium和Space Time Insight两个软件公司，并将网络业务下的应用&分析业务更名为诺基亚软件业务，大力发展软件战略。

三、重点领域发展情况

5G订单方面，诺基亚目前已拥有超过20份5G合约。网络技术方面，诺基亚对其5G云化核心网（CPC）进行了更具灵活性及可扩展性的架构优化，从而支持新的3GPP REL.15 5G核心产品功能及网络功能，使得诺基亚能够更加有效地确保运营商从现有4G网络无缝迁移至基于3GPP标准的5G SA和NSA网络。这也使得诺基亚成为目前唯一一家能够面向聚合原生云核心解决方案提供3GPP 5G独立及非独立部署的厂家。

第二十五章

消费电子设备行业重点企业

第一节 三星电子

一、总体发展情况

2018 年第一季度，三星电子（以下简称“三星”）营收为 60.56 万亿韩元（合人民币 3700 亿元，下同），较上年同期增长 19.82%；净利润为 11.69 万亿韩元（714 亿元），较上年同期增长 52.11%；第二季度，三星营收 58.48 万亿韩元（3570 亿元），同比下降了 4%，不过利润却达到 14.87 万亿韩元（908 元亿元），同比上升了 6%；第三季度，三星营收 65.46 万亿韩元（4000 亿元），同比增长 5.5%，利润为 17.57 万亿韩元（1070 亿元），同比增长 20.9%。2018 年全年三星营收将超过 1.5 万亿元，利润超过 3500 亿元，三星营收是华为的 2 倍，利润是华为的 5 倍。

2018 年，三星手机在中国市场的份额进一步降低，到年底维持在 1%左右，而且在全球的份额也在下降。受中国市场的影响，2018 年下半年三星关停了位于中国天津的智能手机工厂。

内存方面，2018 年内存价格相对稳定，三星贡献了全球 70%左右的 DRAM 内存，30%的 NAND 存储芯片。从 OLED 屏来看，OLED 已经占据了整个智能手机市场的 61.1%，价值 66 亿美元。三星在小尺寸的 OLED 屏上占据了 93.3%的市场，而柔性屏更是占据了 94.2%的市场，优势巨大。

二、企业发展战略

三星近年来开始将手机产能向东南亚、南亚国家迁移，在减少我国手机业务的同时，加大了在越南、印度等地区的投资。2018年4月深圳三星电子通信公司被撤销，除6位韩籍高层外，所有员工全部遣散，遣散人数约320人；7月，三星在印度首都新德里附近开设了一家世界上最大的智能手机工厂；2018年12月31日，三星正式停产位于天津的手机制造工厂，该厂每年产约3600万部手机。不过，与此同时三星宣布将在天津投入总计24亿美元，建设全球领先的动力电池生产线和车用MLCC工厂（多层陶瓷电容器）等新项目。

第二节 谷歌公司

一、总体发展情况

2018年，谷歌公司（以下简称“谷歌”）硬件业务营收为88亿美元，利润达到29.8亿美元。其中，Pixel系列产品为17.8亿美元，Home系列产品为8.47亿美元，Nest系列产品为2.45亿美元，Chromecast系列产品为1.1亿美元。在营收方面，包括Pixelbook在内的Pixel和Home系列不相上下，分别为34.2亿美元和33.9亿美元。加拿大皇家银行预测，2019年Home系列产品营收将超过Pixel，但手机和笔记本产品的毛利润会更高。到2021年，谷歌硬件业务营收将达到195亿美元，利润将达到60亿美元。

二、企业发展战略

谷歌正在积极将自己转变为一家人工智能公司，并试图在云计算、智能医疗等新兴领域成为领头羊，获取更大的市场份额。谷歌的战略布局可概括为“坚持以AI为中心，保持机器学习的领先地位”“奋起直追，增加云计算市场的份额”“构建用于计算的网络基础设施”“扩大印度和东南亚市场，重建在中国的业务”。

坚持以AI为中心。Alphabet是谷歌重组后的“伞形公司”（Umbrella Company）的名称。人工智能对Alphabet的长期发展前景至关重要，同时也是贯穿该公司搜索、广告、云计算、自动驾驶、医疗保健及其他重点投资领域的主线。为了发展人工智能，谷歌专门推出了两项针对AI的基金：Gradient Ventures和谷歌助理投资项目（Google Assistant Investment Program）。其中，Gradient Ventures于2017年7月推出。与Alphabet旗下的GV和CapitalG不同，在谷歌的资产负债表上，Gradient Ventures也被计入其中。不过该基金计划在加大投资步伐后，与主要公司脱离。到目前为止，Gradient Ventures只进行了早期阶段的投资交易，并主要集中在美国。谷歌助理投资项目，是专门为提高Google

Assistant 的能力而推出的一项基金。Google Assistant 主要是通过自然语言处理，从用户那里获得语音指令，然后完成网络搜索、任务安排及设定闹钟等一些系列的任务。该项目于 2018 年 5 月推出，主要专注于与 Google Assistant 合作的早期创业公司。此外，谷歌内部也投资其机器学习能力，并为其主要的战略重点领域增加研发支出，如搜索和机器学习技术。2017 年，谷歌在 FAMGA（Facebook、亚马逊、微软、谷歌和苹果）几个巨头中，不管是研发支出还是占据收入的百分比都居于前列。除通过新的投资工具和更成熟的资金进行投资外，过去几年，谷歌也一直在积极收购 AI 初创公司，包括 2014 年 1 月斥资 6 亿美元收购 DeepMind；2017 年 11 月收购 Banter，为 Google Hangouts 打造自然语言处理能力；2018 年，谷歌收购了专注于深度学习和机器学习系统的印度初创公司 Halli Labs，以及一家使用基于神经网络的人工智能平台来处理图像的计算机视觉公司 AIMatter。

增加云计算市场的份额。谷歌目前在云服务提供商中位居第三，仅次于亚马逊和微软。谷歌已经加大了对其云业务的内部投资。例如，谷歌连续 4 个月在云计算领域增加工程师和市场营销人员人数。在收购方面，2018 年第一季度收购了 Xively，第二季度收购了 Cask Data 和 Velostrata。目前，谷歌与思科、Salesforce 和 SAP 等大公司建立了良好的合作关系。在 2018 年 7 月的 Google Cloud Next 大会上，谷歌推出了一系列的新产品和新服务，其中最著名的是 Google Cloud Services，允许用户将谷歌云平台扩展到内部服务器或边缘设备，以迎合那些倾向于公有云和私有云混合的云服务的企业。谷歌专门定制的芯片 Edge TPU 是一个亮点，可在物联网设备上进行机器学习，以便管理更大规模的工作负载。谷歌宣布将区块链技术整合到其云平台，希望通过与区块链初创公司 Digital Asset 和 BlockApps 的合作来实现。

构建用于计算的网络基础设施。谷歌在开发网络基础设施方面投入了大量资金以处理更高级别的计算，其资本支出的主要推动力之一是为了建立计算能力——更复杂的机器学习能力需要更多的计算能力。在网络基础设施方面，谷歌在全球运营着 15 个数据中心（美国 8 个，欧洲 4 个，亚洲 2 个，南美 1 个），这些数据中心主要负责计算、存储和数据备份服务。谷歌在海底电缆项目上也投入了大量资金来支持其计算能力。2018 年 7 月，谷歌宣布了一项横穿大西洋的私人海底电缆项目，旨在提高互联网的网络容量，支持谷歌云发展。

扩大印度和东南亚市场，重建在中国的业务。谷歌加大了对新兴市场的投资，即印度和印度尼西亚，因为这两个国家的数字商务都出现了爆炸式增长。通过建立电子商务网络，谷歌可以利用这些地区的增长，同时保持其在搜索和广告方面的立足点。2018年1月，谷歌参与了印度尼西亚叫车服务巨头Go-jek的C轮融资。这是该公司在印度尼西亚的第一笔投资。2017年12月参与了印度送货服务平台Dunzo的B轮融资。尽管谷歌在中国遭遇过挫败，但它对中国市场仍有浓厚的兴趣。2018年谷歌向京东投资5.5亿美元，向中国游戏直播平台触手投资了7600万美元。

第三节　苹果公司

一、总体发展情况

苹果公司（以下简称“苹果”）的2018财年始于2017年的10月1日，止于2018年9月29日。2018财年的四个季度中，苹果手机iPhone的销量分别为7731.6万部、5221.7万部、4130万部和4688.9万部，全财年共销售2.177亿部；营收分别为615.76亿美元、380.32亿美元、299.06亿美元和371.85亿美元，全财年营收1666.99亿美元，同比增长18%，在苹果总营收的比重接近63%。

苹果全球20%的营收都来自中国市场。2018年iPhone在中国市场销量一度遇冷，并在与高通的专利纠纷中败诉，在中国市场曾被短暂禁售。

二、企业发展战略

2018年第四季度，苹果推出了新机型iPhone XS和iPhone XS Max，并同期发布了新款iPad Pro、Apple Watch Series 4、MacBook Air等换代产品。

苹果公司智能硬件领域的发展战略正加速向服务转变，如iCloud、App Store、Apple Music等产品为苹果带来了非常可观的利润。苹果将更多精力投入如何将用户留在“苹果产品生态圈”内，享受苹果的服务。

苹果加快部署增强现实（AR）和虚拟现实（VR）。随着iOS 11软件及其AR编程接口ARKit的推出，苹果开始进入AR领域。苹果首席执行官蒂姆·库克（Tim Cook）将AR的潜力与智能手机对全球人口的影响进行了比较，认为AR意味着新的互动应用。到目前为止，iPhone和iPad的AR应用大约有1000个。此外，苹果还在研制“AR眼镜”。

苹果在智能家居领域进一步增强Siri的地位。苹果分析员表示，家中有智能音箱的人中，超过50%的人每天都会使用他们的私人助理。在智能手机上，只有30%的人每天使用数字助手。苹果通过发售HomePod，以更聪明、更有用、速度更快的Siri挑战Amazon Echo、Google Home，以及包括Sonos在内的智能音箱产品。

第四节　亚马逊公司

一、总体发展情况

2018 年，亚马逊公司（以下简称“亚马逊”）销售额 2323.87 亿美元，同比增长 30.9%；净利润为 100.73 亿美元，同比增长 232.1%。2018 年，亚马逊在技术上的投入超过 136 亿美元，成为全球 IT 支出最高的公司。亚马逊 2018 年净利润为 101 亿美元，平均每股收益 20.14 美元，而 2017 年净利润为 30 亿美元，平均每股收益为 6.15 美元。与 2017 年的 1779 亿美元相比，2018 年净销售额增长了 31%，达到 2329 亿美元。

二、企业发展战略

2018 年，亚马逊的主要战略是付费广告和自营品牌。亚马逊是仅次于 Facebook 和谷歌的美国第三大广告平台。虽然 Facebook 和谷歌加起来占据美国在线广告市场一半以上的份额，但亚马逊广告的增长速度是这两家公司的 6 倍。亚马逊正朝着全方位、可归因营销体验发展，最近它开始与广告公司和品牌进行实验，开启专门为品牌和机构提供数据的服务。亚马逊正成为一个付费广告平台，因为对于卖家和品牌来说，互联网正使得世界上任何地方的任何产品都有可能在亚马逊上销售，品牌要使自己的产品被发现，通过亚马逊广告是最有效的途径。2018 年，亚马逊自营品牌 AmazonBasics 开始销售泡沫床垫，价格与美国市场上最便宜的一些泡沫床垫看齐。在价格相近的基础上，亚马逊自营品牌在搜索上拥有天然的优势。2017 年，耐克正式与亚马逊达成协议，正式在该网站上销售耐克产品。2018 年，苹果也与亚马逊达成了协议。针对品牌直接与亚马逊的合作，第三方卖家在亚马逊上取得成功的机会越来越少。

三、重点领域发展情况

2018 年，已经有超过 120 万的新卖家加入亚马逊，平均每天有 3459 个新卖家加入，折合每小时 144 个，每分钟超过 2 个。增加的新卖家中，大部分来自美国站、印度站和德国站。亚马逊 AWS 挤掉了亚马逊北美电子商务部门，成为 2018 年营业利润最高的部门。AWS 2018 年的营业利润为 73 亿美元，亚马逊北美地区的这一数据为 72.7 亿美元。但问题是，同样是 70 多亿美元的营业利润，亚马逊北美地区需要 1414 亿美元的营业收入来达成这一目标，AWS 则只需要 256.5 亿美元。AWS 的净销售额同比增长 47%，增速快于其他业务部门。总体而言，亚马逊的净营业额增长率为 31%。广告是亚马逊另一个快速增长的收入来源。在亚马逊的“其他”类别中，广告占据了大部分份额，而这一类别并非正式的商业领域。亚马逊表示，第四季度这一类别的销售额增长了97%，达到33.9亿美元。智能音箱Echo Dot是亚马逊全球所有产品中最畅销的产品，2018年，亚马逊改进了亚马逊智能助手Alexa的理解请求和回答问题的能力。通过机器学习取得的进步超过20%，增加了数十亿美元的投入，Alexa比以往更有见识，Alexa技能的数量翻了一倍，达到80000以上。与2017年相比，2018年Alexa和客户交谈数量达百亿次。

第五节　TCL集团股份有限公司

一、总体发展情况

2018年，TCL集团股份有限公司（以下简称“TCL集团”）净利润为40.7亿元，同比增长13%；归属于上市公司股东的净利润为34.7亿元，同比增长30.17%。TCL集团大力推进“智能+互联网”战略转型，取得了较好进展，主要产品销售持续增长，可运营终端及活跃用户数快速提升，截至2018年6月底，公司、家庭互联网应用平台用户累计激活数已达2735万，通过欢网科技（TCL集团子公司）运营的智能终端累计激活用户数已达4537万；移动互联网应用平台累计激活用户数达到4.28亿，月活跃用户数已达1.1亿，移动互联网应用服务能力迅速提升，变现收入呈快速增长趋势。TCL集团各产品在国内外市场处于领先的行业地位。

二、企业发展战略

2018年，TCL集团在新型显示材料领域取得良好成就。TCL集团旗下的华睿光电承担了国家“印刷OLED显示关键材料产业化示范项目”，引领印刷式OLED材料的开发与应用；集团的QLED研发团队已逐步解决电致发光的红、绿材料使用寿命等关键问题，自主研发的蓝光材料已实现全球性能最领先水平，相关研究成果已在国际顶尖科学杂志《自然·通讯》上发表，研发实力及开发进展均处于全球最前沿水平。围绕人工智能及大数据基础共性技术研究和基于差异化终端的应用开发，TCL集团在全球设立多个研发中心。

TCL集团协同TCL电子、TCL家电集团、TCL通信及商用显示（已整合至TCL电子）等业务资源和优势，加强在产品技术、产业链、品牌推广及国际业务的联动，打造国际化的电子产业集团。同时，TCL集团将以智能大屏为入口，以标准化的协议连接各类智能化终端，建立基于“AI+大数据”的内容整合、应用开发及服务管理的统一平台，构建家庭、商用及移动等应用场景下的智慧生态系统。2018 年上半年，集团在商用、家庭及移动三大场景下的智能终端数量稳步提升，电视产品销量 2148 万台（含商用），同比增长 30.4%，其中海外市场销量 1353.8 万台，同比增长 34.5%，全球排名第三位。

三、重点领域发展情况

2018 年上半年，TCL 控股子公司华星光电液晶电视面板出货量居全球第五位，其中 32 寸液晶面板出货量排名全球第二，55 寸液晶面板出货量排名国内第一；LCD 电视销量全球市场份额名列第三，曲面电视市场占有率保持国内品牌排名第一。在 2018 年 2 月 Google 联合全球领先调研机构凯度华通明略及全球最大广告传播集团 WPP 发布的“Brandz 中国出海品牌 50 强”排行榜中，TCL 位列第 18。TCL 连续三年被美国媒体评为美国市场增长最快的电视品牌。TCL 集团旗下的广东聚华获批“国家印刷及柔性显示创新中心”，是我国显示领域唯一的一家国家级创新中心。

半导体显示产业布局完善国内品牌客户 TV 面板出货量第一。通过提升产能和保持高良率及高稼动率运营，华星光电以两条 8.5 代液晶面板生产线（t1 和 t2）实现电视液晶面板出货量全球第五、对国内一线品牌客户的 TV 面板出货量第一、55 英寸产品市场份额国内第一、32 英寸液晶面板市场份额全球第二的行业地位。G11 代线的 t6 项目在 2018 年第四季度点亮，主要生产和销售 43 英寸、65 英寸、70 英寸、75 英寸的 4 倍全高清显示屏，第二条 G11 代线——t7 项目将定位于超高清及 OLED 的大尺寸显示产品。华星光电的 4 条高世代生产线覆盖主要的大尺寸产品，并提前布局了新技术和新工艺的应用，以进一步提升在大尺寸显示领域的市场份额和竞争优势。

在新型半导体显示技术和材料领域，目前已建成全球技术条件最先进的印刷显示公共平台，并成功研制出多款印刷显示样机。QLED 领域建立了国际一流的研发团队，已开发出高性能的红绿量子点材料。华睿光电主要从事蒸镀及印刷式 OLED 材料开发，其承担了国家“印刷 OLED 显示关键材料产业化示范项目”，已有产品向用户送样。

在人工智能及大数据领域，集团布局设立了多个研发中心。集团香港研发中心主要开展智能终端产品的应用场景研究，以及图像、大数据领域关键技术研发；美国研发中心主要从事智能终端产品的互联网运营支撑技术研发；武汉研发中心于 4 月份正式成立，聚焦图像、语音语义领域人工智能相关算法的研发。

第六节 青岛海信电器股份有限公司

一、重点发展情况

2018 年预计归属于上市公司股东的净利润为 32.44 亿元，同比减少 59%。青岛海信电器股份有限公司（以下简称“海信”）凭借突出的技术创新能力和市场表现，囊括了“2018 年中国电子视像行业协会科技创新奖”等 5 项大奖。其中，海信 U8AC 和 U7 系列 ULED 电视双双荣获“产品创新奖”、海信 4K 激光显示技术获“技术创新奖”、海信 VIDAA AI 人工智能系统获“应用创新奖”、海信刘显荣博士及其带领的激光柏林国际电子消费品展览上获得 2018 IFA“产品技术创新-用户体验金奖”。2018 年，海信激光电视的零售量同比增长了 434.41%，在 80 英寸及以上大屏市场的销售量占有率达到了 55.77%。海信 80L5 一经上市便登上畅销榜榜首，在上市 30 周的时间里，就有 23 周进入产品畅销榜的前十位。同时，2018 年上半年海信互联网电视全球用户数突破 3511 万，同比增长 31.1%，国内日活用户数超过 1300 万（注：日活用户为当日观看两次及以上的不重复的独立用户），同比增长 40.32%，日均观看时长达 312 分钟，同比提升 22 分钟，付费用户数同比提升 95.8%，日均视频播放量超过 1.5 亿次。

二、企业发展战略

2018 年，海信继续加大研发投入和技术创新力度，尤其是在显示画质技术、激光电视技术、AI 智能等核心技术领域不断突破，持续推出旗舰高端大屏 ULED 产品及双色光源激光电视新品，为企业的可持续发展建立核心竞争力。海信继续加大 ULED 超画质电视的研发和推广力度，结合在自主超多分区算法、信芯 hi view 画质增强技术、8K 信号处理技术、人工智能 AI 识别技术上的深入研究，推出旗舰高端大屏 U9 及 U7A 系列产品，海信在 ULED 电视技术上的突破，带动了高端产品销售结构，产品的高端化趋势进一步凸显。2018 年上半年，公司的 ULED 电视销量及销售额分别同比提升 17.8%及 19.7%。2018 年 2 月 6 日，在“2018 年 BrandZTM 中国出海品牌 50 强”排行榜及报告中，海信位列第 9 名，并荣获“成长最快家电品牌”称号。2018 年 2 月 28 日，公司与东芝共同完成了 TVS 公司 95%股权的交割手续，正式入驻 TVS 公司。2018 年海信激光电视也取得不错的成就，海信激光电视 80L5 应用了海信全新的光源技术，在提升光源效率的同时使整机效率降低了 20%。海信公司始终聚焦“制造温暖、输出信赖”的品牌愿景，深耕渠道，提升品牌全球知名度。继成功赞助 2016 年欧洲杯之后，公司又成功赞助了 2018 年世界杯。

三、重点领域发展情况

同时 2018 年上半年，海信公司突破激光电视小型化技术和双色激光光源产业化技术，发布 80 英寸激光电视和双色激光电视。80 英寸激光电视产品的发布进一步丰富了激光电视产品线，通过双色激光技术的应用，并突破液冷散热技术，双色激光电视的色域指标达到 160% “BT.709”，已超越目前的液晶电视产品，充分显示出激光电视技术在显示领域的领先优势。中怡康数据显示，2018 年上半年，海信激光电视在 80 英寸及以上大屏市场的销售量和销售额占有率分别为 64.29%和 55.93%，占据了 80 英寸以上大屏市场的半壁江山。截至 2018 年 6 月，公司在激光显示领域已申请核心专利技术 478 项，凭借着强大的技术优势和产业资源整合能力，公司已经成为激光电视行业的领跑者。

第七节　四川长虹电器股份有限公司

一、总体发展情况

2018 年上半年，四川长虹电器股份有限公司（以下简称“长虹”）实现营业收入 384 亿元，较上年同期增长 10.47%；实现利润总额 1 亿元，归属于上市公司股东的净利润为 1.68 亿元，其中彩电业务净利润同比增长 1.1 亿元。长虹主要产业的市场地位在 2018 年上半年保持了总体稳定：彩电零售量和份额规模双双位居国内第四。长虹着力构建具有长虹特色的全球研发布局和三层研发体系，拥有包括长虹技术中心、美菱技术中心、华意技术中心等在内的多个国家级技术中心，形成了以“集成电路设计、嵌入式软件设计、工业设计、工程技术、可靠性技术、变频技术”为代表的六大核心技术能力，并与清华大学、麻省理工学院（美）、西北大学（美）等国际一流学府建立了长期稳定的合作关系，持续加大面向全球人力资源市场的技术领军人才招纳，取得了一系列技术创新成果。

二、企业发展战略

2018 年，长虹推进控股集团整体上市及员工持股，推进落实控股集团层面混改，控股集团整体上市，并依据已有的多个上市公司平台对现有产业进行重组，全面推行骨干员工入股。在长虹体制机制转型的同时，还加速推进另一转型：产业结构转型，即退出不符合长虹发展方向的产业，精简企业数量，实施全面数字化转型。在信息家电板块，长虹重点打造 CHiQ 系列人工智能家电精品，加速发展以数据为核心的用户运营业务。在产业服务板块，长虹将整合核心部件与前端制造业，强化精益制造，加快电子制造产业转型升级。

三、重点领域发展情况

通过搭建工业互联网平台，大力发展制造服务业，为互联网企业和新经济企业提供OEM、ODM、工业OBM服务，推动长虹转型成为新经济、新动能的工业支撑。同时长虹坚持AI领先，发布新一代CHiQ电视、冰箱、空调。长虹人工智能家电新品，基于AI+IoT技术，通过物联兼容协议，可对长虹品牌之下的CHiQ电视、CHiQ冰箱、CHiQ空调产品，以及小米品牌的所有智能家居生态链设备，实现无障碍互联、互通、互控。长虹加大新产业园的建设，智能制造瞄准全球最高水平，投资50亿元，占地580亩，年产智能显示终端600万台、智能终端150万台、新能源电池1.2亿只的长虹智能产业园，举行奠基开工仪式。预计该基地建成投产后可实现年产值350亿元。

全球化运营及产业布局更趋坚实。长虹持续推进经营机构、研发中心与制造基地在全球经贸网络骨干节点的落子布局，截至目前，长虹在海外共设立了14家子公司、3个海外研发中心、7个海外代表处，实现了长虹产品、长虹制造、长虹技术、长虹品牌的走出去，公司海外销售占比及盈利能力逐年快速提升。目前，公司正持续关注全球范围的投资并购与合资合作机会，积极推动海外品牌构建与全球区域市场的有序扩张，实现“中国出口”向“本地运营”的深刻转变。

长虹正加快构建与完善以定制为基础的智能制造支撑体系，并通过USO（营销业务平台）、ERP（企业资源计划）、MES（制造执行系统）等信息化管理系统与客户进行交互。同时，公司以IE（工业工程）+IT（信息化）+AT（自动化）+DFM（可制造性设计）为技术核心，加快打造具备自由切换大规模流水化生产和个性化定制生产能力的智能制造平台。

第八节 康佳集团股份有限公司

一、总体发展情况

康佳集团股份有限公司（以下简称“康佳”）的基础业务为消费电子业务（包括彩电、白色家电、手机等），目前正逐步向战略性新兴产业升级、向科技产业园业务拓展、向互联网及供应链管理业务延伸，着力构建产业产品业务群、科技园区业务群、平台服务业务群和投资金融业务群四大业务组群，力争打造为以科技创新为驱动的平台型公司。2018年，康佳推出了支持单线传输的8K电视解码芯片和 8K 电视等产品，在业界有较高影响力。根据康佳年度报告，2018 年共实现营业收入 461.27 亿元，同比增加 47.71%，归属上市公司股东的利润为 4.11 亿元，同比增加 22.56%。

二、企业发展战略

2018 年，康佳制定了以“转型升级”为导向的发展战略。坚持以“科技+产业+园区”为发展方向，以“硬件+软件、终端+用户、科技+投控”为发展模式，逐步实现转型升级战略落地。康佳主要以科技园区为载体，已有宜宾康佳智能终端产业园、滁州康佳智能家电及装备产业园、康佳滁州科创中心、南京康星云网总部基地、遂宁康佳电子科技产业园等。其中，宜宾康佳智能终端产业园聚焦于新兴产业发展。产品方面，主要开展智能手机、可穿戴智能终端、智能车载产品等消费类产品的研发及制造；企业级业务方面，主要发展智慧社区、智慧小镇、智慧教育产品和服务；技术方面，布局 5G、NB-IoT 等领域，紧跟移动通信发展趋势，为康佳移动互联智能终端产业集成化发展提供新的平台和契机。滁州康佳智能家电及装备产业园于 2018 年年底动工，在原有业务基础上转型升级，核心项目为安康绿色智能工厂，主要围绕彩电智能制造业务，建设年产 1000 万台智能产品的标杆工厂，生产的产品主要是 8K 超高清、75 英寸以上超大屏 OLED 电视和激光显示终端等新型智能终端产品，为康佳科技创新的落地起到承载作用。

打造贯通平台、内容和终端的全链级生态公司。一方面，发挥“硬件+内容+运营”的合力。硬件方面，2018 年，康佳基于与南方爱视合作，智能电视整机终端突破 3650 万；内容方面，2018 年 8 月，康佳启动与广东南方新媒体的战略合作，实现大屏商业价值的最大化；运营方面，YIUI 系统覆盖用户数接近 1.2 亿。另一方面，布局视频内容和电视系统等。视频内容方面，康佳与腾讯、爱奇艺、优酷等内容提供商开展合作，积极引进咪咕、优朋等企业平台的特色内容，全面打造专属大屏的视频内容；电视系统方面，康佳的电视系统通过大数据系统、用户系统、安全系统、支付系统、广告系统五大系统的支撑，在操作交互、内容呈现和系统体验方面表现优异。系统试运营以来，相关机器日活率提高 5%，付费转化率提升 7%。

三、重点领域发展情况

“白电”智能终端行业表现优异。2018 年 6 月，康佳集团以 4.55 亿元收购了民族品牌新飞电器 100%股权，促进康佳在原有智能家电基础上，进一步填充了“白电”业务实力。2018 年，“白电”行业的高利润率有效拉升了康佳的业绩。预计到 2021 年，新飞冰箱、冷柜的产销突破 300 万台。在物联网发展的大趋势背景下，康佳联合中国家用电器协会，共同推进“智能家电云云互联互通项目”落地，未来将进一步布局智能家电领域，与中国移动 AND-LINK 平台、亚马逊 AVS/AWS 对接联动，促进“黑白电”产品智能化发展。

布局半导体、新材料等消费电子产业链短板领域。半导体领域，已开展了合肥康芯威、中康存储两个项目，将进一步规划 SLC、存储封测企业、系统解决方案等。其中，合肥康芯威全称为合肥康芯威存储技术有限公司，以“前沿存储技术开发、方案输出、芯片设计、半导体器件分销”为主营业务，产品包括多种快闪存储器控制芯片，同时集成了人工智能、边缘计算及物联网的应用。2018 年，康佳凭借“数字电视广播系统与核心芯片的国产化”项目，荣获 2018 年度“国家科技进步奖”。新材料领域，2018 年，康佳成立了江西康佳新材料科技有限公司。其生产的第三代纳米微晶石为应用广泛的新型基础材料，目前主要应用于建筑板块（将在 5G 时代有重要作用），以及手机、电视、冰箱等产品（为这些产品提供基础材料支持），未来将向医疗、航天、军事等众多领域拓展。

第九节　创维集团有限公司

一、总体发展情况

创维集团有限公司（以下简称“创维”）主要聚集多媒体（智能电视、内容运营等）、智能电器（冰箱、洗衣机、空调、厨电等产品）、智能系统技术、现代服务业四大业务领域。创维已在全球近 20 个国家、地区成立了海外分公司、办事处，在全球拥多个研发中心，在德国、南非、印尼设有生产基地，产品销往 100 多个国家，未来创维将在欧洲、东南亚、印度、非洲等地设立海外生产基地，力争打造全球供应链体系。创维 SKYWORTH 为世界级家电品牌，同时还拥有 Metz、coocaa 两个子品牌。

二、企业发展战略

创维制定了五年(2017—2021 年)转型升级总体战略。此项战略以实现 1000 亿元营收为目标，全面实施智能化、精细化、国际化三大战略，推动深圳总部基地、珠三角智能制造基地、长三角智能制造基地三大项目建设，打造多媒体、智能电器、智能系统技术、现代服务业四大业务板块，总体简称为“一三三四”战略。这项战略体现出，创维在原有基础上，布局新兴领域及技术，向智能化、精细化、国际化转型升级。

积极引入人工智能技术，促进传统产品智能化升级。创维坚持科技创新，已成立了智能系统研究院，布局 4K、8K、智能互联等新一代彩电技术，构建智能人居系统体验中心。2018 年，创维推出了多种类型新产品，如电视产品（包括 OLED 电视、全时 AI 电视、大 Q6 系列高端液晶电视）、智能家电产品（包括变频智能洗衣机、变频智能冰箱、AI 厨电产品等）以及其他智能化产品（包括汽车智能电子产品、智能会议系统、智能门锁系统等），全面推动全品类产品转型升级，提升产品附加值和市场竞争力。

三、重点领域发展情况

创维的第一大业务板块为电视等多媒体业务。2018 年，创维电视销量处于全球第五（见图 25-1），达到 1490 万台。新型电视方面，创维致力于发展 OLED、Mini LED 等新型电视，CES 2019 期间，创维展出了多种 OLED 电视（如 8K OLED 电视“屏风”、OLED 电视“瀑布”、屏幕自发声 OLED 电视、透明 OLED 电视等）和 Mini LED 电视等。智能电视方面，创维已布局智能电视应用系统，版本不断更新迭代，致力于为消费者提供全新的视听觉体验和智能交互的新感受，力争成为引领全球电视技术发展的风向标。2018 年激活用户数已累计超过 4000 万户。同时，创维布局了汽车智慧系统、智能人居系统，并推动其进入应用市场。

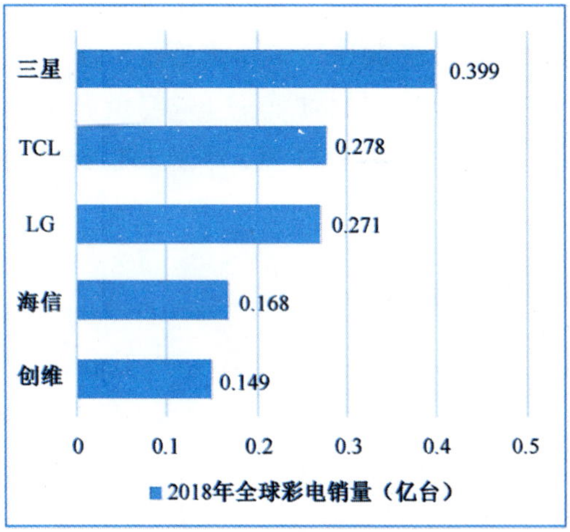

图 25-1 2018 年全球主要彩电品牌销量

（数据来源：群智咨询，2019 年 2 月）

第十节　小米集团

小米集团（以下简称“小米”）成立于2010年4月，以手机、智能硬件和IoT平台为核心业务。2018年，小米已发展至全球性、多业务领域的企业，业务遍及全球80多个国家和地区，涉及硬件、软件、人工智能、物联网、互联网服务、电商服务等领域。小米致力于发展独特的“生态链模式”，已投资或带动了更多创业者，在此基础上，建成了连接超过1.3亿台智能设备的IoT平台。2018年7月，小米在香港主板上市，成为港交所首个同股不同权的上市公司，创造了香港史上最大规模的科技股IPO，以及当时全球第三大科技股IPO。

一、总体发展情况

小米是全球第四大智能手机制造商，在全球30余个国家和地区，手机销量排名前五，其中，在印度连续5个季度手机出货量第一。小米重视技术发展，成立了人工智能部、大数据部及云平台部，旨在提升集团AI能力，为小米集团双引擎战略中的“AIoT”提供技术支撑和平台支持。

二、企业发展战略

小米的主要战略为“手机+AIoT”的双引擎战略。2018年，小米开启了新的五年战略，正式实施“手机+AIoT”双引擎战略，未来将会专注于AIoT领域。作为小米的长远战略布局，小米将会在AIoT领域上投入超过100亿元。AIoT的全称是All in IoT，在2013年，小米确定了以手机为中心的战略生态链，经过了五年时间，小米已经在IoT布局上跻身世界前列，成为了世界上最大的物联网消费平台。截至2018年11月，小米IoT平台已经连接的智能设备超过2000款。

三、重点领域发展情况

手机方面，根据Gartner数据，2018年，小米手机销量达到1.22亿部（见图25-2）。在2019年的世界移动通信大会上，小米发布了5G版本手机。

互联网方面，小米成立了互联网五部和互联网商业部。互联网五部是小米将互联网业务拆分成四个部门后新成立的互联网部门，是小米扁平化治理的又一举措。互联网五部及其他四个部门保证小米在互联网业务上的持续创新能力，而互联网商业部的成立则有利于小米继续探索互联网变现能力，增强小米的互联网基因。

图 25-2 2018 年全球主要手机品牌销量

（数据来源：Gartner，2019 年 1 月）

第十一节 杭州海康威视数字技术股份有限公司

杭州海康威视数字技术股份有限公司（以下简称“海康威视”）是以视频为核心的物联网解决方案提供商，面向全球提供综合安防、智慧业务与大数据服务等，业务范围已扩展到全球多个国家。同时，海康威视致力于科技研发，2017 年已有研发人员和技术服务人员超 1.3 万人，占全球总员工的 50%，研发投入占企业销售额 7%~8%。海康威视已在国内外多地建立研究中心，如国内的杭州、北京、上海、重庆、武汉等，国外的加拿大蒙特利尔、英国伦敦等，并计划在西安、武汉、成都、重庆和石家庄建立新的研发基地，进一步完善研发体系。

一、总体发展情况

海康威视在视音频编解码、视频图像处理、视音频数据存储等领域拥有核心技术，同时布局了云计算、大数据、深度学习等前瞻技术，能够提供安防监控领域专业产品、IVM 智能可视化管理解决方案和大数据服务，广泛应用于公安、交通、司法、文教卫、金融、能源和智能楼宇等众多行业。根据海康威视公布的 2018 财年业绩，全年实现营收 498 亿元，同比增长 18.86%；实现营业利润 124 亿元，同比增长 18.32%；实现归母净利润 113 亿元，同比增长 20.46%。

二、企业发展战略

海康威视这些年持续改革、持续创新，积累了三个有效的资源：一是构建了成熟的物联网体系架构；二是在长期发展中，构建了一套高效成熟的技术创新体系；三是打造了一支3万余名年轻、专业、充满活力的员工队伍。

三、重点领域发展情况

海康威视是安防领域全球龙头企业。对于安防行业来说，最大的压力是美国对芯片出口的限制。以海康威视为例，在芯片的采购方面，大数据与人工智能相关芯片大多来自于英特尔与英伟达，基础芯片主要来自于华为海思和TI。海康威视收入约70%来自于国内，而国内“政府+大型商业”占比为40%～50%，即约占整体收入的1/3，这是目前公司中最重要的业务板块。

第十二节　浙江大华技术股份有限公司

浙江大华技术股份有限公司（以下简称“大华”）是全球领先的以视频为核心的智慧物联解决方案提供商和运营服务商，主要开展机器视觉、视频会议系统、专业无人机、智慧消防、电子车牌RFID及机器人等视频物联业务。近年来，大华致力于技术创新，为城市运营、企业管理、个人生活消费等提供端到端的创新型视频监控解决方案、系统及服务领域。

一、总体发展情况

根据大华的2018年度业绩快报，实现了营业总收入236.66亿元，较上年同期增长25.58%；归属上市公司股东净利润25.32亿元，较上年同期增长6.42%。2018年，大华加强研发精准投入，持续提升以视频为核心的智慧物联解决方案能力，把握市场和行业发展趋势，促进公司业绩持续增长。在IHS2018发布的报告中，大华在全球闭路电视监控和视频监控领域的市场占有率排名第二位，仅次于海康威视。

二、企业发展战略

物联网方面，大华多维大数据系统助力公安部门，在圈定的警戒防控区域范围，实现对行为可疑人物身份快速锁定、人物信息融合搜索、全息档案一键获取、人员活动轨迹还原、智能分析自动预警、可视化指挥调度、全方位联合作战等。通过对人、车、社会面数据及其他物联感知数据与静态警务数据的融合计算，挖掘深层数据价值，从而满足融合检索、全网碰撞、全息轨迹、轨迹预测、关系追踪、多维预警等业务应用，全面激活城市感知脉搏，为加强社会管理、警务机制创新提供坚实的基础保障和技术支撑。

人工智能方面，大华确定了四个全面的人工智能战略,投资建设自己两个中心的人工智能平台。一是训练中心，与浪潮合作建设以图形处理器（GPU）服务器为核心的高性能人工智能训练平台，为人工智能提供基础能力并打造大华自己的核心能力和解决方案；二是产品中心，基于人工智能的能力和自身业务开发自己的智能化产品。通过与浪潮等合作伙伴的合作和两个中心的建设，结合大华 HOC（城市之心）智慧城市解决方案架构，大华股份构建了以视频监控和智慧物联业务为纽带的人工智能生态体系，为政府、金融等行业客户提供了更好的体验和新的价值。

三、重点领域发展情况

摄像头方面，据预测，视觉安防市场规模将在 2018 年达到 50 亿美元（约 342 亿元），而大华将在 5 年之内达到一年千亿元的营收。

第二十六章

集成电路行业重点企业

第一节　紫光集团有限公司

一、总体发展情况

紫光集团有限公司（以下简称“紫光集团”）是清华大学旗下的高科技企业，在国家宏观战略引导下，紫光集团发展形成了以集成电路为主导，从“芯”到“云”的高科技产业生态链。在集成电路领域，紫光集团拥有紫光展锐、紫光国芯微电子、长江存储三大核心企业。紫光展锐致力于移动通信和物联网领域核心芯片的自主研发及设计，旗下产品众多，涵盖 2G/3G/4G/5G 移动通信基带芯片、射频芯片、物联网芯片、无线连接芯片、电视芯片、安全芯片，致力成为全球前三的手机基带芯片设计公司、中国最大的泛芯片供应商和中国领先的 5G 通信芯片企业。紫光国芯微电子是领先的集成电路芯片产品和解决方案提供商，在智能安全芯片、高稳定存储器芯片、安全自主 FPGA、功率半导体器件、超稳晶体频率器件等核心业务领域已形成一定的竞争态势和市场地位。长江存储是一家专注于 3D NAND 闪存芯片设计、生产和销售的 IDM 存储器公司，主要提供存储器产品。

二、企业发展战略

紫光集团秉承“一二三”战略，“一”是指紫光集团的战略定位要做从芯到云的世界级的高科技产业集团；“二”是指自主创新与国际合作两条路径；“三”是指将企业战略与国家战略相结合，科技理想与商业现实相结合，本土的雄心与跨国经营相结合。从集团旗下的核心企业上看，5G 和人工智能将成为紫光展锐产品向高端发展的重要驱动力。紫光国芯微电子将在物联网、人工智能、汽车电子等领域发力，提供差异化的安全产品和服务。长江存储将以 3D NAND 芯片制造环节为突破口，集存储器产品设计、技术研发、晶圆生产与测试、销售于一体。

三、重点领域发展情况

2018 年，紫光展锐推出多款芯片产品，人工智能 AI 芯片紫光展锐 SC9863、NB-IoT 芯片产品春藤 8909B 和春藤 8908A、通用型 CPU SC9850KH，均实现了我国在芯片领域的突破。紫光国芯微电子高性能生物识别安全芯片的生物识别安全解决方案，已被批量应用于各类安全产品，如安全指纹模组、安全指纹 U 盘、安全指纹硬盘、创新型安全指纹卡等。长江存储采用的自主 Xtacking 架构的 64 层堆叠的 3D NAND 闪存芯片取得重大技术突破，在 2019 年第三季度实现量产。

第二节　中芯国际集成电路制造有限公司

一、总体发展情况

中芯国际集成电路制造有限公司（以下简称“中芯国际”）是中国大陆最大、全球排名第五的集成电路代工企业，中芯国际总部位于上海，拥有全球化的生产制造和服务基地。在上海建有一座 300mm 晶圆厂和一座 200mm 晶圆厂，在北京建有一座 300mm 晶圆厂和一座控股的 300mm 先进制程晶圆厂，在天津和深圳各建有一座 200mm 晶圆厂，在江苏有一座控股的 300mm 凸块加工合资厂，在意大利有一座控股的 200mm 晶圆厂。中芯国际还在美国、欧洲、日本和中国台湾地区设立行销办事处提供客户服务，同时在中国香港设立了代表处。2018 年，中芯国际的年度营收创新高达 33.6 亿美元，同比增长 8.3%，毛利润从 2017 年的 7.4 亿美元增至 7.467 亿美元。

二、企业发展战略

积极开拓国内市场。在中美贸易影响、国内大客户重视供应链安全背景下，中芯国际在国内的营收有望持续上升。按地区看，2018 年第四季度，北美地区收入占比 31.7%，较去年同期下滑 6.4%，中国区营收占比高达 57.5%，相较于去年同期的 51.3%提升了 6.2%。

重视新技术研发。技术仍是中芯国际的增长动力，其持续在包括电源管理、内存、高压 RCD 驱动器、CMO、C-major 传感器和指纹传感器等方面进行了大量研发投资。对闪存的投入在 2018 年一直是一个非常关键的增长动力，2018 年公司闪存的收入比 2017 年翻了一番，30-A 和 24nm 的专业 NAND 闪存具有高质量和良好的产量。

三、重点领域发展情况

业务组成方面，2018 年中芯国际各工艺收入比例占比分别为：28nm 占 5.4%、40/45nm 占 20.3%、55/65nm 占 23.0%、90nm 占 1.7%、110/130nm 占 7.3%、150/180nm 占 38.7%、250/350nm 占 3.6%，业务收入以 40/45nm、55/65nm、150/180nm 的芯片为主。制造技术方面，在 2019 年第二季度或第三季度，14nm Fin fet 工艺将开始直接量产，并将持续研发 22nm 工艺和 12nm 工艺，其中 12nm 的研发进展乐观，性能方面功耗降低 20%，性能提高 10%，面积减少 20%，公司有望在 12nm 芯片制造方面建立竞争优势。新技术驱动方面，2018 年第四季度中芯国际电力管理 IC、CMO、C-major 传感器较去年同期收入增长了约 4%。

第三节　高通公司

一、总体发展情况

高通公司（Qualcomm，以下简称“高通”）成立于 1985 年，至今已有 30 多年的历史。高通主营业务分两块，分别为 QCT（高通半导体技术业务）与 QTL（高通技术许可业务）。QCT 主要研发基于蜂窝通信技术，以及连接技术、多媒体技术、多媒体技术、智能手机与终端 A 的集成电路产品和系统软件产品等，包括其主营业务骁龙芯片。而 QTL 则是高通将自己大量的专利技术以授权方式开放给业内，并从厂商出货的设备中收取一定比例的“专利许可费”。在 2018 年高通的业务收入中，QTL 专利授权业务占接近 1/3 的营收，利润占比为 2/3。目前通过高通 QTL、搭载高通技术的设备总量已超过 100 亿台。从截至 9 月 30 日的 2018 财年财报上看，公司全年收入 227.32 亿美元，亏损 49 亿美元，首次出现亏损情况。

二、企业发展战略

重点研发 5G 新技术。为保持其在通信领域的技术领先优势，高通已经将赌注压在了 5G。早在 4G 建设时期，高通就已经开始在 5G 上投入大量资金。2018 年，高通在频谱聚合、天线技术、调制和编码方面的研发非常积极，在这些关键领域与爱立信、三星、诺基亚等企业合作紧密，并与英国电信（集团）、德国电信、SK 电讯、NTT DoCoMo 及沃达丰集团等运营商合作进行了 5G NR 测试。

发力移动互联市场。高通未来的目标是通过移动信号实现连接万物。高通认为，物联网行业将是最先兴起的新兴行业之一，物联网技术是移动终端的自然延伸，与很多移动终端技术有着天然的相似性。高通预测，到 2020 年物联网（IoT）市场将会达到 430 亿美元，超越移动终端成为第一大市场。在物联网领域，由于平台与标准的不统一，市场发展呈现严重的碎片化。为了让中小厂商也能够快速打造产品并推向市场，高通不仅提供 IoT 的芯片+软件，还会提供参考设计 B+技术支持。同时，高通在积极布局物联网参考设计平台，包括智能音箱、可穿戴设备、智能摄像头等等。

三、重点领域发展情况

2018 年，高通面临着企业发展危机，由于失去苹果 2018 年的新机 LTE Modem 订单，加上华为搭载麒麟处理器的比例稳定爬升等，使得高通手机芯片出货量下滑，致使营收表现也受影响。在新技术上，发布了全新 5G 基带芯片骁龙 X55，做到了单芯片涵盖 2G ~ 5G 网络。推出了支持毫米波和 6GHz 以下频段的骁龙 X50 调制解调器系列，助力手机厂商早日推出 5G 手机，帮助运营商优化网络。发布了新的 QTM052 的毫米波天线模组，使其可以放到手机里面，同时功耗降低，能效提高。同时，还和爱立信利用智能手机大小的移动终端完成 6GHz 下频段符合 3GPP Rel-15 规范的 5G 新空口 OTA 呼叫，与三星共同宣布了基于 FSM100xx 的三星 5G 小型基站解决方案。

第四节　英特尔公司

一、总体发展情况

英特尔公司（Intel，以下简称“英特尔”）是全球最大的个人计算机零件和 CPU 制造商，拥有数字企业事业部、移动事业部、数字家庭事业部、数字医疗事业部和渠道平台事业部。在 2018 财年，英特尔的营收为 708 亿美元，突破 700 亿美元大关，较 2017 财年的 628 亿美元增长 13%；净利润为 211 亿美元，相比之下 2017 财年为 96 亿美元。数据中心、物联网、可编程解决方案、Mobileye 和调制解调器业务各自创造了全年收入纪录。其中，数据中心的业务在 2018 年增长了 20%，主要得益于强劲的云计算方面的需求和与通信服务提供商不断增长的份额。PC 业务随着个人电脑市场的稳定和公司在调制解调器中获得份额，

2018 年实现了 9%的增长。

二、企业发展战略

布局 ADAS 和自动驾驶平台。对 Mobileye 的收购意味着英特尔希望开辟电脑处理器之外新的市场增长点。2018 年，ADAS 的采用正在不断加速，Mobileye 第四季度收入为 1.83 亿美元，较去年增长了 43%。到 2020 年，EyeQ5 即将问世。2021 年，Mobileye 将与宝马和英特尔，以及菲亚特—克莱斯勒和 Aptiv 合作，开始为 Robo Taxi 生态系统推出全自动驾驶。第四季度，英特尔宣布计划通过大众汽车和 Champion Motors 于 2019 年起在以色列部署首个自动驾驶网约车服务（也可称为出行即服务，MaaS），并将成立一家合资公司推动该项目部署，推动“智慧出行”的发展。

在处理器芯片制造领域，14nm 仍将是主线，重点突破 10nm 技术。英特尔的 10nm 工艺节点一直为产品“良率”问题所困扰，10nm 产品也再次延迟至 2019 年年底。英特尔表示，2019 年仍以 14nm 的客户端和服务器产品线为主，之后将继续加速 10nm 进展。

三、重点领域发展情况

在 CES 展会上，英特尔发布了三款新品。一是新一代酷睿处理器——第一款 10nm Ice Lake 处理器，该处理器整合了英特尔“Sunny Cove”微架构及 Gen 11 核显，在计算能力方面有大幅度的提升，有望于 2019 年的假日销售季上市。二是发布了全新的客户端平台 Lakefield，采用了混合 CPU 架构和“Foveros”3D 封装技术，有助于创建更小更轻薄的主板，预计于 2019 年量产。三是发布了 5G 芯片“Snow Ridge”，该款芯片基于 10nm 工艺打造，是一款全新的专门面向 5G 无线接入和边缘计算的网络系统芯片，有望于今年下半年量产。2019 年下半年，英特尔还将推出首款 5G 调制解调器——英特尔 XMM 8160 5G。自动驾驶方面，Mobileye 推出了 EyeQ4，已经在部分汽车上使用。

第二十七章

新型显示行业重点企业

第一节　京东方科技集团股份有限公司

一、总体发展情况

京东方科技集团股份有限公司（BOE，以下简称“京东方”）是一家全球领先的信息交互和人类健康提供智慧端口产品和专业服务的物联网公司，核心事业包括端口器件、智慧物联和智慧医工三大领域。端口器件事业包括显示与传感器件、传感器及解决方案，智慧物联事业包括智造服务、IoT 解决方案和数字艺术，智慧医工事业包括移动健康和健康服务。显示与传感器件是京东方最为重要的业务方向，2018 年前三季度，京东方在智能手机液晶显示屏、平板电脑显示屏、笔记本电脑显示屏、显示器、电视显示屏出货量均排在世界第一。2018 年前三季度，京东方营收 694.6 亿元，较上年同期增长 0.08%，归属于上市公司股东的净利润为 33.8 亿元，同比下降 47.8%。

二、企业发展战略

持续扩大显示和传感器事业群，保持领先优势。近年来，京东方引领 TFT-LCD 技术的创新和发展，致力于加快 AMOLED、柔性显示、VR/AR 等新型显示器件及传感器件的进步，为智能手机、平板电脑、笔记本、显示器、电视、工业控制、健康医疗、VR/AR 等应用领域提供更好的产品和服务，不断拓展新应用领域。并加快推进基因测序、理化检测、分子天线、光电传感和安防等传感器领域发展，在显示基础上向信息交互端口和相关传感器转型升级。

积极拓宽非显示业务。智慧物联方面，公司近几年来通过自主研发及并购大力布局智能制造、智慧零售及智慧车联业务领域。健康服务方面，公司正在打造以数字医院为线下载体，以移动健康设备为端口，可以为客户提供优质的健康医疗服务的移动健康管理平台和生态系统。

三、重点领域发展情况

LCD 面板方面，京东方共计拥有九条 TFT-LCD 生产线，其中五条为高世代线，生产效率高，具有较强的市场竞争优势。AMOLED 方面，现已拥有 4 多条柔性 AMOLED 生产线，其中成都生产线已于 2017 年 10 月投产，且于 2018 在华为 Mate 20Pro 等高端手机产品供货，打破了韩国企业在该领域的垄断地位。未来随着后续几条生产线的逐步投产，公司有望在产能上比肩三星，可以率先满足众多手机厂商的需求。折叠屏方面，公司已为华为 Mate X 等折叠屏手机提供屏幕。

第二节　深圳市华星光电技术有限公司

一、总体发展情况

深圳市华星光电技术有限公司（以下简称“华星光电”）成立于 2009 年，位于深圳市光明新区高新技术产业园区。2018 年，华星光电共有生产线 3 条——深圳 2 条 8.5 代 TFT-LCD 和武汉 1 条 6 代 LTPS-LCD 生产线（见表 27-1），产品全线覆盖大尺寸电视面板和中小尺寸移动终端面板。即将投产的生产线 2 条，分别是深圳 11 代线和武汉 6 代线，开工建设的生产线 1 条，为深圳 11 代线。2018 年，华星光电大尺寸液晶面板出货量保持全球排名第五，55 寸产品出货量国内第一，对国内一线品牌客户出货量稳居第一。自主研发能力方面，华星光电拥有大量专利授权，2018 年华星光电美国专利授权量 893 件，已经连续 4 年位居美国专利授权榜全球 TOP100。

表 27-1　华星光电生产线布局

地点	代号	代线	技术	投资额（亿元）	产能（k/月）	量产时间
深圳	t1	8.5 代线	a-Si TFT-LCD	245	150	2011.8
深圳	t2	8.5 代线	a-Si TFT-LCD	244	140	2016.9
武汉	t3	6 代线	LTPS TFT-LCD	160	30	2017.1
武汉	t4	6 代线	柔性 LTPS TFT-AMOLED	350	45	2019.6
深圳	t6	11 代线	a-Si TFT-LCD	465	90	2019.3
深圳	t7	11 代线	a-Si TFT-LCD	—	—	2021.3

数据来源：华星光电，赛迪智库整理，2019 年 3 月。

二、企业发展战略

优化企业融资平台。2018 年 12 月，TCL 集团剥离消费电子、家电等智能终端业务及相关配套业务。公司由过往半导体显示及材料产业与智能终端产业两大主业，变更为聚焦半导体显示及材料产业，成为华星光电的融资平台。业务剥离后 TCL 集团的营业收入减少约一半，但是以华星光电为主体的上市公司净利率和获利能力更强，有助于华星光电在资本市场融资。

华星光电还与深圳政府签署了一项合同，以便设立第二个被称为 t7 的 11G 工厂，以便在 2021 年开始生产 65 英寸、70 英寸和 75 英寸超大尺寸 8K 面板及 AMOLED 面板。

华星光电于2018年11月开始运营其首条第11代液晶面板生产线(t6项目)，并将于 2019 年 3 月开始大规模生产，基板月产能高达 9 万片。T6 工厂将专注于生产包括 43 英寸、65 英寸和 75 英寸型号的大尺寸面板。

三、重点领域发展情况

LCD 方面，2018 前三季度，华星光电的两条 8.5 代线 t1 和 t2 项目继续保持满产满销，累计投入玻璃基板 266.1 万片，同比增长 7.41%，总计出货 3870 万片。第 11 代 TFT-LCD 及 AMOLED 新型显示器件生产线 t6 项目已于 2018 年 11 月点亮投产，2019 年 3 月量产，第 11 代线 t7 项目主要生产和销售 65 英寸、70 英寸、75 英寸的 8K 超高清显示屏及 AMOLED 显示屏等产品。在 OLED 屏的布局和进展上，华星光电第 6 代 LTPS-AMOLED 柔性生产线 t4 项目在 2019 年实现从试产到量产。同时，华星光电在武汉建有 4.5 代柔性 AMOLED 实验线，已为 t4 项目快速量产做好前期技术储备，t4 项目规划产能每月 45K，分三期建设。折叠屏方面，已成功开发出折叠显示产品，正在与国际一线品牌客户进行合作洽谈，并于 2019 年发布 t4 折叠屏。

第三节　东旭光电科技股份有限公司

一、总体发展情况

东旭光电科技股份有限公司（以下简称“东旭光电”）是国内最大、世界排名第四的液晶玻璃基板生产商，也是全球领先的光电显示材料供应商。公司从光电显示产业起步，逐渐发展成为集盖板玻璃、液晶玻璃基板、偏光片、彩色滤光片、蓝宝石等光电显示材料，高端装备制造及系统集成，石墨烯产业化应用，新能源汽车研发及制造，智慧城市建设等业务为一体的综合性高新技术企业，产业上下游纵向布局及横向联动不断深化，逐渐发展形成了具有综合竞争力的新兴产业集群。公司已全面覆盖G5、G6和G8.5代（兼容G8.6代）TFT-LCD液晶玻璃基板产品，拥有20余条已建和在建液晶玻璃基板生产线。公司在四川绵阳拥有先进浮法盖板玻璃基板原片生产线，具备国内第一、全球第三的高铝盖板玻璃基板原片产能。2018年前三季度，公司营业收入为172.64亿元，同比增长108.25%。营业利润为13.15亿元，同比增长24.60%。

二、企业发展战略

推进光电显示材料新产品供应。东旭光电的液晶玻璃基板生产线，量产产能稳居国内第一、全球第四。同时，积极研发创新，推进产业高端化发展。以旭虹光电（东旭光电子公司）为实施主体的“曲面显示用盖板玻璃生产项目”进展顺利，且于2017年12月建成第一条第5代TFT-LCD用彩色滤光片生产线。

加速新兴产业布局。2017年，东旭光电以发行股份及支付现金的方式购买申龙客车100%股权，进军新能源汽车领域，抢占客车及专用车市场份额。同时，公司2018年收购三宝创新，布局商用平台机器人领域。公司石墨烯产业化、批量化持续推进。报告期内，东旭光电子公司旭碳新材、明朔科技及碳源汇谷与15家下游石墨烯材料运用企业签署了《石墨烯应用产品战略合作伙伴协议书》，就石墨烯电热产品、石墨烯路灯产品、石墨烯防腐涂料产品等进行拓展及销售，合计签约金额达到6.1亿元。

三、重点领域发展情况

光电显示材料方面，2018年上半年，公司实现营业收入21.62亿元，较上年同期增长83.71%，拥有郑州、石家庄、芜湖、福州、营口五大液晶玻璃基板生产基地，各类产品产销两旺，公司高世代玻璃基板产品市场占有率提升。“曲面显示用盖板玻璃生产项目”，已形成年产500万片产能并实现批量供货，彩色滤光片生产线已于2018年基本完成彩膜生产线调试及产品认证工作，取得部分产品订单，实现批量供货。新能源汽车业务方面，2018年上半年，公司新能源汽车业务实现营业收入10.22亿元，占比为9.18%，申龙客车累计销售2072台，同比增长17.53%，其中新能源客车1696台，占总销售台数的82%，新能源客车销量同比增长33%，新能源汽车稳步增长。

第四节　三星电子

一、总体发展情况

三星电子（以下简称“三星”）是全球最大的新型显示行业生产厂商之一，在 AMOLED 领域拥有绝对领先的优势。2018 年，三星 AMOLED 手机面板出货 4.1 亿片，同比减少 1.1%，占据全球总出货量的 93.18%。电视面板方面，三星 2018 年的电视面板出货量为 3940 万片，位列全球第四。2018 年，三星显示面板业务的表现差强人意，归因于柔性 OLED 面板的需求放缓，以及 LCD 电视面板销售量与价格的下滑。2018 年，三星显示面板业务全年营收为 32.47 万亿韩元，同比下降 5.8%；净利润为 2.62 万亿韩元，同比下降 51.78%。

二、企业发展战略

大力推广应用 QLED 技术。2018 年第二季度，三星宣布下一个量子点开发阶段为 QD-OLED，原先依附在 LCD 技术上的 QD-CF 已经被正式放弃。 据预测，三星将于 2019 年开始试生产 QD-OLED，每月 5000 片 8.5 代基板。如果进度顺利，三星将在 2020 年将产能翻番，并与 2021 年和 2022 年每年增加 30000 片基板。与此同时，随着中国大陆 10.5/11 代 LCD 面板厂逐渐进入量产高峰期，三星正不断降低 LCD 产能，2016 年以来已关闭 5 条 LCD 生产线，并将于 2019 年关闭 8.5 代 LCD 工厂，并转投 QD-OLED 显示屏。

专注于高端市场。目前三星正着力于同时全线覆盖从 65 英寸到 98 英寸生产，加大在超大尺寸无框架和 8K 技术的投入。并将通过扩展 8K 产品来帮助我们满足超高画质电视领域的消费者需求，专注于围绕 8K 技术建立生态系统。

三、重点领域发展情况

QLED 方面，三星发布了 QLED 8K TV 产品，开创了超高画质市场，并将持续扩大其在 8K 电视市场的市场份额。超大屏幕方面，三星在 75 英寸及以上的超大屏幕电视继续引领市场，并巩固超大电视与三星品牌之间的联系。Micro LED 方面，三星在 2019 年国际消费电子展上展示模块化技术，以及为消费者生活带来重大价值的新生活方式产品。

第二十八章
电子原材料元器件行业重点企业

第一节　北京当升材料科技股份有限公司

一、总体发展情况

北京当升材料科技股份有限公司（以下简称“当升科技”）成立于 2001 年，是专业从事锂离子电池正极材料研发、生产与销售的高新技术企业，主要产品包括钴酸锂、锰酸锂、多元材料等锂离子电池正极材料，以及四氧化三钴、多元材料前驱体等前驱体材料，产品应用领域涵盖小型锂电和动力锂电领域。目前，当升科技已经发展成为国内锂离子电池正极材料的龙头企业之一，并于 2010 年 4 月成功登陆创业板，成为国内唯一一家锂电正极材料领域的上市公司。

2017 年，我国新能源汽车产量保持高位增长，尤其是国家新能源汽车补贴向高能量密度动力电池倾斜，三元动力电池出货量迅猛上涨，三元材料市场迅速被引爆，在三元材料已经开始前瞻布局的当升科技取得了大丰收。2018 年，当升科技实现营业收入 32.8 亿元，同比增长 52.03%；实现归属于上市公司股东的净利润 3.16 亿元，同比增长 26.38%，其中，锂电材料及其他业务收入为 31 亿元，同比增长 61.09%。

二、企业发展战略

2018年，当升科技将通过创新平台建设，实现资源共享、降本增效，提升产品成本竞争优势，继续巩固其在小型锂电传统市场的地位，加大标杆产品供应量，提升拳头产品在小型锂电的市场份额。

三、重点领域发展情况

（一）加快完成新品开发，引领行业技术发展

当升科技将紧密围绕客户需求，集中力量，加快新产品开发和量产进度，抢占市场先机，完成钴酸锂的改进升级和高电压钴酸锂的量产，推进系列化NCM622产品研发和布局，并开展下一代NCA的产品开发。深入推进与外部科研力量的合作，加快推进固态锂电材料、富锂锰基材料等战略新品的技术开发。

（二）紧抓未来核心供应链，三大市场齐头并进

当升科技将加快在小型锂电、动力锂电和储能锂电三大领域全面布局。小型锂电方面，将在巩固传统市场地位的同时，优化客户结构，重点开拓具有市场影响力的优质客户，抓住新兴市场的机遇，实现在智能家电、新型工业和服务业机器人等领域的快速切入。动力锂电方面，将紧盯国际一流车企的核心供应链，抓住宝马、大众、特斯拉、福特、丰田等核心供应链的开发机遇，积极推动高镍产品的市场推广，专注在未来具有市场潜力的终端客户，布局国际市场、高端市场。储能锂电方面，将在继续巩固国际储能高端市场优势地位的同时，充实强化储能市场团队，加强国内储能市场开发，创新市场开拓模式，加快国内储能市场的开发步伐。

（三）加快新产能建设，进一步提升制造装备水平

当升科技将加快产能建设步伐。一方面，将按照“同步设计，同步建设”的思路，推动江苏当升三期工程基地的建设，进一步提高自动化水平，打造智能工厂，推进“智能制造”，在新生产基地实现装备制造的进一步升级，保障未来高端动力多元材料的生产。另一方面，将继续通过设备改造和工艺革新的途径，充分挖掘、提升现有设备的产能潜力，实现产能的高效使用。

第二节　有研新材料股份有限公司

一、总体发展情况

有研半导体材料股份有限公司（以下简称“有研硅股”）成立于1999年，其前身是半导体材料国家工程研究中心，2014年更名为有研新材料股份有限公司（以下简称“有研新材”）。有研硅股是国内半导体材料行业的主导企业，多次承担“九五”“十五”硅材料研究重大课题，完成了2项国家产业化工程，实现了我国硅单晶行业的九个“第一”。2014年，在合并有研稀土、有研亿金和有研光电后更名为有研新材，从原来的单一从事半导体硅材料的企业，发展成为集半导体材料、稀土材料、光电材料、高纯/超高纯金属材料、生物医用材料等多个重要领域于一身的新材料企业。

2017年国内外经济形势持续复苏，随着供给侧改革持续推进，有色金属新材料领域发展形势持续向好。有研新材积极开拓市场，不断加强成本管理，开展降本增效活动，严控企业成本开支，加大新产品、新技术的研发投入力度，2016年实现营业收入40.8亿元，同比增长7.1%，实现净利润0.4亿元，同比下降9.5%。其中，高纯/超高纯金属材料实现营业收入12.7亿元，同比增长44.7%，稀土材料实现营业收入13.7亿元，同比增长31.7%，主要原因有两点：一是大尺寸靶材市场及蒸发料等产品开拓效果显著，致使销售订单大幅增长；二是稀土材料销售量、单价同比上涨。截至2017年12月31日，有研新材的总资产达到33.2亿元，同比增长2.9%。其中，净资产为28.5亿元，同比增长1.4%。

二、企业发展战略

中央经济工作会议明确稳中求进的总基调，提出“强化实体经济吸引力和竞争力”，同时，制造强国战略全面实施，重点新材料研发及应用工程启动，工业强基工程、转型升级技改工程等扎实推进，为企业科技创新、提升核心竞争力水平提供了机遇。

三、重点领域发展情况

（一）充分利用现有研发资源，提升公司整体研发能力

面对全球5G、物联网、新能源、人工智能等快速发展的潮流，2018年有研新材将整合利用现有研发资源，开展产业盈利能力强、具有一定前瞻性和基础性产品的合作开发力度，加大科研竞争力度，加强协同创新，努力突破和掌握

一批关键技术，在实施制造强国战略、工业强基、智能制造和绿色制造工程中切实发挥作用，确保2018年重点研发计划项目落地。

（二）持续优化产业结构，提质增效，增强盈利能力

有研新材将综合考虑现有业务的分布情况和未来发展方向，对现有业务进行有效整合，实现产业有进有出。加强对行业发展趋势、市场形势变化的分析研判，紧密跟踪了解客户关注点和消费需求变化，做好应对预案，及时调整经营策略，主动作为抢抓市场，牢固树立市场意识，加强对经济周期性、规律性的研究和市场形势的分析研判，开展好增品种、提品质、创品牌工作，增加市场份额。聚焦主营产品，推进规模化产业，做优做精细分领域的小巨人产业。2018年，将以价值管理目标为导向，重点开展结构性降成本专项工作，搭建产品成本性态分析模型，分析各公司产品成本结构特点，研究生产经营资源占用情况，有效开展提质增效工作。

（三）充分整合资源，内生与外延发展紧密结合，推进内外部优质项目投资

紧密围绕有研新材的电磁光三大领域发展定位，进一步发挥上市公司融资平台的作用，推进内部资源整合，实现资源协同、高效发展。积极推进燕郊基地和靶材产业扩产项目基地建设，进一步提升关键盈利产品产业能力建设。结合首都功能区建设和产业结构调整的需求，积极寻找新的产业基地，2018年要围绕未来产业领域的发展需求，完成新基地的选址工作，适时启动新基地的规划建设。积极寻找优质并购标的，在前期充分调研的基础上，寻求最佳时机进行战略布局，通过多层次的投资组合，撬动社会资本，推动公司外延式发展。

第三节　广东生益科技股份有限公司

一、总体发展情况

广东生益科技股份有限公司（以下简称“生益科技”）成立于1985年，是我国最大的覆铜板生产企业。1998年在上海证券交易所上市，是目前国内唯一一家覆铜板上市公司，主要产品有各类覆铜板和多层板用系列半固化片。生益科技技术力量雄厚，是东莞市唯一一家拥有国家级企业研究开发中心的企业，产品质量始终保持国际领先水平。

2017年，生益科技实现营业收入107.5亿元，同比增长25.9%，实现净利

润10.7亿元，同比增长43.6%。2017年，生益科技生产各类覆铜板8182.6万平方米，比上年同期增长11.9%；生产粘结片10568.2万米，比上年同期增长10.5%；销售各类覆铜板7969.9万平方米，比上年同期增长6.6%；销售粘结片10505.4万米，比上年同期增长10.0%；生产印制电路板987.3万平方英尺，比上年同期增长14.4%；销售印制电路板971.9万平方英尺，比上年同期增长14.2%。截至2017年12月31日，生益科技的总资产达到128.4亿元，其中净资产为60.2亿元。

二、企业发展战略

生益科技将围绕做大做强覆铜板为主业的战略和坚持在覆铜板行业成为全球最具综合竞争优势的制造商的目标，继续强化公司在多品种、交货、质量、价格、技术等方面的综合竞争优势，针对不同竞争对手，通过差异化竞争赢得竞争优势。

三、重点领域发展情况

（一）加强前瞻布局

生益科技将积极引进韩国LG涂覆法软性无胶基材成套设备及技术，有效提升公司软性材料技术水平，更好地满足市场需求。瞄准5G市场需求预期，积极布局高频产品，在购买日本中兴化成PTFE产品的全套工艺、技术和设备解决方案的基础上，加快高频基材研发及产业化。

（二）深化供应链合作

生益科技将坚持“构建互助共同体，创造共赢价值链”的理念，进一步优化原材料供给分析模型、供应商价值分析模型，完善企业供应链体系建设，加深与铜、树脂、玻璃布等原材料战略供应商的合作，保障供应链安全，规避原材料的价格上涨及波动对公司的生产成本带来较大的压力和风险。

（三）积极扩大规模

生益科技将加快完成江西生益覆铜板项目一期建设步伐，逐步提高陕西高新二期项目产能，进一步扩大松山湖三分厂和松山湖四分厂的汽车产品产能，巩固行业龙头地位，以满足覆铜板行业和印制线路板行业持续稳定增长的市场需求。

第四节　宁德时代新能源科技股份有限公司

一、总体发展情况

宁德时代新能源科技股份有限公司（以下简称“宁德时代”）成立于2011年，是全球领先的动力电池系统提供商，专注于新能源汽车动力电池系统、储能系统的研发、生产和销售，致力于为全球新能源应用提供一流解决方案。在电池材料、电池系统、电池回收等产业链关键领域具有核心技术优势及可持续研发能力，初步形成了全面、完善的生产服务体系。

2017年，在我国新能源汽车产销量持续快速增长的带动下，锂离子动力电池市场需求延续了高速增长势头，宁德时代抓住市场机遇，实现了快速发展。2017年，宁德时代实现营业收入200亿元，同比增长34.4%，其中动力电池系统业务实现收入166.6亿元，同比增长19.2%；实现净利润42.9亿元，同比增长38.8%。截至2017年12月31日，宁德时代的总资产达到496.6亿元，其中净资产为264.7亿元，分别比上年同期增长73.7%和67.6%。

二、企业发展战略

宁德时代以技术领先同行业公司为目标，在磷酸铁锂长寿命、三元高能量密度、快充等差异化产品方面加大研发投入，抢占技术制高点；围绕动力电池系统和储能系统，与主要战略客户开展深度合作；在动力电池领域实现规模化快速发展，并实现业绩行业领先和市场占有率行业领先。

三、重点领域发展情况

（一）加强技术研发，加快成果转化

宁德时代密切关注和跟踪新能源汽车市场和前沿技术的发展，始终以研发为导向，创新驱动，持续加大研发投入，以核心技术研发提高产品品质并占领和开拓市场。针对电动商用车和电动乘用车产品分别开发各具特点的高性能动力电池和解决方案，针对储能产品布局长寿命低成本电池及梯次利用等核心技术。

（二）有效提升产能，抓住产业发展机遇

宁德时代将紧紧抓住动力电池发展机遇，借助政策扶持，运用多种融资手段，有效提升产能，满足市场对高品质动力电池产品的需求，加强公司的市场地位。

（三）注重产业链整合，注重资源回收利用

宁德时代将在生产管理、原材料供应、成本控制、质量一致性、市场推广等方面与产业链上下游企业继续深化合作，以带动整个国内锂电行业持续发展。同时，将积极开拓电池应用和回收体系，最大限度地利用资源，有效提升对关键材料供应及成本的控制。

（四）布局国际国内市场，巩固战略合作

宁德时代始终坚持以客户为中心，快速响应客户需求，不断优化产品设计，提高产品质量，深化与现有整车厂客户的战略合作，加大市场拓展力度和新战略客户开发。同时加快国际市场开发，与国际一流整车企业进行紧密合作，进一步加强合作深度和广度。

第五节　横店集团东磁股份有限公司

一、总体发展情况

横店集团东磁股份有限公司（以下简称“横店东磁”）于 1999 年成立，主要从事磁性电子元件的研发、生产和销售，后扩展至光伏及其他领域，2006 年在深圳证券交易所上市。横店东磁目前是全球最大的永磁铁氧体生产企业，也是我国最大的软磁铁氧体生产企业之一。“东磁”牌磁性材料为“中国名牌”产品及“国家免检产品”。

2018 年横店东磁逆水行舟，迎难而上，紧紧围绕“做强磁性、发展能源、适当投资”的核心战略，在销售收入、盈利能力、新产品推广及客户认可度等方面，均取得较大成绩。全年实现销售收入 648852.74 万元，同比增长 3.04%，实现归属于上市公司股东的净利润 68895.58 万元，同比增长 13.27%。2018 年，公司磁性材料产业实现销售收入 310897.94 万元，同比增长 10.52%；太阳能光伏产业实现销售收入 252205.64 万元，同比下降 7.48%；新能源电池产业实现销售收入 22229.51 万元，同比增长 44.44%；器件产业实现销售收入 38898.72 万元，同比增长 57.41%。

二、企业发展战略

2018 年，横店东磁仍将围绕“做强磁性、发展能源、适当投资”的发展战略，积极推进磁性材料产业转型升级和外延式扩张，加大太阳能光伏产业高效

电池片和高效组件的布局，推动新能源电池技术提升和市场拓展，并适当进行相关性产业投资。

三、重点领域发展情况

（一）加快推动磁性材料产品升级

横店东磁磁性材料产业将以自身发展为主，收购兼并为辅的方式来确保收入利润双增长，各事业部将通过积极配合高端客户新品的开发和量产，不断优化自身产品结构，拓展更多的应用领域；提升现场管理、改进生产工艺、优化培训模式等多种路径降低成本，提升成品率；持续推进工序自动化改造，进一步提升自动化水平等方式，促进磁性材料产业的增长。

（二）积极以扩大需求带动高效电池产能提升

横店东磁太阳能产业将通过进一步拓展海外高端客户；扩大高效 PERC 单晶电池片产能；提升多晶金刚线切片技术；组建新一代高效产品量产及加大轻资产扩张业务模式；完善销售渠道的布局增加家庭和工业分布式电站的建设等方式，促进太阳能产业的增长。

（三）优化动力电池产品结构

横店东磁动力电池产业将提升电池的综合成品率；完成新能源汽车用 3.0Ah、3.2Ah 型号动力电池的开发工作，争取实现批量生产；积极拓展新能源汽车行业和其他锂电池应用市场；开发圆柱电芯模组冷却系统、系统热蔓延防护设计、标准模组结构设计等方式来促进动力电池产业的发展。

第六节　长飞光纤光缆股份有限公司

一、总体发展情况

长飞光纤光缆股份有限公司（以下简称“长飞股份”）创建于 1988 年 5 月，原名为长飞光纤光缆有限公司，2013 年 12 月完成股份制改造，正式更名为长飞光纤光缆股份有限公司。长飞股份由中国电信集团公司、荷兰德拉克通信科技公司、武汉长江通信集团股份有限公司共同投资。总部位于武汉市东湖高新技术开发区关山二路 4 号，是目前我国产品规格最齐备、生产技术最先进、生产规模最大的光纤光缆产品及制造装备的研发和生产基地之一。长飞股份主要生产和销售通信行业广泛采用的各种标准规格的光纤预制棒、光纤及光缆，也设计及定制客户所需规格的特种光纤及光缆，包括特种集成系统，已经成为全球最大的光纤预制棒供应商、全球第二大光纤及光缆供应商。长飞股份拥有最完备的光纤及光缆产品组合，为全球通信行业及其他行业提供各种光纤光缆产品，包括广播及电视通信网络、公用事业、运输、石油化工及医疗。2014年12月，长飞股份在香港联交所正式上市，成为国内首家也是唯一一家在香港上市的专注于光纤预制棒、光纤和光缆等产品的公司。

2018年，受惠于三家国有电信运营商继续建设移动网络基础设施，以及我国政府持续推进实施“宽带中国”“互联网+”等国家战略的契机，长飞股份总营收获得可观升幅。2018年，长飞股份全年实现营收113.60亿元，同比增长9.59%；归属于上市公司股东的净利润为14.90亿元，同比增长17.41%。光纤及光纤预制棒业务营收为46.91亿元，同比下降0.25%，占2018年总营收的41.30%；光缆业务营收为57.27亿元，同比增长13.74%，占2018年总营收的50.41%；其他产品及服务收入为9.42亿元，同比增长49.91%。其他产品和服务主要与光通信相关，包括数据中心布线、通信网络工程建设等相关业务。

二、企业发展战略

长飞股份的战略目标是致力于巩固并进一步提升在中国乃至全球市场的领先地位，致力于成为研发及制造光纤预制棒、光纤及光缆与提供有关产品市场推广及咨询服务的全球领导者。2018年，长飞股份将继续通过实施棒纤缆主业内涵增长、国际化、技术创新和智能制造、相关多元化、资本运营协同成长五大战略举措，实现持续增长。

三、重点领域发展情况

（一）继续扩大产业规模

2018年，5G将从实验室走向实际部署，预计未来2～3年将实现规模商业化。全球通信基础设施建设投资将保持高位，光纤光缆市场需求将持续旺盛。长飞股份将在潜江、临安、兰州、沈阳等地新建和扩充产能基础上，筹划实施长飞潜江科技园二期和三期项目，并进一步推进实施智能制造项目，强化生产制造能力和优化供给能力。

（二）继续推进创新驱动发展战略贯彻落实

长飞股份将积极提升自主 VAD 和 OVD 工艺水平和产业化规模，协调利用三大工艺能力，开发具有市场潜力的新产品，为客户提供最优的产品和解决方案。同时，有序实施一系列智能制造项目，降低生产成本，提升定制化需求响应能力。

（三）继续推进国际化战略深入发展

一方面，沿着“一带一路”沿线国家继续挖掘高潜力市场，寻找合作伙伴，完善海外产业布局。另一方面，强化海外销售公司运营，注重营销本地化和对最终客户的销售，推动海外销售规模持续快速增长。

第七节　歌尔股份有限公司

一、总体发展情况

歌尔股份有限公司（以下简称“歌尔股份”）成立于 1997 年，主要从事微型电声元器件和消费类电声产品的研发和制造，主要产品包括微型麦克风、微型扬声器/受话器、蓝牙系列产品和便携式音频产品，广泛应用在移动通信设备及其周边产品、笔记本电脑、个人数码产品和汽车电子等领域，合作客户涵盖三星、苹果、LG、松下、索尼、谷歌等国际一流厂商。在微型麦克风领域，歌尔股份市场占有率居世界同行业之首；蓝牙耳机 ODM 业务和 3D 眼镜业务量均居世界第一；在微型扬声器/受话器领域，歌尔股份居国内同行业第二名、国际第三名。歌尔股份业绩一直保持稳定快速增长，2008 年在深圳证券交易所成功上市。

2017 年，人工智能、大数据、物联网等新技术同消费电子的联系更加紧密，催生了新的消费电子产品形态，全球智能音箱、虚拟/增强现实、可穿戴设备等产品出货量保持高位增长。歌尔股份加大技术研发投入，不断提高新产品开发能力，对外深入推进国际、国内大客户拓展，密切同客户的合作关系，经营指标延续快速增长势头。据歌尔股份年报数据，2017 年歌尔股份实现营业收入 255.4 亿元，比上年同期增长 32.4%，实现净利润 21.4 亿元，同比增长 29.5%。其中，电声器件业务实现收入 152.7 亿元，同比增长 39.56%，电子配件业务实现收入 98.4 亿元，同比增长 26.3%。截至 2017 年 12 月 31 日，歌尔股份的总资产达到 265.7 亿元，比上年同期增长 16%，其中净资产为 148.9 亿元，比上年同期增长37.3%。

二、企业发展战略

2018年，在“人工智能+智能硬件”的新时代背景下，歌尔股份将牢牢把握产业发展机遇，以传感器、零组件和精密生产、智能制造为基础，积极布局以人工智能为核心的虚拟/增强现实、智能穿戴、智能音频、机器人等战略新兴产业，打造智能产业生态。同时大力深化内部管理，从精益管理中要效益，不断提升歌尔股份在全球消费电子领域竞争力。

三、重点领域发展情况

（一）加强公司质量体系建设，全力推行全员质量管理

歌尔股份重视过程质量控制，严格落实运营体系的闭环管理，建立并不断完善全过程评价体系，提升整体质量管理能力，提高全员质量素养，保障工作质量和产品质量。

（二）塑造柔性制造能力，提升制造应变能力

歌尔股份一直着力提升柔性数字化制造水平，不断加快传统产品线的自动化升级改造，灵活应对市场需求变化，全力塑造公司柔性制造模式。

（三）务实回归管理基本面，营造行业领先的企业文化

歌尔股份将坚持全球化和本地化的文化融合，促进创新性和执行性的有机结合，坚持“诚信、务实、开拓、合作”的价值观和“追求卓越，持续改善”的经营理念，注重管理理念的务实性和实效性，持续推动塑造勤奋、进取、富有使命感、主动担当的企业文化。

第八节　欣旺达电子股份有限公司

一、总体发展情况

欣旺达电子股份有限公司（以下简称“欣旺达”）成立于1997年，是以锂离子电池模组的研发、设计、生产及销售为主营业务的高新技术企业。作为国内领先的锂离子电池模组解决方案及产品提供商，形成了动力电池及动力总成、储能系统与能源互联网、3C消费类电池、智能硬件、自动化与智能制造、第三

方检测六大产业群，致力于提供绿色、快速、高效的新能源一体化解决方案。2011 年，欣旺达在深圳证券交易所创业板成功上市交易。

2018 年，欣旺达实现营业收入 203.4 亿元，同比增长 44.8%。其中，手机数码类电池业务收入 128.6 亿元，同比增长 23.8%；笔记本电脑类电池业务收入 20.6 亿元，同比增长 89.7%；智能硬件类电池业务收入 30.6 亿元，同比增长 307.6%；汽车及动力电池类电池业务收入 9.9 亿元，同比增长 30.1%。截至 2018 年 12 月 31 日，欣旺达的总资产达到 186.8 亿元，比上年同期增长 43.2%，其中净资产为 53.6 亿元，比上年同期增长 84.4%。

二、企业发展战略

2019 年欣旺达将持续落实深化“PPS”战略，即“智能终端产品（Pack）、能源产品（Power）、系统解决方案（Solution）”。其中，智能终端产品将包括智能手机、笔记本电脑、智能硬件等智能终端用电池模组，实现现有主营业务基础上的升级和延伸；能源产品瞄准汽车电池、储能系统及能源互联网，积极开拓和维护大客户关系，迅速突破市场；系统解决方案则主要提供智能制造系统和实验室检测服务，一方面实现对内服务，提升公司整体智能制造水平，另一方面对外输出，开拓新市场机遇。

三、重点领域发展情况

（一）强化规模优势，积极拓展智能终端新兴市场

欣旺达将通过精细化管理，生产自动化的推进、厂区整合、制造平台的搭建等，进一步凸显规模效应，提升产品的品质和盈利能力，强化核心竞争力。不断深耕市场，持续优化客户结构，巩固核心客户，加大新客户的开发、新兴产品的应用，提升在智能出行、智能音箱、可穿戴设备等新兴市场的深度和广度，加大力度拓展电子笔等 ODM 业务。

（二）落实“三全”战略，着力打造动力电池增长极

2019 年，欣旺达将进一步深化执行动力电池“三全”业务战略举措，即全面进入动力电池产业、全面把控核心资源、全产业链战略布局，着力加强动力电池系统和动力电芯的研制和开发，夯实自身研发实力，同时做好制程管理，打造动力电池业务及电芯的高品质制造平台，形成“技术、质量、成本”的核心竞争力。加强与现有客户的持续合作，电芯业务持续突破重点客户，为更好

地服务客户持续进行产业链布局与区域化投资，以优异的产品品质和良好的服务质量满足客户需求，扩大市场影响力及市场份额，逐步形成新的业务支撑。

（三）发挥供应链优势，不断完善产品生态体系

欣旺达将发挥出其在锂离子电池供应链上的优势，加强垂直整合，提升研发能力、改善品质、实现业务协同，不断完善产品生态体系。多方位切入智能制造领域，加大自动化设备及生产线的能力建设和对外输出。进一步整合内外部的智能制造资源，促进智能制造平台建设。通过建立与相关机构的战略合作拓展子公司普瑞赛思业务，成为具有国家授权、真正独立、专业的锂离子电池第三方检测机构。不断推进商业模式创新，加速开拓电网储能、分布式储能、家庭及商业储能、网络能源、新能源发电以及综合能源服务等新业务。

政 策 篇

第二十九章

2018 年中国电子信息产业重点政策解析

第一节 《智能光伏产业发展行动计划（2018—2020 年）》

2018 年 4 月 11 日，工业和信息化部联合住房和城乡建设部、交通运输部、农业农村部、国家能源局、国务院扶贫办等部门联合印发了《智能光伏产业发展行动计划（2018—2020 年）》（工信部联电子〔2018〕68 号，以下简称《行动计划》）。

一、政策背景

光伏行业是基于半导体技术和新能源需求而兴起并快速发展的朝阳产业，也是未来全球先进产业竞争的制高点，其重要性随着国际绿色能源需求拓展而日益凸显。

党的十九大报告提出，要贯彻新发展理念，加快建设制造强国，加快发展先进制造业，推动互联网、大数据、人工智能和实体经济深度融合，在创新引领、绿色低碳等领域培育新的增长点，形成新动能，这对光伏产业发展提出了新的更高要求。

从行业发展自身来说，当前我国光伏产业发展正处于从追求规模与速度向重视效益与质量转变的关键时期，充分利用物联网、云计算、大数据、智能硬件、移动宽带互联等新一代信息技术，推动光伏产业从自动化向智能化升级，加快实现智能制造和智能应用，已成为产业发展的必然趋势。

为进一步提升我国光伏产业发展质量和效率，加快培育新产品新业态新动能，实现光伏智能创新驱动和持续健康发展，支持清洁能源智能升级及应用，按照制造强国战略和“十三五”系列规划的总体部署，相关部门共同编制了《行动计划》。

二、政策内容

《行动计划》的总体要求是全面贯彻党的十九大精神，以习近平新时代中国特色社会主义思想为指导，牢固树立和贯彻落实新发展理念，深入实施制造强国战略，推进供给侧结构性改革，构建智能光伏产业生态体系。

《行动计划》从智能光伏工厂建设、智能制造技术装备突破、智能光伏产品供给、智能光伏系统建设运维、智能光伏产业发展环境等多个角度出发，提出了到 2020 年的总体发展目标。

《行动计划》分别从加快产业技术创新、提升智能制造水平，推动两化深度融合、发展智能光伏集成运维，促进特色行业应用示范、积极推动绿色发展，完善技术标准体系、加快公共服务平台建设等四大领域，提出了相关重点任务。一是提升行业智能制造水平，推动光伏基础材料、先进太阳能电池及部件生产的智能升级，提高光伏产品全周期信息化管理水平。二是提升智能光伏产品和技术供给能力。智能光伏产品应用、光伏系统智能集成与运维能有效提升光伏系统设计能力、提升发电量、降低建设与运维成本，是降低光伏发电成本的重要途径。三是促进特色行业应用示范，联合相关部委共同开展智能光伏工业园区、智能光伏建筑及城镇、智能光伏交通、智能光伏农业、智能光伏电站、智能光伏扶贫等应用示范。统筹多方力量促进智能光伏发展。四是完善智能光伏产业发展环境，建立健全智能光伏技术标准体系，加快建设研发、检测认证、科技服务、孵化器等智能光伏公共服务平台。

《行动计划》提出四方面保障措施。一是加强组织协调和政策协同。六部门将建立统筹协调工作机制，协作配合，形成合力，同时充分发挥地方相关主管部门力量，确保行动计划各项任务措施落实到位。二是推动智能光伏试点应用。培育一批国家智能光伏示范企业，支持若干行业特色智能光伏项目建设，探索智能光伏建设先进模式并加强全国推广。三是加大多元化资金投入。建立智能光伏领域产业发展基金，引导多方资本促进智能光伏产业发展。充分利用多种渠道，加大对智能光伏产业扶持力度。四是促进光伏市场规范有序发展。逐步完善相关标准检测认证等体系，建立智能光伏产品及服务推广目录，加强行业协会、中介机构等对消费者的使用培训服务。

三、政策分析

经过十几年的发展，光伏产业已经成为我国为数不多、可以同步参与国际竞争，并有望达到国际领先水平的战略性新兴产业，也成为我国产业经济发展的一张崭新名片和推动我国能源变革的重要引擎。从产业基础来看，目前我国光伏产业在制造业规模、产业化技术水平、应用市场拓展、产业体系建设等方面均位居全球前列，已具备向智能光伏迈进的坚实基础。《行动计划》的出台，将基于坚持市场主导、政府引导，坚持创新驱动、产用融合，坚持协同施策、分步推进等原则，通过统筹资源、协同施策，把提高供给体系质量作为主攻方向，加快发展先进制造业，加快提升光伏产业智能制造水平，推动互联网、大数据、人工智能等与光伏产业深度融合，鼓励特色行业智能光伏应用，促进我国光伏产业迈向全球价值链中高端。

第二节 《印制电路板行业规范条件》和《印制电路板行业规范公告管理暂行办法》

为加强印制电路板行业管理，推动印制电路板产业持续健康发展，工业和信息化部于 2018 年 12 月 28 日发布《印制电路板行业规范条件》(以下简称《规范条件》)和《印制电路板行业规范公告管理暂行办法》(以下简称《暂行办法》)，两文件将于 2019 年 2 月 1 日起施行。

一、政策背景

印制电路板（Printed Circuit Board，PCB），可分为刚性印制电路板、挠性印制电路板和软硬结合板。刚性印制电路板是由不易变形的刚性基板材料制成的印制电路板。挠性印制电路板（FPC）是以聚酰亚胺或聚酯薄膜为基材制成的一种具有高度可靠性、绝佳的可挠性印刷电路。软硬结合板是由刚性基板和挠性基板有选择的层压在一起组成，结构紧密，以金属化孔形成电气连接的特殊挠性印制电路板。

印制电路板又被称为“电子产品之母”，所有电子设备或产品均需配备 PCB 板，其产业的发展水平可在一定程度上反映一个国家或地区电子信息产业的发展速度与技术水平。进入 21 世纪以来，由于产业链配套、劳动力和运输成本等因素，全球 PCB 产能逐渐向亚洲地区转移。其中，中国 PCB 产能迅速扩张，产值从2008年的135亿美元增长到2017年的279亿美元，年均复合增长率为8.4%，成为全球最大的 PCB 生产基地。

PCB 行业涉及的下游产品繁多，行业的发展与下游应用领域的发展高度相关。目前，PCB 的主要终端应用领域包括通信设备、消费电子、计算机、汽车电子等行业。伴随着移动电子产品智能化、轻薄化的发展趋势，汽车电子化水平的日益提高，以及 5G 时代的到来，PCB 行业面临广阔的发展空间。与此同时，随着 2017 年以来环保监管力度加强，PCB 行业也开始接受更加严格的环保监管，多家 PCB 产业链厂商收到限产限排整顿，环保趋严加速行业“大型化、集中化”趋势。为加强印制电路板行业管理，提高行业发展水平，引导产业转型升级和结构调整，推动印制电路板产业持续健康发展，根据国家有关法律法规及产业政策，工业和信息化部制定《规范条件》和《暂行办法》。

二、政策内容

《规范条件》按照优化布局、调整结构、绿色环保、推动创新、分类指导的原则进行制定。

在生产规模和工艺技术上，《规范条件》要求企业具备印制电路板产品的独立生产、销售和服务能力；研发经费不低于当年企业主营业务收入的3%，鼓励企业取得高新技术企业资质或省级以上研发机构、技术中心；生产的产品拥有技术专利；企业申报时上一年实际产量不低于实际产能的 50%。

《规范条件》同时就现有企业的人均产值、新建及改扩建项目的投资规模和投入产出比、企业及项目工艺技术提出了要求。

在质量管理方面，企业应建立并不断完善测量管理体系，具有电测试、尺寸测量、自动光学检测（单面板除外）等能力。鼓励企业配备高低温循环、温度冲击、湿热等环境适应性试验能力，并通过测量管理体系认证。

在智能制造方面，鼓励企业加强顶层设计，促进自动化装备升级，提升自动化水平。鼓励企业推动生产设备联网与数据采集，积极建设企业资源计划（ERP）、制造执行系统（MES）、供应商关系管理（SRM）、仓库管理系统（WMS）等信息化系统，推动企业数字化建设。

在绿色制造方面，企业应持续开展清洁生产审核工作，并通过评估验收，清洁生产指标应达到《清洁生产标准　印制线路板制造业》（HJ 450）中三级水平。其中，废水产生量指标应达到二级水平，并鼓励取得一级及以上水平。

在节能节地、资源综合利用和环境保护方面，企业应严格保护耕地，节约集约用地。鼓励企业开展节能技术应用研究，促进节能技术创新与成果转化。落实环境保护设施“三同时”制度要求，按规定进行竣工环保验收等。

在安全生产和职业卫生方面，应落实安全设施和职业病防护设施“三同时”

制度要求，遵守《危险化学品安全管理条例》，建立、实施、保持和持续改进职业健康安全管理体系等。

在社会责任方面，企业应诚信经营，鼓励企业履行社会责任，应按照《社会责任指南》等要求，制定企业社会责任规范。

同时为落实《规范条件》,《暂行办法》中规定工业和信息化部负责全国印制电路板行业规范公告管理工作，组织对企业申请材料进行复核、抽检、公示及公告，发布印刷电路板行业规范公告名单并实施动态管理。

三、政策分析

规范条件对环境保护和资源开发提出了更高要求，印制电路板企业及项目应需符合国家资源开发利用、环境保护、节能管理、安全生产等法律法规要求，符合国家产业政策和相关产业发展规划及布局要求，符合当地土地利用总体规划、城市总体规划、环境功能区划和环境保护规划等要求。厂区不得建在永久基本农田保护区、饮用水水源保护区、自然保护区、风景名胜区、生态保护红线，以及生态环境敏感区、脆弱区等区域，现有厂区要求拆除关闭或控制规模的，应逐步迁出。鼓励印制电路板产业聚集发展，建设配套设备完备的产业园区，引导企业退城入园。

印制电路板行业规范工作将推动印刷电路板优化产业布局和重大项目建设，提升产业整体生产规模、工艺技术和质量管理，深化智能制造和绿色制造，强化行业节能节地、资源综合利用和环境保护。

第三节　《关于加快推进虚拟现实产业发展的指导意见》

为加快我国虚拟现实产业发展，推动虚拟现实应用创新，2018 年 12 月 21 日，工业和信息化部印发了《关于加快推进虚拟现实产业发展的指导意见》(以下简称《指导意见》)。

一、政策背景

习近平总书记在致 2018 世界 VR 产业大会的贺信中指出，当前新一轮科技革命和产业变革正在蓬勃发展，虚拟现实技术逐步走向成熟，拓展了人类感知能力，改变了产品形态和服务模式。习近平总书记的贺信，充分体现了党中央、国务院对发展虚拟现实产业的高度重视，为我们指明了努力的方向，提供了根本遵循。

自 2014 年以来，虚拟现实开始进入消费级市场，国际 IT 巨头纷纷布局，引发全球范围内发展热潮。我国产业界迅速跟进，创新创业非常活跃，硬件制造、内容应用开发及业务体验推广等产业链各环节快速发展，正在成为全球虚拟现实产业最具创新活力和发展潜力的地区之一。

当前，全球虚拟现实产业正从起步培育期向快速发展期迈进，我国既面临同步参与国际技术产业创新的难得机遇，也存在关键技术和高端产品供给不足、内容与服务较为匮乏、创新支撑体系不健全、应用生态不完善等问题，低端化、无序化发展苗头初步显现。因此，有必要制定《指导意见》，加强政策引导和支持，促进虚拟现实产业持续健康快速发展。

二、政策内容

《指导意见》在总体要求方面，提出以习近平新时代中国特色社会主义思想为指导，全面贯彻党的十九大精神，将“加强技术产品研发”和“丰富内容服务供给”作为抓手，将“优化发展环境”“建立标准规范”“强化公共服务”作为支撑，提升产业创新发展能力，为我国经济社会发展提供新动能。

《指导意见》分 2020 年和 2025 年两个阶段提出了我国虚拟现实产业的发展目标，到 2020 年建立比较健全的虚拟现实产业链条，到 2025 年使我国虚拟现实产业整体实力进入全球前列。

《指导意见》从核心技术、产品供给、行业应用、平台建设、标准构建和安全保障六大方面提出了发展虚拟现实产业的重点任务，包括突破近眼显示技术、感知交互技术、渲染处理技术和内容制作技术 4 类关键核心技术，丰富整机设备、感知交互设备、内容采集制作设备、开发工具软件、行业解决方案和分发平台 6 类产品有效供给，推进虚拟现实技术产品在制造、教育、文化、健康、商贸 5 类重点行业领域的应用，建设共性技术创新、创新创业孵化、行业交流对接等公共服务平台，加快推进标准规范体系建设、重点标准研制、检测认证等工作，加强虚拟现实系统平台安全防护，以及重要数据和个人信息保护。

《指导意见》提出了具体推进措施。发展虚拟现实产业，关键在于营造良好的政策环境和市场环境，激发市场主体创新活力，并将政策支持重点放在补齐产业发展短板上。《指导意见》坚持问题导向、目标引领，从政策支持、地方政府作用、示范应用推广、产业发展基地、产业品牌打造、专业人才培养、行业组织发展和国际交流合作等方面提出了发展虚拟现实产业的着力方向。

三、政策分析

虚拟现实（含增强现实、混合现实）融合应用多媒体、传感器、新型显示、互联网和人工智能等多领域技术，能够拓展人类感知能力，改变产品形态和服务模式，给经济、科技、文化、军事、生活等领域带来深刻影响。虚拟现实产业是引领全球新一轮产业变革的重要力量，将撬动上万亿元的新兴市场，成为经济发展的新增长点。同时，虚拟现实在制造、教育、文化、健康、商贸等领域具有广阔的应用前景，对于满足人民群众对美好生活的需要、促进行业信息化进程具有重要意义。《指导意见》的出台将加快我国虚拟现实产业发展，推动虚拟现实应用创新，培育信息产业新增长点和新动能。

第四节　《新一代人工智能产业创新重点任务揭榜工作方案》

为深入贯彻习近平总书记关于新一代人工智能发展的重要指示精神，加快落实国务院《新一代人工智能发展规划》，工业和信息化部启动2018年新一代人工智能产业创新重点任务揭榜工作，聚焦《促进新一代人工智能产业发展三年行动计划（2018—2020年）》（以下简称《三年行动计划》）部署的智能产品、核心基础、智能制造、支撑体系等重点任务方向，征集并遴选一批掌握人工智能关键核心技术、创新能力强、发展潜力大的企业、科研院所等，开展“揭榜”攻关，力争在标志性技术、产品和服务方面取得突破。

一、政策背景

当前我国人工智能产业加速发展，从基础支撑、核心技术到行业应用的产业链条正在形成，产业集群初步显现，一批创新活跃、特色鲜明的创新企业加速成长，新模式、新业态不断涌现，整体呈现蓬勃发展态势。但与此同时，产业发展也面临核心基础技术薄弱、与实体经济融合不够深入等问题。

二、政策内容

《新一代人工智能产业创新重点任务揭榜工作方案》（以下简称《工作方案》）围绕《三年行动计划》确定的重点任务方向，在17个方向及细分领域，开展集中攻关，重点突破一批创新性强、应用效果好的人工智能标志性技术、产品和服务。

在智能产品方面，选择智能网联汽车、智能服务机器人、智能无人机、医疗影像辅助诊断系统、视频图像身份识别系统等产品作为攻关方向。在这些领域，产业创新活跃，已聚集了大量企业，相关技术和产品具有较好发展基础，通过“揭榜挂帅”，可进一步促进其深入应用落地。

在核心基础方面，选择智能传感器、神经网络芯片、开源开放平台等开展攻关。这些核心基础技术是人工智能产业发展的重要支撑，我国目前发展相对薄弱，需加速突破，整合产业链资源开展协同攻关，加快实现技术产业突破。

在智能制造关键技术装备方面，选择智能工业机器人、智能控制装备、智能检测装备、智能物流装备等进行揭榜攻关。制造业是人工智能融合创新主要领域之一，充分发挥人工智能在产业升级、产品开发、服务创新等方面的技术优势，有利于加快制造业关键技术装备智能化发展。

在支撑体系方面，选择高质量的行业训练资源库、标准测试、智能化网络基础设施、安全保障体系等作为揭榜攻关任务。这些资源体系是影响人工智能健康发展的要素，需要加快完善基础环境、保障平台，加快形成我国人工智能产业创新发展的支撑能力。

三、政策分析

揭榜工作是落实《三年行动计划》的重要举措，揭榜任务和目标的确定主要基于《三年行动计划》中部署的重点任务和目标，主要考虑当前我国产业发展基础，对产业发展有一定前瞻性和引导作用，同时发挥企业主动作用，激发企业自身能动性，设置个性化指标。《工作方案》中的 17 个方向和细分领域，都是推动国民经济发展的重要产业，将极大地促进人工智能领域技术创新，是对人工智能企业发展的一针强心剂，极大地激发了企业的创新活力。

第五节　《锂离子电池行业规范条件（2018 年本）》和《锂离子电池行业规范公告管理暂行办法（2018 年本）》

为进一步加强锂离子电池行业管理，推动产业加快转型升级，工业和信息化部对《锂离子电池行业规范条件》和《锂离子电池行业规范公告管理暂行办法》进行了修订，形成《锂离子电池行业规范条件（2018 年本）》（以下简称《规范条件》）和《锂离子电池行业规范公告管理暂行办法（2018 年本）》（以下简称《管理暂行办法》）。

一、政策背景

2018 年前 10 个月，我国锂电产能为 113.90 亿只，超越 2017 年全年，行业规模持续扩大，产业发展催生上下游联动，产业链逐渐成熟。不过，环境安全性问题也成为制约锂离子电池发展的主要瓶颈。为此，工业和信息化部出台两份新文件，对锂电池行业进行规范和监管。

二、政策内容

《规范条件》指出，在国家法律法规、规章及规划确定或省级以上人民政府批准的自然保护区、饮用水水源保护区、生态功能保护区，已划定的永久基本农田，以及法律、法规规定禁止建设工业企业的区域不得建设锂离子电池（含配套）项目。上述区域内的现有企业应按照法律法规要求拆除关闭，或者严格控制规模、逐步迁出。

《规范条件》要求，严格控制新上单纯扩大产能、技术水平低的锂离子电池（含配套）项目。对促进技术创新、提高产品质量、降低生产成本等确有必要的新建和改扩建项目，由行业主管部门按照相关规定加强组织论证。具备锂离子电池行业相关产品的独立生产、销售和服务能力的企业，每年研发经费不低于当年企业主营业务收入的 3%，鼓励企业取得高新技术企业资质或省级以上研发机构、技术中心。

《管理暂行办法》从程序上对锂离子电池规范管理做出了规定，锂离子电池和电池组、正极材料、负极材料、隔膜、电解液生产企业都在管理范围，但新能源车用动力电池和电池组不在管理范围内。同时明确了锂离子电池企业的退出机制：不能保持《规范条件》要求的，填报资料有弄虚作假行为的，拒绝接受监督检查的，发生重大安全事故、重大环境污染事故的，违反法律、法规和国家产业政策规定的企业，将可能会失去相应的资质。

三、政策分析

在动力电池领域，前十强之外的动力电池企业共计拥有约 13%的市场需求量，但却约占行业总产能的 55%，且其中大部分属于低端产能，其产能利用率约为 10%，拉低了行业整体产能利用率指标。此次《规范条件》修订版的出台，对锂电池的产能利用率、研发能力提出了明确的要求，提出严格控制新上单纯扩大产能、技术水平低的锂离子电池（含配套）项目。这意味着低端电池产能将在一定程度上被禁止，这些要求不仅可以优化行业环境，而且可以提高产能利用率，防止生产线闲置造成资源浪费。

热点篇

第三十章

中美角逐智能硬件“独角兽”

“独角兽”（unicorn）概念由美国著名投资人 Aileen Lee 于 2013 年提出，指的是成立时间在十年内、估值超过 10 亿美元的优质企业。国际知名硬件创业加速器机构 HAX 发布的《硬件趋势 2017》报告指出，智能硬件独角兽企业近年来发展迅速，已成为引领科技发展、推动产业升级的重要力量。近年来，我国智能硬件独角兽企业数量和估值增长迅猛，呈现超越美国的发展态势。究其原因，既有基于互联网的消费电子应用不断升级的影响，也与持续活跃的创投资本密不可分。同时也应看到，我国智能硬件独角兽企业在技术储备、创新模式等方面，与美国仍存在不小的差距。

第一节　背景

近年来，全球独角兽企业的数量、总估值快速增长。2013 年，Aileen Lee 发布的第一份独角兽企业榜单仅包含 39 家企业，总估值约 1000 亿美元。根据德勤数据，截至 2017 年上半年，全球独角兽企业数量增至 252 家，总估值达到 8795 亿美元。其中，估值超过 100 亿美元的“超级独角兽”（super-unicorn）数量达到 16 家。

独角兽企业“扎堆”信息技术领域。独角兽企业虽分布于软件、电子商务、金融、医疗健康等 20 多个行业，但其中超过 50%的企业集中分布在电子商务、“互联网+”、软件等信息技术领域，这与互联网普及和大数据、人工智能等新技术逐渐成熟密切相关。智能硬件产业涉及环节多，创业难度大。根据 HAX 数据，2013 年在 39 家独角兽企业中硬件类企业仅有 1 家，2017 年增加至 18 家（见表 30-1），绝对数量少但增长迅速的态势明显。消费电子领域成为独角兽集中地。在 HAX 列举的 18 家独角兽企业中，绝大多数分布在智能终端及智能家居等消费电子领域。移动互联网、物联网发展浪潮下的消费电子升级已成为推动智能硬件独角兽企业迅猛发展的主要动力。

表 30-1　2017 年全球硬件领域独角兽企业榜单

国别	公司名称	创立时间	估值（亿美元）	领域	主要产品
美国	Magic leap	2011	60	VR/AR	VR 头盔
	View	2007	10	智能家居	智能窗口
	Peloton	2012	12.5	健身器材	动感单车
	Proteus	2001	11	医疗健康	智能药丸
	Essential	2014	12	智能终端	智能手机
	Razer	1998	15	游戏设备	游戏鼠标
法国	SigFox	2009	10	物联网	物联网解决方案
中国	小米科技	2010	460	智能终端	智能手机
	纳恩博	2012	12	交通出行	平衡车
	紫米科技	2012	10	智能终端	移动电源、路由器
	华米科技	2014	10	智能终端	智能手环、健康秤
	智米科技	2014	10	智能家居	空气净化器、加湿器
	大疆	2006	137	无人机	消费级无人机
	摩拜单车	2015	20	共享单车	摩拜单车
	ofo	2014	30	共享单车	ofo 小黄车
	魅族	2003	45	智能终端	智能手机
	蔚来汽车	2014	30	新能源汽车	电动汽车
	掌阅科技	2008	16	移动阅读	电子书阅读器

数据来源：HAX，赛迪智库整理，2018 年 7 月。

随着跨领域资源整合不断加速，产业风口已然形成，智能硬件创新创业步伐加快。未来，智能硬件产品门类将不断增加，由消费电子向行业解决方案延伸。新兴技术产业化速度加快，提升产品智能化。软硬件结合更加密切，产业间资源加速跨界整合，形成“终端+数据+内容+服务”的产业生态。大量初创企业即将完成蜕变。随着更多创业团队致力于智能硬件创新，智能硬件初创企业得到新一轮产业资本的青睐，估值 1～10 亿美元的优质初创企业不断涌现，即将完成向独角兽企业的蜕变。

第二节　主要内容

中美两国成为全球独角兽企业分布“双强”。截至 2018 年上半年，中美两国分别拥有 98 家和 106 家独角兽企业，占全球的 38.9%和 42.1%。在 16 家超级独角兽企业中，两国分占 7 家和 8 家。中美两国成为全球最具创新活力的国家，主要得益于两国庞大的互联网市场规模、完善的基础设施、完整的工业体系，以及发达的实体经济和充足的高科技人力资源。我国智能硬件独角兽企业数量和估值已超过美国。美国独角兽企业主要分布在企业服务等“偏软”的领域，智能硬件独角兽企业数量、总估值占比仅为 5.7%和 3.3%。我国独角兽企业分布则更加“软硬均衡”，智能硬件独角兽企业的数量、总估值占比分别达到 11.2%和 18.7%，形成了局部优势。

科技巨头对独角兽企业的“加持”是柄双刃剑。截至 2017 年上半年，中美科技巨头 BATJ（百度、阿里巴巴、腾讯和京东）和 FAMGA（Facebook、亚马逊、微软、谷歌和苹果）共捕获了 95 家独角兽企业。科技巨头的“加持”，能带来更充足的资金和产业资源，但也可能使初创企业卷入巨头间的竞争，并存在丧失经营独立性的风险。

美国智能硬件独角兽企业更注重底层技术创新。企业核心成员大多具备深厚技术背景，侧重于核心技术研发。以 Magic Leap 公司为例，该公司致力于 VR/AR 研发，核心团队包括 OpenCV 发明者、谷歌街景车负责人等计算机视觉行业领军人物，至今已申请近 200 项发明专利，累计获得近 20 亿美元融资，得到谷歌、高通、阿里巴巴、摩根士丹利等科技和金融界巨头认可。我国智能硬件独角兽企业更加侧重商业模式创新。企业创始人往往从业经历宽泛，具备敏锐的商业洞察力，借助“互联网+”热潮积极开展商业模式创新。以摩拜单车为例，摩拜单车创立于 2014 年，全球首创基于移动互联网平台和精细化运维的智能共享单车模式。短短 3 年，注册用户超过 1.5 亿，日订单量达 3000 万，成立不足两年就跻身独角兽企业之列。

美国智能硬件独角兽企业估值较低但“含金量”不低。2016 年，美国独角兽企业平均估值 32 亿美元且集中于“偏软”领域。智能硬件独角兽企业的创立时间大多超过 5 年但估值低于 20 亿美元。以美国医疗健康领域 Proteus 公司为例，该公司 8 轮融资总计仅 3.5 亿美元。然而，美国智能硬件独角兽企业大多专注于技术创新，主营业务价值颇高。Proteus 公司推出的可吞服智能药丸集成了微型传感器，可在人体内监测生理参数，已获得欧盟 CE 认证和美国 FDA 批准，引发美敦力、诺华等巨头的密切关注。我国智能硬件独角兽企业估值较高但“含金量”存疑。2016 年我国独角兽企业平均估值达 46 亿美元，其中智能硬件独角兽企业创立时间大多不足5年但平均估值超过70亿美元，远高于美国同类企业。然而，除大疆等少数企业外，我国智能硬件独角兽企业的高估值，主要源自对共享经济等新兴商业模式背后大数据价值的长远预期。此外，科技巨头的领投也助推了估值的飙升。此类高估值的背后，存在企业核心竞争力是否筑牢、高成长能否为继、价值能否兑现的疑问。

第三节 影响与启示

从立法角度解决初创企业两大痛点。美国知识产权保护和破产保护的司法制度和行政管理体系完备，在创业的起点和终点有效地解决了创业者的后顾之忧——公平竞争问题和失败成本，可有效激发创业积极性，降低创业失败和再创业成本。目前，我国相关法律制度尚不健全，创业者的竞争压力和失败成本较大。我国双创政策扶持力度大于美国。美国主要通过推动科技立法、出台税收优惠政策来帮助初创企业发展。我国出台“双创”等国家战略，部署建设“双创”示范基地，通过财政补贴、产业基金、税收优惠、人才激励等手段，为“双创”营造了良好的市场氛围，进而带动了独角兽企业的迅速崛起。我国政府对企业的辅导更加频繁。美国主要进行立法规范和政策指引，对企业的干预和辅导较少。相比之下，我国政府鼓励企业探索创新，对共享经济等新兴商业模式的包容性更强。同时，政府对行业监管严格，立法较为谨慎，也在一定程度上抑制了企业的创新积极性，加剧了企业发展的不确定性。

缓解智能硬件初创企业融资难题。美国资本市场高度发达，VC市场规模、投资金额及案例数均高于我国，但从2015年起进入下滑周期。此外，美国VC投资高度集中于软件、医药等领域。2017年上半年，其智能硬件领域吸纳的投资额占比不足3%。我国智能硬件领域投融资持续活跃。2009—2016年，我国VC市场快速增长，投资金额及案例数年均增速达到34.1%和42.7%。国内VC机构投资风格较美国更为激进，敢于博取超额回报并对智能硬件初创企业较为青睐。以ofo和摩拜单车为例，两者在创立3年内各自获得5轮融资，总金额超过20亿美元。2017年上半年，智能硬件领域吸纳投资额占比超过10%。我国企业风险投资（CVC）已成为重要的资本来源。CVC是指非金融类企业以战略布局为首要目标的投资。2016年，我国前十名CVC企业参股了TMT（电信、媒体、科技）领域394家估值超过10亿元的优质初创企业中的一半。截至2017年上半年，BATJ共捕获64家独角兽企业，其中腾讯捕获30家，全球排名第一。CVC具有资金存续期长、附带产业资源等优势，适于激励初创企业原始性创新。

从政府的角度优化“独角兽”发展产业环境。一是强化底层创新，增强基础技术积累。围绕“互联网+”、人工智能等未来国家长期战略，以及行业和民生的应用需求，寻求在前沿理论、底层软硬件平台与架构、核心制造工艺、关键零部件配套等领域形成变革性突破，强化基础技术储备。二是壮大创新主体，构筑独角兽企业群。鼓励初创企业与国内外顶尖高校、科研机构和独立技术团队以入股、收购等方式深度绑定，形成完善的研发组织体系，解决企业技术可持续发展的后劲问题。培育一批核心技术能力突出、集成创新能力强、引领技术演进和构建产业生态的独角兽企业。三是完善服务体系，健全基础设施和公共服务平台。建设一批面向智能硬件的国家工程实验室，突出产业交叉融合和协同创新。加快科技服务和产业服务公共平台建设，提供共性技术研发设计、中试熟化、检验检测认证、知识产权交易等各类服务。四是发展创客经济，激发全社会创新创业活力。建设和完善创新创业载体，建立便利化、开放式的众创空间和虚拟创新社区，发展“孵化+创投”的创业服务模式。鼓励智能硬件企业开展商业模式创新，以适应产业小型化、智能化、专业化的产业组织新特征。完善科技金融配套，警惕创投领域泡沫。

第三十一章

智能手机产业“变脸”

智能手机是与人民群众工作、生活最息息相关的消费电子产品，也是电子信息产业中规模体量较大、创新较为活跃的重要领域。近年来，随着市场饱和度不断提升，以及 3G、4G 驱动的换机潮逐渐退去，我国智能手机市场规模呈现负增长，骨干企业多项关键指标大幅下跌，行业利润率低下的局面未有改观。智能手机产业“变脸”源于产业创新乏力、市场需求变缓、模仿战略遭遇瓶颈等多方面原因，后续风险不容忽视。

第一节　背景

国内外市场出货量首次出现“双降”，国内下降幅度尤甚。从全球来看，随着存量市场日益成熟，增量新兴市场开拓逐渐趋缓，智能手机出货量近年来增速持续下滑，于 2017 年首次呈现负增长。IDC 数据显示，2017 年全球智能手机出货量为 14.72 亿部，较 2016 年同比下降 0.1%，其中，第四季度出货量大幅下降 6.3%。从我国来看，由于智能手机普及度已达高点，以及 3G、4G 移动互联网带来的换机潮临近结束，国内智能手机市场规模增速自 2014 年起呈现逐步放缓态势，在低速区间不断震荡。2017 年，国内市场智能手机出货量较 2016 年下跌 4%，下滑幅度远高于 0.1%的全球水平。智能手机行业已经步入“零增长”和“负增长”时代（见图 31-1）。

国产品牌企业表现力下降，多项指标跌幅超过 10%。国产品牌由于自身创新能力不足、产品结构较为单一、全球市场布局较为欠缺等制约，对市场突变的抗击打能力显著弱于苹果、三星等国外品牌，在全球智能手机市场不景气的背景下，国产品牌市场表现力迅速下降。从全球来看，2017 年第四季度全球手机出货量排名前五的企业中，苹果、三星、华为、OPPO 均出现了同比下滑，其中华为和 OPPO 下滑幅度分别为 9.7%和 13.2%，远远高于苹果的 1.3%和三星的 4.4%。从国内市场来看，2017 年国内市场国产品牌手机整体出货量同比下降 12.4%。OPPO、vivo 等主要厂商第四季度国内市场出货量下滑幅度均超过 10%。

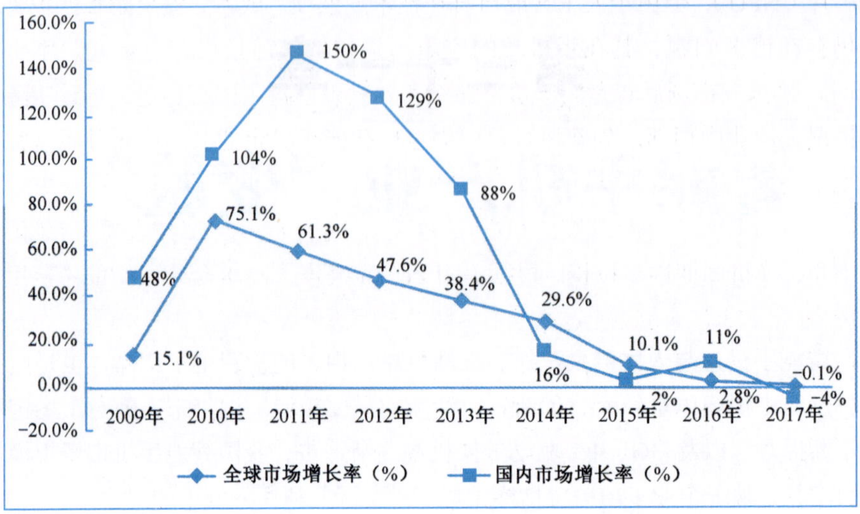

图 31-1　2009—2017 年全球及我国市场智能手机出货量增速

（数据来源：赛迪智库整理，2018 年 3 月）

市场份额与利润“量质”不符，行业利润率难言起色。从市场份额来看，2017 年国内市场国产品牌市场占有率稳步提升，仅华为、OPPO、vivo、小米四大国产龙头品牌出货量占比就高达 68.3%，看似优势明显。但若从利润角度考虑，根据市场研究机构 Canaccord Genuity 报告，2017 年苹果手机占据了整个智能手机行业利润的 87%，三星手机占据了 10%，所有国产品牌合计只占据不到 3%的利润，这与市场份额格局形成了巨大的反差。报告还显示，苹果手机单台利润达 151 美元，三星单台利润为 31 美元，国产品牌如华为、OPPO、vivo 手机单台利润为 14～15 美元，小米手机单台利润只有 2 美元。包括骨干企业在内的国产整机品牌盈利能力与苹果、三星差距巨大，行业企业基本不具备供应链议价能力。

第二节　主要内容

产业整体创新乏力，缺乏重大痛点创新。近年来，智能手机领域围绕全金属外壳、全面屏、快速充电、指纹识别、模块化设计、双摄像头、防水、虚拟现实、人工智能等局部热点仍可谓创新不断，但鲜有重大突破性创新和颠覆式革新。苹果、华为等领军企业率先寄望于引入人工智能等新技术形成突破，如苹果推出了采用人脸识别技术的 iPhone X，华为推出了带有人工智能元素的手机芯片（NPU），但由于人工智能自身在技术成熟度、成本、安全隐私保护等方面仍存在诸多问题，其在手机端的应用场景和价值前景仍存有疑问。苹果的 iPhone X 推向市场后正是由于价格昂贵和人脸识别技术的不稳定，导致实际销售情况未达业内预期。创新瓶颈已成为全球智能手机企业共同面对并亟待突破的难题。

国内市场需求日渐饱和，海外市场开拓难度加大。智能手机国内市场正趋于饱和，换机周期逐步拉长。根据美国 Zenith 报告，2018 年中国智能手机用户数量将达到 13 亿，位居全球首位，智能手机普及率已接近人手一部。随着智能手机质量越来越好、新旧产品功能体验差距的日益模糊，用户换机需求将进一步延缓。市场调研机构 Counterpoint 调查显示，国内市场用户换机周期为 22 个月，长于全球消费者的平均值 21 个月，更远大于 2012 年时的 16 个月。与此同时，国产品牌海外市场开拓难度逐步加大。国内企业在印度、非洲等新兴市场的销售份额占比已经较高，如传音手机在非洲的市场份额已达到 38%，即将面临增长的“天花板”。国产中高端智能手机仍难以打入北美市场，2018 年年初华为联合美国运营商 AT&T 在美国出售 Mate10 和 Mate10 Pro 等高端机型的计划，因美议员给联邦通信委员会施压而宣告失败。

国内企业模仿策略遭遇瓶颈，市场表现大起大落。我国智能手机领域多数创新属于跟随式模仿。当国外厂商推出一款新功能时，国内厂商往往会竞相效仿，整体照搬。对若干模仿门槛较高的前沿技术，则采用概念营销、噱头炒作的方式，迅速拱热市场。模仿战略在短时间内可能带来产品销量的快速增长，但在市场形势出现变化时，由于缺乏真正的产品定义能力和产业链话语权，极易造成产品销量的快速下跌，有些甚至因方向错误而造成资源大量浪费，可谓“其兴也勃焉，其亡也忽焉”。例如，国内企业习惯了对 iPhone 的跟随模仿，在指纹识别、智能语音助手等领域尝到过跟随的甜头，但也曾在蓝宝石屏、无线充电等发展过程中遭遇过挫折；智能手机一些新技术领域目前成熟度不高、用户体验尚不理想，国内企业盲目照搬模仿不但因技术专利费高而导致利润进一步被压榨，还变相拉低了消费者对新技术新产品的认知，削弱了新技术新产品对提振市场需求的作用，造成反效果。

第三节 影响与启示

长期来看，智能手机作为受众面最大的消费电子产品不会很快消亡或被替代，将依然是电子信息产业的核心组成部分和产业创新的风向标。但也应该看到，智能手机产业发展拐点真实存在，市场需求短期内难有大幅提振，产业格局面临深层次调整，对于国内企业来说既是艰巨的挑战，更是一次难得的夯实优势、补足短板、赶超跨越的发展良机。同时，产业发展还存在一些后续风险和暗礁，需给予高度重视和警惕。

“痒点”式创新难再掀波澜，系统化创新或为出路。未来智能手机领域的创新，必然是新材料应用、现有硬件升级，以及人工智能、VR、5G、物联网等综合类技术之间相互促进、融合创新的过程，无论是类似“刘海”的异形设计、异形切割，还是依靠摄像头、传感器、天线、电池等单一器件升级的局部“痒点”式创新都已再难掀起市场的波澜。软硬兼具的系统化创新将成为产业创新瓶颈期的重要突破口。对于习惯了跟随模仿的国内企业来说，需避免因过度创新渴求而盲目跟风，造成重大判断失误，浪费产业资源。在苹果、三星等创新标杆光环不再的新常态下，要学会从“无人区”中闯出一条适合自身的创新发展之路。

国际市场不确定性增加，中美贸易摩擦风险加剧。当前国产手机企业在新兴市场的一轮快速扩张已接近尾声，进入北美等重要市场依然受阻，且这一局面短期内难以改观。未来随着欧美、印度、东南亚等国家和地区贸易保护主义抬头，国际贸易摩擦风险可能加剧。以美国为例，以国家安全和贸易竞争为由，美国对我国通信设备和终端产品进口不断设置种种障碍和限制。华为 Mate 10 进入美国市场被否决是最新例证。另据报道，特朗普政府正于近期寻求对我国信息技术、消费电子和电信行业产品征收关税，最终可能涉及近百种产品，并将进一步限制我国电子信息企业与美国企业在技术、资本层面的合作。我国企业在立足自身发展的同时，对风云变幻的国际市场环境和贸易摩擦风险亦应予以高度警惕并积极应对。

元器件涨价拉高整机成本，供应链安全形势依然严峻。从产业近期的一轮波动来看，上游元器件因产能供应不足导致价格飞涨，拉高了终端整机产品的成本，对我国智能手机产业造成了不利影响。以手机内存芯片为例，内存 DRAM 颗粒长期以来由三星、海力士和镁光三家把持，占据了将近百分之九十的市场份额，三星一家更是独占一半以上的内存供应。2017 年，因市场供需失衡，内存价格大涨，三星内存业务全年营收同比猛增 59%，占到总营收的四分之一，达 3563 亿元。据预测，2018 年包括内存、芯片、高端传感器、新型显示面板等在内的上游元器件产能仍存在较大缺口，存在价格上调的可能，在压低整机利润的同时，也将威胁供应链安全。国内企业如不能及早在核心元器件短板上取得突破，掌握创新主导权，在未来产业热点涌现、提速发力时存在关键环节再次被“卡脖子”的窘境。

为有效应对智能手机产业“变脸”，推动我国智能手机产业形成二次突围，在坚持以市场为主导、优化产业发展环境、加强固有核心技术短板攻关的基础上，还应着力推进以下几个方面工作。

一是引导企业加强差异化创新，培养“无人区”领军企业。以应用方案征集、创新创意大赛等形式，引导企业研发重点和社会资本聚焦 5G、人工智能等技术演进和应用，开辟和引领更多技术、应用创新的“无人区”。引导国内企业在产品功能定位、工业外观设计、消费人群等方面形成差异化特色优势，鼓励大数据、虚拟现实、超高清视频等信息技术新兴热点与智能手机应用场景相结合，拉动消费升级，寻找市场新的增长空间。

二是继续鼓励加强海外市场开拓，对走出去面临的难题加以专项指导。针对非洲、东南亚等新兴市场，鼓励手机企业投资建厂，在产品功能设计、营销策略和管理理念方面与当地民族文化特色相融合，注重售后服务体系建立，培育民族品牌形象。针对北美高端市场开拓难的问题，积极创造合作条件，鼓励国内企业开拓包括运营商签约、互联网电商平台、实体店销售在内的线上线下多元化销售渠道，加强企业技术知识产权储备和专利池建设，增强国际供应链制衡能力和危机公关能力。

三是加强企业“内功”锤炼，通过品牌战略提升盈利能力。推进国内手机品牌企业在技术研发、产品定义、工业设计、商业模式创新、产业链整合、市场营销等方面能力的提升，增加中高端产品供给。推进智能制造、工业互联网生产方式的运用，提升手机企业生产效率和产品附加值。建设企业主体、政策引导、多方参与、协调联动的手机品牌服务体系，形成有利于优势品牌成长、特色品牌发展的政策环境。加强行业公共服务和支撑，完善质量和服务体系建设，进一步规范市场秩序，加强行业自律。

四是加强行业跟踪和研判，对重大问题及时协调应对。搭建市场供需情报、产融对接、国际合作、行业研究等多个层面的信息发布和交流平台，开展由研究机构、行业协会、产业链企业共同参与的产业形势联合研判，及时发现产业出现的重大趋势动向和面临的重大问题，形成有效的应对机制。

第三十二章

美国重回全球超算榜首

美国当地时间2018年6月8日，美国能源部下属橡树岭国家实验室（ORNL）发布了新一代超级计算机 Summit，其理论峰值浮点运算速度高达每秒 20 亿亿次（200 PetaFLOPS），超过此前排在全球超算 500 强首位的我国“神威·太湖之光”（峰值浮点运算速度为每秒 12.5 亿亿次）约 60%。Summit 帮助美国超级计算机重居阔别 5 年之久的全球超算 500 强榜首，打破过去几年中国超级计算机蝉联第一的局面，带领全球超算竞争进入新阶段。

第一节　背景

（一）发展超级计算机意义重大

超级计算机对国家安全、经济和社会发展具有举足轻重的意义，是国家科技发展水平和综合国力的重要体现。超级计算机集成了芯片、操作系统、连接器、算法等众多新技术，引领信息产业技术迭代和加速发展。超级计算机已经成为尖端技术和前沿基础研究的重要工具，加速解决聚变能源、全球气候变化、新材料设计、宇宙起源、脑功能、人工智能（AI）等重大问题。超级计算机已广泛用于多个领域，包括基因组分析、气象与环境分析、大型飞机和高速列车气动数值计算、大型装备结构设计仿真等领域，带来显著经济效益和社会效益。

（二）中国曾连续位居全球超算 500 强榜首

全球第一台超级计算机诞生在美国，美国也一直引领超级计算机发展，先后研制出十亿次 FLOPS（GigaFLOPS）、万亿次 FLOPS（TeraFLOPS）、千万亿次 FLOPS（PeraFLOPS）运算能力的超级计算机。随着“天河一号”在 2010 年问鼎全球超算 500 强，中国开始在超算领域崛起。从 2013 年起，“天河二号”和“神威·太湖之光”先后占据全球超算 500 强榜首位置，直到 2018 年美国新一代超级计算机 Summit 的出现。

（三）E 级超算成为当前布局重点

E 级（百亿亿次）超级计算机被全世界公认为“超级计算机界的下一顶皇冠”，已成为当前各国竞相角逐的战略制高点。美国、欧洲、日本等国家和地区先后提出了自己的 E 级超算研发计划，中国也将 E 级超算的研究写入了国家“十三五”规划。美国“百亿亿次计算项目”将在 2021 年完成首台 E 级超算 A21 的研制工作；日本“旗舰 2020 计划”将在 2021 年或 2022 年完成 E 级超算研制；欧盟也计划在 2021 年实现 E 级超算的突破。2018 年 5 月中国首次展示了可以达到“E 级超算”水平的“天河三号”的原型机。

第二节　主要内容

（一）事件经过

美国当地时间 2018 年 6 月 8 日，美国能源部下属橡树岭国家实验室发布超级计算机 Summit。Summit 的双精度浮点运算峰值性能为 200 PetaFLOPS，针对深度学习混合精度运算的峰值性能约为 3.3 ExaFLOPS（百亿亿次 FLOPS）。Summit 由 4608 个节点组成，每个节点包含 2 个 IBM Power 9 CPU 和 6 个英伟达 Tesla V100 GPU，配备超过 10PB 的内存。Summit 耗资约 2 亿美元，占地面积相当于两个网球场，总功耗为 13 兆瓦，采用水冷散热方案。

（二）技术分析

Summit 的峰值计算性能较我国神威·太湖之光提升约 60%，是美国 Titan 超级计算机的 7.4 倍。相较于同属 ORNL 旗下的 Titan，Summit 的节点数减少 3/4，处理器数量减少 7/8，功耗提升 44%。Summit 采用了全新 CPU、GPU，并运用了新的架构方式，带来运算能力的巨大跃升。

IBM Power 9 CPU 是专门针对 AI 进行优化设计的服务器芯片，采用 14nm 工艺，运用模块化设计，最多可包含 24 个内核，支持 96 线程并行计算，集成了 OpenCAPI、Nvlink 2.0、PCIe 4.0 等多种 I/O 连接技术。Power 9 针对英伟达 GPU 架构进行深度优化，其采用的 NVLink 2.0 数字接口具备高达 300Gb/s 的吞吐能力，在很大程度上解决了高性能计算（HPC）中的数据传输速率瓶颈，更好地发挥了GPU的计算性能。

英伟达Tesla V100是目前最优秀的并行计算处理器，可用于加速AI、HPC及图像处理。Tesla V100针对深度学习进行了架构、内存、进程、软件等方面的优化设计，双精度浮点运算性能达7.5 teraFLOPS，并拥有高带宽、多链接的高速互联能力。

Summit运用新的架构方式，大量使用GPU，昭示了HPC向并行计算方向发展，以及HPC与AI融合的重要趋势。在Summit中，Power 9负责协调每个节点的计算流程，Tesla V100则成为主力计算单位。Power 9通过NVLink 2.0与节点内每个GPU实现达100 Gb/s的直接通信，各节点通过Mellanox的EDR InfiniBand网络实现高速互联。Tesla V100提供了Summit 95%的算力，如此大规模的GPU使用在超级计算机中尚属首次，这也使得Summit在提升HPC能力的同时也更加适用于机器学习技术，成为"最智能的超级计算机"，必将推动"AI超级计算机"的发展，以及AI技术在各领域解决科学问题中的应用，从而在科学发现、经济竞争力和国家安全等方面带来深远影响。

第三节　影响与启示

（一）超算发展加快相关技术迭代

超级计算机的每一次进步都带动了芯片、连接器、算法等相关技术迭代发展，加速推进其广泛应用。此次美国Summit采用了最新的Power 9 CPU、Tesla V100 GPU、PCIe 4.0等新技术和产品，将引领HPC领域并行计算及与AI融合发展的新潮流，加速推动高性能GPU的发展及广泛应用。

（二）美国愈加重视高科技领域发展

美国在新一期全球超算500强榜单公布前夕发布Summit，可见其重新夺回超算榜首的迫切心情。这反映出美国愈加重视高技术领域的战略发展，希望能够占领未来竞争的制高点，5G、AI、E级超算等热点领域均在其布局之中。同时，美国还将中国视为其在高科技领域的最大竞争对手，不惜采用各种手段限制打压，意图迟滞中国高新技术发展。

（三）更加坚定我国走超算自主发展道路

一是加快完成天河三号、曙光 E 级、神威 E 级三大超算研制，带动自主软硬件升级。二是以解决重大问题为目标，加强基于自主软硬件的 E 级超算应用软件研发，改变我国大型并行应用软件依赖国外的被动局面。三是采取超级计算机、超算服务环境和超算应用均衡发展策略，构建集硬件系统、应用软件开发、用户应用场景为一体的自主产业生态环境。

第三十三章

2018 年全球电子信息产业发展状况

2018 年，美国多家研究机构密集发布报告，分析中美在 5G 领域的竞争态势和前景，并对美国参与 5G 竞争的前景提出担忧。同时，美国及其盟国开始频频以国家安全为由，对我国 5G 实施打压。在 5G 大规模商用在即的关键节点，美国频频对我国 5G 出手打压的缘由和意图耐人寻味。

第一节　背景

（一）美国国内主流意见中的忧虑和警惕之声日益增多

美国研究机构 Analysys Mason 认为，在 5G 进度方面，中国略有领先，韩国和美国紧随其后。美国无线通信和互联网协会在 2018 年 4 月份亦称“目前美国在 5G 网络方面落后于中国和韩国”。德勤咨询在 2018 年 8 月份的一份报告中提出，中国在 5G 领域投资规模远远高于美国，并警告称长此以往美国将失去在 4G 时代取得的领导地位，并可能损失 5G 的潜在经济收益，负面影响将持续数十年之久。美国知名科技杂志《连线》则警示，中美之间在 5G 网络部署方面正展开一场关键竞争，如果中国首先提供广泛部署的 5G 网络服务，中国企业将在创造下一代高科技产品和服务方面领先一步。

（二）美国政府内部也逐渐响起警惕之声

美国科技网站 Axios 曝光的机密文件显示，美国已将我国视为 5G 时代的主要竞争对手。美国国家安全委员会泄露的一份文件警告称，如果中国在 5G 网络占据主导地位，将“在政治、经济和军事上获胜”。在中美贸易和科技摩擦持续升温的大背景下，以及全球 5G 商用日益临近之际，上述媒体和机构的言论反映出美国国内的主流认识，并对特朗普政府的决策产生了重大影响。

第二节　主要内容

2018 年 8 月 1 日，美国商务部工业和安全局（BIS）以违反美国国家安全或外交利益为由，宣布将我国 44 家实体列入“出口管制清单”。其中的中国电子科技集团 13、14、38、55 所等研究机构在化合物半导体材料和工艺、中高频器件等领域具备较强实力，是我国发展 5G 核心器件的关键技术力量。

2018 年 8 月 13 日，美国总统特朗普签署《2019 财年国防授权法案》，其中规定，在两年内，禁止美国政府部门及其承包商使用华为和中兴通讯等中国科技公司供应的部分组件和服务。

继 2018 年 8 月 13 日美国宣布禁用华为、中兴通讯等中国企业的产品服务之后，澳大利亚于 2018 年 8 月 23 日发布《澳电信运营商 5G 安全指南》，同样以国家安全为由宣布禁止华为和中兴通讯供应澳大利亚国内的 5G 网络设备。据《华尔街日报》披露，美国官员此前不断向澳大利亚政府高层表达“担忧”，敦促其与美国保持一致。

在澳大利亚政府公布消息后，日本《产经新闻》2018 年 8 月 26 日披露，日本政府正计划禁止华为、中兴通讯参与其国内信息系统建设的招标活动。2018 年 8 月 27 日，加拿大《环球邮报》报道，加拿大公共安全部长 Ralph Goodale 建议该国政府与美、澳两国保持一致。此后，英国、波兰、捷克等国也陆续传出了类似声音。

第三节　影响与启示

从遏制方法看，美国筹码颇多且手段持续升级。针对我国在 5G 国际标准、核心零部件、系统设备、网络建设等环节的全面布局，美国的遏制手段也已逐步升级到从技术到市场、从“单挑”到“群攻”的全方位立体打击。在技术层面，美国借助各项国家安全审查机制和法律法案，一方面将技术封锁范围由军用向民用领域大幅延伸，另一方面从打击我国 5G 优势环节转变为优势和薄弱环节同时打击，据此大大提升了技术封锁强度，以限制我国 5G 企业从美国获取技术产品和配套服务，进而从源头上迟滞我国 5G 技术发展。在市场层面，美国通过政府采购及财政补贴引导、限制企业资本合作等多种手段并举，阻碍我国 5G 企业在其国内市场开展业务，以挤压我国 5G 企业的国际市场份额，进而削弱我国 5G 产业的影响力和竞争力。与此同时，美国还凭借在全球范围内的强势地位，拉拢盟国，迫使其他国家和地区的政府、企业站队，共同对我国 5G 产业实施打压以扩大杀伤力。

从遏制效果看，将对我国 5G 发展形成巨大掣肘。从当前趋势看，美国的出手打压将对我国 5G 发展产生较大的直接影响。一是迟滞技术进步速度。美国进一步强化封锁将直接延缓我国 5G 企业、机构的技术研发进度。例如，美国对中电科相关研究所的制裁已经迫使后者的商业合作伙伴立即暂停了技术服务供应。二是压缩国际市场份额。美国及其盟友的直接行政干预将使我国企业丧失发达国家可观的 5G 市场。例如，澳大利亚政府的禁令可能使华为在 5G 时代丧失其在澳市场现有超过 55%的份额。三是破坏产业生态体系构建。美国对我国企业的封锁制裁将产生破窗效应和隔离作用，一方面阻碍了我国与其他国家企业的正常交流合作，另一方面对被制裁企业的“朋友圈”产生间接清理作用，破坏我国 5G 产业生态的建立。

从遏制原因看，多重因素叠加导致矛盾不断激化。从 5G 产业来看，5G 带来的不仅是通信方式和能力的提升，还将开启万物互联时代，引发多个行业领域的巨大变革，将对经济和社会发展带来深远影响。我国在 5G 这一战略地位重要的领域厚积薄发甚至后来居上的发展势头，引发美国社会的忧虑。从我国自身来看，我国已逐步走过了与西方“高低搭配”的互补阶段，经济结构调整和产业层次跃升日益迫近，在 5G 等高科技领域与西方国家的直接竞争无可避免。

从时代背景来看，作为全球唯一的超级大国，维持在政治、经济、科技和军事等领域的主导地位历来被美国视为国家核心利益。自奥巴马政府时代的“重返亚太”战略起，美国国内主流意见已趋于一致，对华态度由接触向遏制的转变在短期内难以逆转。

第三十四章

AI 芯片发展趋势

第一节　产业格局

一、企业主体类型

目前，全球人工智能芯片产业中活跃着三大类型的企业，一是传统芯片厂商，二是互联网巨头，三是创新创业公司。传统芯片厂商具有较大的市场存量和丰富的技术经验，转型发力人工智能芯片具有一定的竞争优势，代表企业包括英伟达、英特尔、ARM、华为海思、海康威视、中星微电子等。互联网巨头以平台生态搭建者的身份，在人工智能芯片生态中扮演着重要角色。例如，谷歌研发的张量处理器已在其开源 AI 平台 TensorFlow 上运行，在深度学习训练环节对 GPU 形成了冲击。创新创业公司主要立足于细分领域，采取差异化竞争策略，实现人工智能芯片在特定场景下的单点突破方面颇有建树，其中大部分创新创业具有大企业或科研院所背景，具有较强的技术实力、人才优势和资本条件。

二、产业生态格局

深度学习训练环节对并行计算和矩阵运算的要求较高。GPU 目前已在该训练环节中被广泛使用，目前深度学习 GPU 加速市场 NVIDIA 一家独大。不过，谷歌于 2017 年发布的 TPU 2.0 后，对 GPU 在训练环节的市场地位产生了一定冲击。

深度学习在云端推断环节主要面向数据中心市场。在云端推断环节，GPU 不再是最优的选择，云计算巨头纷纷布局云计算+FPGA 芯片。英特尔、亚马逊、微软 Azure、阿里云、百度云等纷纷加入，目前云端推断芯片领域竞争最为激烈。

深度学习终端推断环节要求终端设备本身需要具备足够的离线推断计算能力，对具有高算力的低功耗异构芯片需求较大。全球市场上各类型人工智能应用终端远未成熟，各人工智能技术服务商在深耕各自领域的同时，形成了丰富的 AI 芯片产品方案。

三、人工智能芯片产业规模

我国 2018 年人工智能芯片市场规模约为 45.6 亿元，2019 年突破 50 亿元。预计到 2021 年，全球人工智能芯片市场规模增速有望超过人工智能行业整体增速，市场规模达到 52.4 亿美元，年均复合增长率为 54.3%。CPU、GPU、FPGA、ASIC 占比分别为 15.0%、35.0%、31.7%和 18.3%，其中 GPU 占据了龙头地位。预计 2020 年，CPU、GPU 份额基本保持不变，分别为 14.3%和 36.3%。同时，随着人工智能芯片逐步成熟，FPGA 份额将降至 16.4%，而 ASIC 份额有望攀升至 33.0%。

四、人工智能芯片主要企业

传统芯片厂商，如英伟达、英特尔，基于现有芯片架构向人工智能芯片延伸，其优势在于对硬件的理解优于竞争对手，但也会困顿于架构的囹圄。互联网巨头，如谷歌，以生态建立者身份涉足芯片设计，其优势在于根据生态灵活开发定制各类 ASIC。初创公司，如我国寒武纪等，紧抓人工智能芯片全新架构的潜在机遇，其优势在于精准把握人工智能芯片细分领域市场需求。

GPU 领域，全球范围内产业集中度很高，基本集中于传统芯片厂商巨头之手。2016 年，全球 FPGA 整体市场规模 59 亿美元。其中，专用于人工智能计算的 FPGA 市场规模约 1.9 亿美元。到 2020 年，FPGA 整体市场规模有望达到 84 亿美元。ASIC 领域，当前的市场规模较小，2016 年专用于人工智能计算的 ASIC 市场规模约为 1.1 亿美元。基于 ASIC 开发人工智能芯片的周期较长，目前仍处于起步阶段，主要有谷歌、我国寒武纪公司等。

第二节　产业应用

一、云计算数据中心

人工智能走向云端的趋势使云计算成为人工智能芯片的重要方向之一。当前，各大科技巨头纷纷在自有云平台基础上搭载人工智能系统，包含 GPU、

FPGA、ASIC 等多种人工智能芯片可在服务器端进行高并发计算，实现深度学习训练和云端推断。

二、自动驾驶

随着人工智能技术逐步应用于自动驾驶领域，针对该领域的人工智能芯片应用也应运而生，主要用于实现 ADAS 功能。鉴于汽车驾驶场景对安全性、可靠性和时延的特殊要求，定制化的车载人工智能芯片是未来发展的必然选项。当前，该领域人工智能芯片主要采用 CPU+GPU 形式，以 CPU 完成逻辑处理，以 GPU 负责并行计算和图像处理。此外，部分企业开始尝试开发用于自动驾驶的 ASIC 芯片。

三、消费电子

当前人工智能芯片主要部署于云端，未来随着人工智能在消费电子领域逐步落地，终端的本地推断需求将逐步显现，部署于消费电子终端的人工智能芯片也将迎来巨大发展空间。该领域的人工智能芯片需满足低成本、低功耗、便携性等多重要求。目前，以智能手机为典型代表，人工智能正在逐步应用和推广。

第三节　发展展望

一、技术强基，多层布局

人工智能虽然尚处于“弱人工智能”发展阶段，但实现运算效率与任务灵活性的有机统一是未来人工智能算法的发展趋势，为人工智能提供算法支持的 AI 芯片在人工智能发展中扮演着举足轻重的角色。未来应着力加强技术创新能力，实现人工智能芯片在通用性和专业性上的结合，推动人工智能算法、计算、性能、功耗异构设计的平衡。

二、产业发展，价值先行

《新一代人工智能发展规划》中预计，到 2020 年，国内 AI 芯片市场规模将达到 100 亿元。当前人工智能芯片在云服务、消费电子、自动驾驶等应用领域前景较大。不过，在产业迅猛发展的同时应该看到，虽然深度学习占据了人工智能技术发展的主导路径，但深度学习并不等于人工智能，目前主流的人工智能芯片方案需要警惕产业路径变化的问题。同时，人工智能在终端应用的爆发虽然能够加速推动 AI 芯片商业化落地，但是如果未来上述产品的市场渗透率低于预期，探索进一步塑造AI芯片的产业价值势在必行。

三、顶层推动，培育市场

从政府角度可从四个方面推动我国人工智能芯片产业发展。一是制定智能芯片产业发展规划，布局智能芯片设计、制造、应用各个环节，加大智能芯片企业扶持力度，提高企业基础研发能力。二是开展智能芯片企业认证等相关政策，实施优惠政策，培育标杆企业，打造智能芯片生态圈，推动产业发展。三是创造智能芯片应用市场，政府部门作为企业的客户，促进企业技术更新，加快智能芯片企业差异化发展。四是加大国家“核高基”专项及其他各类专项资金对智能芯片基础研发、产业化、推广应用的支持力度。

第三十五章

安卓平台开始收费

2018 年 10 月 20 日，谷歌宣布在欧洲市场向智能手机、平板电脑等设备征收专利授权费，意味着安卓系统的免费时代即将结束。目前，我国手机制造商尚无自主的通用移动操作系统，约 85%的国产手机使用安卓系统。移动操作系统受制于人，给我国产业安全、信息安全和国家安全带来隐患，加快研发推广自主可控的移动操作系统迫在眉睫。

第一节　背景

（一）全球 86%的智能手机使用安卓系统

安卓系统自面世以来，以兼容性强、免费等优点，成为绝大多数手机制造商的选择，甚至让很多手机制造商放弃了自主研发手机操作系统的想法。根据研究公司 Gartner 公布的数据，2017 年，安卓系统在全球销售的智能手机系统中的市场占有率高达 86%。同时，约 85%的国产智能手机都在使用安卓系统。2018 年第二季度，全球智能手机出货量排在前五名的手机品牌中，华为、小米、OPPO 为国产品牌，共占比 29.7%，均安装的是安卓系统。

（二）安卓系统承诺的五年免费协议已经到期

2012 年，美国谷歌公司为换取中国监管部门对谷歌收购摩托罗拉移动交易的批准，向中国商务部承诺至少在未来五年内免费开放安卓系统授权，并且以非歧视的方式对待所有原始设备制造商。近五年来，国内的运营商及智能手机制造商得以免费使用安卓系统，并对谷歌原生的安卓系统进行服务取舍、界面定制等二次开发。协议生效至今已经五年有余，谷歌有权利根据公司运营情况改变其商业模式，采取对安卓系统收费的经营策略。

（三）国产手机在欧洲市场取得突破性进展

近年来，我国手机制造商凭借高性价比的优势加速进入欧洲市场。例如，华为凭借P系列、Mate系列产品在高端市场取得了突破性成绩；OPPO在法国巴黎卢浮宫发布了其旗舰新机Find X；小米手机今年一季度在欧洲市场出货量同比暴增999%。我国国产手机在欧洲市场出货量名列前茅。根据IDC公布的数据，2018年第二季度，华为和小米在欧洲智能手机市场的出货量排在所有手机制造商的第二和第四位，市场份额分别为24.8%和3.8%。

第二节 主要内容

2018年7月18日，欧盟委员会以谷歌滥用其在移动软件市场的垄断地位为由，针对谷歌迫使Android合作伙伴在他们的设备上预装谷歌搜索引擎和Chrome网络浏览器，宣布对谷歌处以43.4亿欧元罚款，并给予谷歌90天缓冲时间结束违法行为。欧盟委员会对谷歌的罚款创下全球监管机构对个体企业的最高罚款纪录，该金额占2017年谷歌126.2亿美元纯利润中的近35%。谷歌的商业模式是通过在安卓系统上预装谷歌搜索、Chrome等一系列谷歌流行应用来为自家生态导流，从而实现广告收益。谷歌被禁止预装相关软件后，收益会大幅缩水。为了弥补这部分损失，2018年10月20日，谷歌正式宣布将在欧洲市场向使用安卓系统的智能手机、平板电脑等设备征收专利授权费，这意味着安卓系统的免费时代即将结束。

2019年2月1日起，谷歌全新的收费标准将正式开始执行，该收费标准要求硬件厂商对每台使用安卓系统的硬件设备上缴最多40美元的授权费。目前来看，谷歌所采取的收费策略是对欧盟反垄断调查的应激反应，对其他市场影响较小。从短期看，安卓系统作为基础的手机操作系统，在互联网免费经济大行其道的背景下，市场占有率的重要性远远大于收益，因此谷歌面向全球安卓系统收费的可能性不大。但从历史经验来看，免费的商业模式终究不会是长久之计。例如，IBM从1980年开始征收专利授权费，微软从2000年开启操作系统付费模式，苹果从2017年开始征收30%的“苹果税”等，所以从长期看，不排除谷歌改变商业模式，利用广大用户对安卓系统的依赖性来获取经济收益的风险。

第三节　影响与启示

（一）安卓收费或将影响欧洲智能手机市场竞争格局

近十年来，安卓和苹果 iOS 两大手机生态系统在欧洲智能手机市场的争夺战愈发激烈，并逐渐形成双寡头竞争格局。相较于苹果 iOS 系统，免费开源是安卓系统最大的竞争优势。谷歌改变其完全免费的商业模式，必将削弱安卓的市场竞争力，势必影响其市场占有率。同时，谷歌的收费政策会影响与手机制造商长期以来建立的共存共赢、相互依附关系，让微软等竞争对手有更多空间与手机制造商合作安装其搜索引擎和浏览器，间接伤害了安卓生态的健康性和稳定性。长远来看，安卓系统告别免费时代，将刺激更多智能手机制造商自主研发移动操作系统，或将打破安卓和苹果 iOS 系统的双寡头竞争格局，使得移动操作系统的市场竞争格局向全面竞争转变。

（二）加快研发推广自主移动操作系统迫在眉睫

我国虽然尝试开发过多个自主移动操作系统，如阿里的 Yun OS、元心移动智能系统等，但由于生态体系建设不全，没有得到用户和厂商的广泛支持，最终未获得成功。目前，华为的 EMUI、小米的 MIUI、OPPO 的 Color OS 等都是基于安卓开源系统做出的本土化安卓系统，移动操作系统的控制权始终掌握在美国手里。4 月 16 日，美国禁令要求中兴通讯不得“以任何方式参与涉及从美国出口的任何商品、软件或技术的交易”，可以看出，除芯片等硬件外，软件同样也能够成为我国被“卡脖子”的重点领域。随着中美贸易争端的不断升级，美国针对包括移动操作系统在内的重点软件下手并非不可能。一旦出现这种情况，将严重威胁我国产业安全、信息安全乃至国家安全。因此，我国必须加快国产移动操作系统的自主研发进程，形成政府主导、市场运营、共同出资、利益共享的发展机制，多方合力，多措并举，争取早日掌握移动操作系统的自主权，构建安全可靠、自主可控的信息生态体系。

第三十六章

三星关闭天津手机工厂

第一节　背景

2018 年 12 月 12 日，三星宣布位于天津的手机制造工厂即天津三星通信技术有限公司将于 2018 年 12 月 31 日停产关闭。天津三星通信技术有限公司成立于 2001 年，一度是三星海外最大的手机制造基地，作为三星的全球生产中心曾一度发挥重要作用，产品除满足中国市场需求外，大部分出口至其他国家和地区。三星在声明中表示，“作为提高生产设施效率的持续努力的一部分，三星电子已经做出了停止天津三星电子通信业务的艰难决定。”此次停产关闭的天津手机制造工厂约有员工 2600 余名，智能手机年产量约为 3600 万部。这不是三星在中国关闭的第一个手机制造工厂。早在 2018 年 4 月，三星就宣布撤销深圳三星电子通信公司，三星深圳手机工厂关停，除 6 位韩籍高层外，所有员工于 4 月底全部遣散，遣散人数约 320 人。除天津市、深圳市之外，目前三星仅在广东省惠州市有手机制造工厂，三星表示将继续运营。但是该手机制造厂（惠州三星电子有限公司）智能手机的年产量也是逐年下滑，2017 年只有 6257 万部，2018 年估计不到 4000 万部。

三星之所以关闭天津手机制造工厂，主要有两方面原因：一是三星在中国智能手机市场遭遇滑铁卢。自 2016 年 Note 7 手机爆炸之后，三星在中国国内智能手机市场份额不断下滑，2018 年三星在国内智能手机的市场份额只剩下不到 1%，这与三星位居的全球智能手机霸主地位大相径庭。二是三星加快越南、印度工厂建设。三星在印度投资近 50 亿元的手机制造工厂已经建成投产，年产量预计可达 1.2 亿部，而其在越南的两家工厂每年合计生产 2.4 亿部手机。相较于制造成本不断攀升的中国，印度和越南无论是在制造成本还是市场方面都非常具有优势。为了更好地发挥印度、越南工厂作用，三星主动关闭了天津手机工厂，预计接下来三星还会进一步削减惠州工厂的手机产量。

第二节　事件评析

（一）产业发展规律决定事件发生的必然性

手机制造属于劳动密集型产业，就算是实施了生产线智能化改造降低人员配置后，对土地、劳动力、水电等要素成本依然十分敏感。随着我国经济多年持续稳步发展，产业提质升级成为主要任务，劳动密集型的手机制造并不符合我国发展现状。再加上天津的土地、劳动力等要素成本持续增长，对生产成本高度敏感的手机制造肯定会撤离天津，向土地、劳动力等要素成本更具优势的地方转移。这是产业发展必然规律，当年手机、笔记本代工制造由韩国、日本、中国台湾等国家和地区向中国大陆转移是如此，现如今再向东南亚转移也是如此，这也是为什么特朗普再怎么呼吁富士康也不会将苹果手机制造放在美国。相对我国来说，目前越南、印度在土地、劳动力等要素成本优势较为明显，三星将手机制造工厂由中国转移越南、印度，这是产业发展规律所决定的。

（二）三星调整其中国战略加速了事件发生

三星公开数据显示，三星在华北、华中、华东、华南、东北、西北、西南成立了七大支社，形成 14 家生产基地、10 家研发基地、11 家销售基地、4447 家服务中心在内的完善体系；拥有约 6 万名员工，数量占全球员工的 21%。三星关闭天津手机制造工厂，并不是逃离中国，而是其战略调整，三星将在中国加大技术密集型产业投资力度，重点布局半导体、动力电池等领域。仅在 2018 年，三星投资 70 亿美元位于西安的半导体存储芯片工厂二期项目正式开工，同时三星还计划在天津投资新建全球领先的动力电池生产线和车用 MLCC 工厂（多层陶瓷电容器）等项目，新增投资额达 24 亿美元。正如三星中国区高层表示，此举是三星在中国产业战略调整及产品转型升级的重要部分。

（三）我国要认真做好应对工作

尽管三星将其手机制造业务从我国转至印度、越南等地有其必然性，也是三星发展战略，但我国要积极行动起来，认真做好相关应对工作，以减少对我国的产业影响。一方面要不断优化投资环境，逐步放开部分外商投资限制条件，在优化法律体系、提升服务效率等方面下功夫，发挥我国产业链条完整、物流效率高、大国大市场等优势，进一步提升我国对跨国企业吸引力。此次三星决定在天津新建动力电池工厂，在很大程度上得益于此。另一方面，要加快发展技术密集型产业及新兴产业，积极推动产业转型升级。积极鼓励发展半导体器件、智能传感器、新型显示等技术密集型产业，通过应用示范培育发展无人驾驶、5G智能终端、工业互联网等新兴产业。同时推动一些劳动密集型的智能手机配套企业加快开展生产线智能化、绿色化改造，在提升产品质量的同时减低生产成本，避免其跟风转移至越南、印度等国家。

第三十七章

世界 VR 大会召开

2018 年 10 月 19 日至 21 日，2018 世界 VR 产业大会在江西省南昌市成功举办。大会期间，与会嘉宾分享产业认知，交流发展前景，重燃公众对虚拟现实产业的发展信心。这次大会不仅助力产业复苏，将掀起新一轮 VR 产业发展浪潮，也将进一步促进江西省产业转型升级，为内陆后进省市探索电子信息产业领域跨越赶超式发展的新路径。

第一节　背景

（一）虚拟现实产业成为竞争新高地

虚拟现实是新一代信息技术的主要前沿方向，融合了人工智能、云计算、大数据等多个领域的技术，有望成为众多创新应用的基础平台，引领新一轮技术与产业变革。美国、欧盟、日本、韩国等国家和地区均在积极布局虚拟现实领域，我国也将虚拟现实定位于超前发展的战略性新兴产业。自 2016 年起，全球虚拟现实产业市场规模持续增长，预计到 2020 年将突破 2000 亿元，国内市场规模也将达到 900 亿元。

（二）产业竞争激烈，行业整合提速

随着国内虚拟现实产业的快速增长，交互、渲染等领域关键技术不断突破，虚拟现实传统硬件厂商和创新企业持续推出新产品，促进硬件产品供给多样化，而软件、内容等领域的价值比重逐步提升，开发工具和素材源日益丰富，加剧了产业的激烈竞争。同时，国内外虚拟现实市场开始以龙头企业为核心进行整合，开发者向较大的几家开发平台集聚，硬件领域的市场重心也在向产品高端

转移。

（三）投资趋于理性，生态初步形成

2016年全球VR产业投资达到顶峰，之后逐步下降，到2018年第三季度北美市场投资仅达1.2亿美元，相比2017年第四季度的15亿美元大幅萎缩。国内对虚拟现实领域的投资也趋于理性，2018年1～6月投资规模为39.2亿元，增长率为28.9%，投资领域从天使轮等早期阶段向后端过渡，投资热点也由单一游戏、社交、视频、直播等大众应用向工业、医疗、教育等多元垂直领域聚集。国内初步形成产业生态，在硬件、软件、内容制作与分发、应用与服务等环节逐步完善。

第二节　主要内容

2018世界VR产业大会以“VR让世界更精彩”为主题，包括主旨演讲、主论坛、高端对话、产业对接会及14场平行论坛，吸引了华为、联想、百度、微软、HTC等全球150多家知名企业参会参展，参会人员超过2000人，实现了观点碰撞与项目落地。

（一）了解产业发展现状，梳理产业生态构成

大会期间，多位行业代表发言介绍产业发展情况，认为我国虚拟现实产业已形成终端先行、宽带网络建设稳步推进、行业应用初步兴起的良好态势，在教育、医疗、制造等行业应用领域走在世界前列。此外，小派VR、HTC Vive、Visbit等企业还展示了8K头盔、6DoF开发套件、8K+沉浸式视频智能传输与播放方案等新产品、新服务，体现了虚拟现实产业发展的稳步前进。

（二）热议产业发展前景，探究未来发展模式

大会主论坛以“虚拟现实定义未来信息社会”为主题展开讨论，分论坛围绕产业生态、教育培训、娱乐游戏、影视内容、新闻出版、投资路演、VR+动漫、人工智能、VR标准、先进制造、5G、文化旅游等与虚拟现实相关热点进行交流探讨，强调VR产业的赋能，认为虚拟现实技术将引领新一轮产业变革，极大地提高生产效能，为消费升级、行业创新、社会治理提供新场景、新要素、新工具。

（三）洽谈产业合作项目，加快实施招商引资

大会期间，江西省与各方密切交流，组织多场洽谈会、对接会，共达成 157 个项目意向，包括合作框架协议 3 个、硬件项目 76 个、软件项目 32 个、应用类项目 46 个，总投资额达 631.5 亿元，极大地丰富了江西省的 VR 产业布局，奠定全产业链发展的优势。

第三节　影响与启示

（一）助力产业复苏，掀起新一轮发展浪潮

世界 VR 产业大会展示了虚拟现实产业在硬件、软件、内容及应用领域的最新发展现状，反映了虚拟现实产业在公众视线外的稳步前行，重塑公众对虚拟现实产业的发展信心。同时，大会期间蓬勃的项目对接也起到示范作用，提高了地方发展虚拟现实产业的热情。另外，江西以南昌市为核心，全省布局虚拟现实产业，培育企业成长，有助于在 5G 时代奠定产业发展的先行优势。

（二）抓住发展机遇，推动江西开放再提升

江西省通过世界 VR 产业大会，紧抓产业机遇，促进区域发展。一是抓住 VR 产业刚刚起步这一重大机遇，促进全球、全国 VR 项目、资金、技术、人才等向南昌聚集。二是抓住 VR 产业行业应用广泛、带动性强的特点，推动 VR 技术在重点领域的试点示范，促进江西省产业升级。三是抓住大会对外开放机遇，让江西走进世界，让世界了解江西，促进江西的对外开放。

（三）立足区域特征，探索新时代发展新路径

江西省作为内陆省份，在产业发展与对外开放上逊色于沿海省市。通过世界 VR 产业大会的成功召开，江西对外积极宣传推介，对内打造产业基地，已形成国内重要的虚拟现实产业集聚区。江西发展 VR 产业的成功经验，有助于总结提炼内陆后进城市实现跨越赶超的新路径、新模式，促进国内电子信息产业的特色发展、尖端发展。

展望篇

第三十八章

主要研究机构预测性观点综述

数字经济时代，全球电子信息技术在各个领域之间于深度融合与交叉应用中不断催生新的创新，为产业发展培育了新动能。CES、德勤、Gartner、阿里达摩院、G.P. Bullhound 等机构纷纷对 2019 年信息技术科技趋势进行了展望，提出了人工智能、超高清、虚拟现实/增强现实、自动驾驶、5G、区块链、量子计算、边缘计算等将成为下一年技术创新的热点，这些技术催生的智能家居、智能信息科技助力人们的工作和生活中更加互联化和智能化。

第一节　CES：2019 年科技趋势报告

（一）5G 推动万物互联

通过 5G 技术我们将花 30 年让万物互联。各国都投入了很大的财力物力研究 5G。2019 年，5G 运营计划、5G 手机、固定无线等项目和产品将相继推出。

（二）智能家居互通性更强

智能家居的未来在于互通性和智能化升级，智能灯泡、智能音箱等产品将迅速发展，安全摄像头将引领智能新时代。

（三）人工智能全面开花

语音技术现在已经成为人们与设备沟通的桥梁之一，数字助理进一步改变用户的行为。现阶段的语音技术/人工智能有三大现实途径：一是数字助理将支持手机、汽车等一切设备；二是对数字设备的支持已经成为涉及服务、品牌、商务等的一场赌注；三是语音技术已经迅速成为智能家居等的主流接口。

（四）超高清屏幕时代来临

三星今年发布了 QLED8K 超高清电视，日本的 NHK 电视台已经推出了超高清节目。美国 8K 超高清电视预计 2020 年出货量将达到 150 万台。LCD 电视的屏幕尺寸一直稳步增长，预计 2020 年将达到 50 英寸，8K 电视将是未来换机的绝佳候选。

（五）虚拟现实/增强现实（AR/VR）热度不减

人们今年已经开始用虚拟现实（VR）设备探索星空，有望带动改进型的 VR 设备陆续推出。日本推出了 VR 主题公园，联想推出了 Mirage AR 头戴设备，Vuzix 推出了 AR 眼镜，AR 智能镜子等产品已经出现。AR 设备的全面部署增强了人们在许多场景的体验，甚至还出现了 AR 音频设备。

（六）自动驾驶关键节点

自动驾驶技术等级可分为 6 个层级，即 L0 到 L5。其中 L0 ~ L2 是人类驾驶员来控制汽车；而 L3 ~ L5 是自动驾驶系统来控制汽车。现在我们处在半自动驾驶的节点上，预计到 2030 年将迎来全自动驾驶。

（七）智能医疗颠覆传统

智能医疗利用技术来改变传统医疗方式，主要包括：数字治疗和远程病人监护。智能医疗可以增强传统医疗手段，提升健康水平，还将成为一种独立的直接治疗方式。

第二节　德勤：2019 年九大科技预测

（一）智能音箱售价降低推动销量强劲增长

智能音箱行业，即带有集成数字语音助理的互联网连接音箱，将在 2019 年带来 70 亿美元收入，以平均售价 43.1 美元的价格销售 1.64 亿部，智能音箱行业的总营收将同比增长 63%。

（二）5G网络实现

到2019年年底，将有25家运营商在至少部分地区推出5G服务，另外26家运营商将在2020年推出，总数将增加一倍以上。此外，到2019年年底将有约100万部5G手机上市。将售出100万台5G调制解调器，并将安装大约100万台5G固定无线接入设备。

（三）人工智能变得“无处不在”

在2019年使用人工智能的公司中，有70%的公司将通过云服务获得AI功能，有65%的公司将使用云端开发服务来创建AI应用。到2020年，内置人工智能的企业软件和云端人工智能开发服务的普及率预计将分别达到89%和83%。

（四）电视体育博彩将带来巨大的收视率

中国的网络连接将培育新的数字商业模式。该公司预测，2019年，很可能是在2019年中期，中国将拥有世界领先的电信网络。中国的通信基础设施将为至少三个重要的新兴产业奠定基础。到2023年，这三个重要的新兴产业每年都能创造数百亿美元的收入。

（五）3D打印技术出现新的突破

大型上市公司与3D打印（也称为增材制造），包括企业3D打印机、材料和服务相关的销售额将在2019年超过27亿美元，2020年超过30亿美元（在此背景下，全球制造业年收入总计约12万亿美元）。3D打印行业的这一部分每年将以12.5%左右的速度增长，是几年前增长速度的两倍多。

（六）电子竞技继续蓬勃发展

2019年，新的北美特许经营联盟将效仿职业体育的模式，扩张至美国主要城市。这将有助于吸引更多的观众和玩家，使他们对广播公司更具吸引力。总体而言，分析师预计，受广告、转播权和联盟扩张的推动，2019年全球电子竞技市场的营收将达到10亿美元。

（七）无线电广播表现良好

2019年，全球无线电广播收入将达到400亿美元，比2018年增长1%。全球成年人平均每天收听 90 分钟的广播，与去年持平。与其他一些传统媒体形式不同，广播在年轻人群中的表现将继续相对良好。

（八）量子计算机兴起

在未来 10 年内，量子计算机（使用量子力学的计算机）将成为最大的新技术创收来源之一。但是，它不太可能取代传统的计算机。未来的量子计算市场预计将与超级计算机市场相媲美——到 21 世纪 30 年代，每年的营收将达到约 500 亿美元。

（九）中国科技实力进一步增强

2019 年，中国制造的半导体产品收入将增长 25%，达到约 1100 亿美元，以满足中国国内对芯片日益增长的需求。这种需求增加的部分原因是人工智能的日益商业化。同样在 2019 年，一家中国芯片制造厂将开始生产专门支持人工智能和机器学习任务的半导体。

第三节　Gartner：2019 年十大战略技术趋势

（一）自主设备

无论是汽车、机器人还是农业，自主设备都使用 AI 来执行传统上由人类完成的任务。智能的复杂程度各不相同，但所有自主设备都使用人工智能与它们的环境进行更自然的交互。自主设备包括机器人、车辆、无人机、家电、代理五种类型，占据海洋、陆地、空中和数字四种环境。

（二）增强分析

Gartner 预测，到 2020 年，超过 40%的数据科学任务将实现自动化，从而提高平民数据科学家的生产力和覆盖率。在平民数据科学家和增强分析之间，数据洞察将在整个企业中得到更广泛的应用，包括在分析师、决策者和运营工作者之间。

（三）人工智能驱动的开发

AI 驱动的开发着眼于将 AI 嵌入应用程序中，并使用 AI 为开发过程创建 AI 驱动的工具、技术和最佳实践。Gartner 预测，到 2022 年，至少 40%的新应用程序开发项目将在团队中拥有AI共同开发人员。

（四）数字孪生

现今的重点是物联网中的数字孪生，它可以通过提供有关维护和可靠性的信息，洞察产品如何更有效地执行新产品数据和提高效率来改善企业决策。组织的数字孪生正在兴起，以创建组织流程模型，来实现实时监控并提高流程效率。

（五）边缘计算

在今后五年，专用AI芯片更强大的处理能力、存储和其他先进功能将被添加到种类更广泛的边缘设备上。这个嵌入式物联网世界极具多样性，加上工业系统等资产，将具有很长的生命周期，这将对管理带来重大的挑战。

（六）沉浸式技术

到2022年，70%的企业将尝试用于消费者和企业用途的沉浸式技术，25%的企业将部署到生产中。会话平台的未来，从虚拟个人助理到聊天机器人，将结合扩展的感官渠道，使平台能够根据面部表情检测情绪，并且他们将在交互中变得更加顺畅地对话。

（七）区块链

区块链是一种分布式账本，有望重塑各行各业，因为它能够实现信任，提供透明度，减少业务生态系统之间的摩擦，因而可能降低成本，缩短交易结算时间，并改善现金流。到2030年，区块链将创造3.1万亿美元的商业价值，但这将是一个漫长的过程。

（八）智能空间

智能空间是物理或数字环境，人类和技术支持的系统在日益开放、连通、协调和智能的生态系统中相互作用。随着技术成为日常生活中更加集成的一部分，智能空间将进入加速交付的时期。此外，随着个人解决方案成为智能空间，其他趋势（如AI驱动技术、边缘计算、区块链和数字孪生）正在朝着这一趋势发展。

（九）数字道德和隐私

到 2021 年，那些购买合规风险且被发现缺乏隐私保护的组织，其合规成本将比最佳实践的竞争对手多支付 100%。因此，组织需要从合规驱动转变为道德驱动，以建立对其品牌的信任。由隐私转向道德使谈话的重心转向“我们是否在做正确的事”。

（十）量子计算

到 2023 年，20%的组织将为量子项目编制预算，而目前这一比例不到 1%。Gartner 表示，量子计算仍处于初期阶段，但组织需要监控该类别的情况。早期采用者可以在优化、材料科学、化学及最终密码学等领域使用它。大多数企业应该在 2022 年之前了解和关注量子计算，可能从 2023 年或 2025 年开始使用这项技术。

第四节　阿里达摩院：2019 十大科技趋势

（一）城市实时仿真成为可能，智能城市诞生

未来会出现更多的力量进行城市大脑技术和应用的研发，实体城市之上将诞生全时空感知、全要素联动、全周期迭代的智能城市，大大推动城市治理水平优化提升，预计在新的一年中国会有越来越多城市具有大脑。

（二）语音 AI 在特定领域通过图灵测试

随着智能语音技术的提升，移动设备上的实时语音生成与真人语音可能将无法区分，甚至在一些特定对话中通过图灵测试。针对这一领域的规则甚至法律会逐步建立，引导行业走向规范化。

（三）AI 专用芯片将挑战 GPU 的绝对统治地位

AI 芯片中数据带宽的需求会进一步推动 3D 堆叠存储芯片在 AI 训练芯片中的普遍应用。而类脑计算芯片也会在寻找更合适的应用中进一步推动其发展。在数据中心的训练场景，AI 专用芯片将挑战 GPU 的绝对统治地位。

（四）超大规模图神经网络系统将赋予机器常识

单纯的深度学习已经成熟，而结合了深度学习的图神经网络将端到端学习

与归纳推理相结合，有望解决深度学习无法处理的关系推理、可解释性等一系列问题。强大的图神经网络将类似于由神经元等节点所形成网络的人的大脑，机器有望成为具备常识，具有理解和认知能力的AI。

（五）计算体系结构将被重构

无论是数据中心还是边缘计算场景，计算体系将被重构。未来的计算、存储、网络不仅要满足人工智能对高通量计算力的需求，也要满足物联网场景对低功耗的需求。从过去以CPU为核心的通用计算而走向由应用驱动和技术驱动所带来的Domain-specific 体系结构的颠覆性改变，将加速人工智能甚至是量子计算黄金时代的到来。

（六）5G网络催生全新应用场景

第五代移动通信技术将使移动带宽大幅度增强，提供近百倍于4G的峰值速率，促进基于4K/8K超高清视频、AR/VR等沉浸式交互模式的逐步成熟。连接能力将增强至百亿级，带来海量的机器类通信及连接的深度融合。网络向云化、软件化演进，网络可切片成多个相互独立、平行的虚拟子网络，为不同应用提供虚拟专属网络，加上高可靠、低时延、大容量的网络能力，将使车路协同、工业互联网等领域获得全新的技术赋能。

（七）数字身份将成为第二张身份证

生物识别技术正逐渐成熟并进入大规模应用阶段。随着3D传感器的快速普及、多种生物特征的融合，每个设备都能更聪明地“看”和“听”。生物识别和活体技术也将重塑身份识别和认证，数字身份将成为人的第二张身份证。从手机解锁、小区门禁到餐厅吃饭、超市收银，再到高铁进站、机场安检及医院看病，靠脸走遍天下的时代正在加速到来。

（八）自动驾驶进入冷静发展期

单纯依靠“单车智能”的方式革新汽车，在很长一段时间内无法实现终极的无人驾驶，但并不意味着自动驾驶完全进入寒冬。车路协同技术路线，会加快无人驾驶的到来。在未来2～3年内，以物流、运输等限定场景为代表的自动驾驶商业化应用会迎来新的进展，如固定线路公交、无人配送、园区微循环等商用场景将快速落地。

（九）区块链回归理性，商业化应用加速

在各行业数字化的进程中，物联网技术将支撑链下世界和链上数据的可信映射，区块链技术将促进可信数据在流转路径上的重组和优化，从而提高流转和协同的效率。在跨境汇款、供应链金融、电子票据和司法存证等众多场景中，区块链将开始融入我们的日常生活。随着“链接”价值的体现，分层架构和跨链互联将成为区块链规模化的技术基础。区块链领域将从过度狂热和过度悲观回归理性，商业化应用有望加速落地。

（十）数据安全保护技术加速涌现

各国政府都会趋向于推出更加严厉的数据安全政策法规，企业将在个人数据隐私保护上投入更多力量。未来几年，黑客、黑产攻击不会停止，但数据安全保护技术将加码推出。跨系统的数据追踪溯源相关的技术，如水印技术、数据资产保护的技术及面向强对抗的高级反爬虫技术等将得到更加广泛应用。

第五节　G.P. Bullhound：2019 年科技预测报告

（一）网络银行继续发展

2017—2018 年，数字交易增长了 24%，其中超过 2/3 的千禧一代使用智能手机钱包功能。这正在创造一个新的环境，传统金融机构部署最新的数字银行解决方案，同时金融科技初创企业也在快速增长。

（二）App 分发“逃离”苹果和谷歌

苹果和谷歌向受其平台托管和分发的 App 的开发者收取佣金，这分别构成他们收入的 20%和 18%。App 开发者们开始用行动来摆脱这一榨取行为。

（三）人力资源走向高科技

招聘流程、数据分析和资本管理只是人力资源的三个分支，这些都将被新技术颠覆。人力资源技术可能会对团队管理内部流程的方式产生重大影响，但人力资源使用的 AI 必须是可调整的，以消除偏见。

（四）零售科技变得更智能

传统的实体零售仍然占据主导地位，占全球零售销售额的 88%。科技巨头

和初创企业也将注意力转向实体而非单纯的在线零售。新的零售时代正在兴起，创新技术与消费者在传统零售业中享有的社交功能相结合。

（五）人工智能是简单重复的终结，而不是生活的终点

媒体通常将 AI 描述为白领的终结者，但是和此前的工业革命一样，人类将适应新技术。AI 改善工作环境，创造更灵活的工作方法，并代替人类解决烦琐的任务。

（六）订阅取代广告

随着数据滥用问题越来越严重和内容质量的提高，消费者对可靠的付费订阅服务更感兴趣了。网络广告增长放缓，同时订阅模式则越来越受欢迎，企业在改善针对忠诚用户的奖励。

（七）打破广告双寡头

2018 年，亚马逊广告收入达 46 亿美元，Facebook 和谷歌的广告双寡头垄断将被打破，它们目前占据广告市场 58%的份额。

（八）最后一英里配送更受关注

尽管美国排名前 50 位的零售商中只有两家提供最后一英里配送，但超过一半年轻消费者（35 岁以下）选择当天送货。由于第二天交付已成为必需，亚马逊在开发快速配送解决方案，越来越多的零售商将注意力转向最后一英里配送。

（九）两性差距缩小

高科技行业在性别平等方面一直走在前沿，但资深女性投资人和高管正在从另一个角度来提高女性创始人获得风险投资的可能性。

（十）加密货币继续发展

传统金融机构也在采用区块链以确保不会落伍。2019 年是机构资本流入加密货币领域的一年，此前的障碍和严格的监管将取消。

第三十九章

2019年中国电子信息制造业发展形势展望

第一节　整体运行发展展望

2019年，在复杂多变的全球经济贸易和持续推进的国内供给侧结构性改革形势下，电子信息制造业整体仍将保持平稳增长，但预计增长力度将有所减缓。产业发展中存在的不确定因素逐步加剧，企业业绩增速将进入换挡期。一是国内电子制造企业仍受制于核心技术、元器件、原材料、装备等薄弱环节影响导致附加价值较低，叠加2018年以来行业增速放缓与原材料等企业成本上升等因素，2019年企业经营不确定性增加，行业利润增速波动短期内难以回暖。二是手机、彩电等传统电子信息领域在缺乏根本性提振因素的背景下，市场规模渐趋下降，企业面临较大的竞争压力。三是在行业结构性的转型升级的趋势下，企业将迎接更加艰巨的挑战，技术水平、研发能力、资本实力较弱的企业面临被淘汰的风险。

（一）重点领域创新发展将持续升温

以集成电路领域为例，产业在全球市场拉动和内生动力驱动下，市场规模将继续保持增长势头。从新兴领域看，云计算、物联网、5G、人工智能、智能网联汽车等新兴应用领域的快速发展，给高性能处理器、微控制器、功率器件、射频器件等产品带来巨大的市场需求，同时也驱动传感器、连接集成电路、专用 SoC 等集成电路技术的创新。从技术创新看，长江存储采用了自主 Xtacking 架构的 64 层堆叠的 3D NAND 闪存芯片在 2019 年第三季度量产，中芯国际 2019 年开始量产 14nm 手机芯片，我国在芯片制造领域与国际先进技术的差距在不断缩小。

（二）新兴市场将持续助推投资增长

半导体分立器件制造业、通信系统设备制造业、集成电路制造业投资增势突出，与汽车电子、人工智能、5G 等新兴应用的拉动密切相关。通信设备投资处于“转折期”，将进入放量阶段。4G 建设进入收尾，5G 建设尚未大规模展开，导致通信领域投资额下降明显。但未来巨大成长空间可期。人工智能投资进入“务实期”，投资频次减少、金额大幅增长。据亿欧智库统计，2018 年上半年人工智能领域投资额 582 亿元，单笔平均 3.8 亿元，超过前三年数据，且投资阶段向中后期转移，表明更重视人工智能产业在产业端、应用端的发展。虚拟现实投资进入“成熟期”，告别盲目追捧，投资更加聚焦。2018 年，虚拟现实行业投资更聚焦在高价值的中后期融资，反映出行业成熟度渐涨。流向技术研发的资本持续增长，虚拟现实硬件重新获得资本关注。据 IC Insights 数据，2018 年中国集成电路公司的资本支出约合 110 亿美元，数额达到 2015 年投入的 5 倍，超过日本和欧洲公司今年的相关资本支出总和，且 2019 年投入规模将继续扩大。随着年底大基金二期募资的完成，以及更多地方政府资金的进入，我国集成电路产业的投入将保持增长态势。

（三）部分领域产值规模将跻身全球前列

以新型显示为例，我国产业产能优势将建立，AMOLED 成发力点。2019 年，中国面板厂的产能规模将达到全球第一。随着 4K 基本完成普及，8K 的市场和技术窗口将会打开，各国的面板厂都瞄准 8K 这个机会，未来 LCD 市场的方向属于大尺寸和 8K，多条 10.5 代线的陆续量产将推动 65 英寸电视市场走向普及阶段。AMOLED 方面，企业将进一步把握 AMOLED 行业快速发展的机遇期，维信诺合肥、京东方绵阳、京东方重庆、华星光电武汉等第 6 代 AMOLED 生产线将陆续投产。

第二节　重点行业发展展望

一、计算机行业发展展望

（一）消费端需求持续疲软，贸易摩擦影响深远

2018 年 PC 出货量下降的主要原因是消费者 PC 出货量疲弱。消费者出货量约占 PC 总出货量的 40%，而 2014 年这一比例为 49%。在 Windows 10 升级的推动下，商业 PC 持续增长，但消费者购买欲望仍难得以释放。此外，2018 年持续经济紧张局势给全球计算机商业环境带来严重不确定性，影响 PC 市场出货和销售预期。预计中国 PC 市场今年将出现更大幅度的下滑，这种影响也会波及其他国家，特别是预期汇率波动将对国内企业造成较大影响。

（二）AI 服务器需求旺盛

2019 年，人工智能将进一步发展，更多的厂商将推出配备多颗 GPU、适合深度神经网络模型训练及机器学习的 AI 服务器，满足人工智能应用场景，如浪潮目前发布 AGX-5，单机配置 16 颗 NVIDIA Tesla V100 Tensor Core 32GB GPUs，AI 计算能力达到 2 PFlops。

（三）服务器走向定制化

无论是 Google、Facebook，还是国内的 BAT，互联网巨头纷纷选择定制化服务器，国内的“天蝎”计划便是最好的验证。由于定制化服务器更能匹配企业实际应用场景，实现性能最大化，通过降低 PUE 值来降低 TCO，因此更多的企业也将走向定制化服务器之路。

（四）高密度 x86 服务器侵占小型机市场

随着企业对算力需求的增加，8 路及以上的服务器已不再新鲜，以华为 KunLun 服务器为例，起步 8 路，可选 16/32 路及整机柜交付。x86 服务器向高密度演进已成趋势，直接撼动的便是小型机市场。

（五）模块化和异构计算引领趋势

目前正值 IT 行业变革期，企业发展要求 IT 架构既需满足当前场景应用，同时需要满足人工智能、边缘计算、物联网等新型技术场景需求，构建现代化

的数据中心。就像戴尔易安信 PowerEdge MX 这样，将计算、存储、网络分离，使更换、升级互不影响，由刀片演进的模块化服务器将成为发展趋势。同时，随着人工智能、大数据带来海量的数据处理请求，将使得传统服务器架构走向异构计算，CPU+GPU/FPGA/ASIC 的组合将更多应用于服务器领域。

二、通信设备行业发展展望

（一）5G 进入投资启动“元年”，带动通信设备产业链发展

2019 年是 5G 建设“元年”，各地均已经纷纷出台了各项 5G 建设激励措施。在 2019 年下半年部分城市实现 5G 预商用的目标下，三大运营商已开始如火如荼的 5G 前期建设准备。1 月 31 日，中国移动公布 2019 年 5G 规模组网建设及应用示范工程无线主设备租赁单一来源采购结果，华为、中兴通讯、爱立信、诺基亚、大唐中标。中国联通已经明确 5G 终端采购计划，上海电信 5G 规模组网建设项目等已陆续公布了中标结果。据中信建投预测，预计中国 5G 前传网络将可能累计带来光纤光缆新增需求约 2.45 亿芯公里，该需求 2019 年将会有部分释放，并预测 2019 年、2020 年国内整体光纤的需求分别达到 3.38 亿芯公里和 3.48 亿芯公里。

（二）光通信产业并购、合作增多

2018 年，为应对 5G、云计算、数据中心带来的巨大市场机会，国外产商在垂直行业领域通过并购完善自身的产品线，从而提供完整的解决方案，抢占市场份额。3 月，Lumentum 以 18 亿美元收购 Oclaro；6 月，康宁以 9 亿美元收购 3M 公司通信市场部；7 月，Infinera 以 4.3 亿美元收购 Coriant；11 月，II-VI 以 32 亿美元收购 Finisar；12 月，思科宣布以 6.6 亿美元收购光学芯片厂商 Luxtera。我国光通信厂商在技术能力上略逊于国外企业，随着 5G 应用场景的落地，以及云计算数据中心对网络要求的提高，2019 年国内厂商需要采用垂直整合、加强技术合作等来提升企业技术能力，应对外界挑战。

三、消费电子行业发展展望

2019 年，我国消费电子产业增长空间广阔，随着超高清视频技术的普及，电视将迈进大屏时代，4K、8K 电视产品更新换代加快；随着 5G 时代的来临，将促进手机、虚拟现实设备等新的智能终端产品加速迭代。

2019 年，5G、AI 两大技术将成为消费电子行业发展的重要技术引擎。随

着商用步伐的加快，5G 在构建新型网络基础设施的同时，将引发新一轮“联接”的革命。5G 的三大应用场景增强型移动宽带（eMBB）、海量机器类通信（mMTC）、超可靠低时延通信（uRLLC）在消费电子领域都将得以体现，使超高清视频无线传输、车联网智能驾驶、家庭物联网等消费应用成为可能。AI 技术在智能时代科技和产业变革中发挥着“头雁”作用，将引领新计算、新存储、新制造、新应用等的颠覆式革命，极大提升消费大众对“智能”的获得感。作为基础通用性技术，5G 和 AI 将不断催生消费电子新产品、新模式和新业态，支撑推动美好生活构建。

2019 年，用户体验将成为消费电子企业竞争新焦点。消费电子企业正改变过去一味追求炫酷科技带来的震撼感、科幻感，开始围绕改善用户体验进行密集发力。无论是传统的 PC、彩电还是新兴的 VR、智慧健康、自动驾驶等，都更加强调用户的便捷度、舒适感、娱乐性，从消费者观感体验及心理体验出发进行产品开发和服务设计，更加增进用户黏性。未来随着主流消费群体结构特征的改变及产品硬件差异的缩小，如何匹配用户个性化需求，基于用户体验进行情感化设计将是消费电子产业发展的主攻方向。这同时意味着消费电子行业将不再是巨头企业的角力场，在用户体验设计领域成绩突出的中小企业将逐渐掌握竞争主动权。

四、集成电路行业发展展望

随着硅周期进入下行，全球半导体行业应用需求增长放缓，我国集成电路产业发展将在 2019 年面临一定压力。一方面，人工智能、智能网联汽车等新兴应用市场尚未有效兴起，曾火爆的矿机芯片市场也由于比特币价格下跌而逐渐低迷；另一方面，智能手机、PC 等成熟市场驱动下降，5G 等新技术带来的市场新动能尚未有效释放，市场的不景气将使得我国集成电路产业各环节企业承受一定经营压力。

近年来，技术研发的大规模投入将带动我国集成电路技术在 2019 年实现进一步突破。我国领先设计企业将共享集成电路代工技术进步红利，逐步缩小与国外先进水平的差距，中芯国际将加快 14nm 及以下工艺的技术追赶步伐。长江存储、合肥长鑫等将分别实现 NAND 和 DRAM 产品的量产，实现我国自主品牌存储器产品重大突破。

科创板设立工作的快速推动将加大资本市场对集成电路产业的关注、投资力度。科创板《注册管理办法》明确了科创板将优先支持符合国家战略、拥有关键核心技术、科技创新能力突出、主要依靠核心技术开展生产经营、具有稳定的商业模式、市场认可度高、社会形象良好、具有较强成长性的企业上市。科创板对企业的要求符合集成电路产业企业的特征，市场的利好将带动更多战略投资人、财务投资人通过一级市场投资我国集成电路企业，为具有高成长性的优质企业提供更多资金来源，极大地带动我国企业发展。

五、新型显示行业发展展望

（一）液晶行业优势地位得到巩固

受商用显示、车载显示等新兴市场的带动，2019 年我国多条 10.5 代和 8.6 代线进入量产，Oxide 和 LTPS 等新型背板技术的液晶面板量产能力进一步成熟，将进一步保持我国企业在液晶面板领域的优势地位。预计 2019 年我国液晶面板营收金额将有望超过 2500 亿元，营业收入和出货面积继续保持全球第一。同时，Oxide 和 LTPS 等新型背板技术的液晶面板产能和产量进一步提升，液晶显示的新产品、新应用推动产业稳固健康发展。

（二）产业链配套能力不断增强

2019 年，中国新建生产线将继续为全球显示产业材料和设备的发展提供动能。据群智咨询统计，中国面板市场对全球上游产业材料规模增长贡献率达到 70%以上。国内面板企业在日趋激烈的市场竞争中将逐渐认识到上游产业的重要性，进而加快对上游产业链的渗透，玻璃基板、掩膜板、光刻胶、偏光片、有机发光材料等领域的投资和并购将进一步增多，相关产品本土化程度有望得到大幅提升。

（三）生产线投资建设热度依然高涨

随着国际环境和产业竞争加剧，国内资本投资态势趋缓，主要将集中在 AMOLED、大尺寸等领域，低端生产线的投资基本结束，投资方向开始向上游转移，产业链建设将成为继面板生产线之后的又一发展热点。地方对新型显示产业的投资热度将会持续，各地加快对面板生产线、上游设备和材料、产业园、创新中心和服务平台等项目投资，并给以相关政策支持。

六、电子原材料元器件行业发展展望

2019 年是决胜全面建成小康社会的冲刺之年，是实现《信息产业发展指南》预期目标的关键一年。在 5G 试商用、自动加速快速推广等带动下，随着“振芯铸魂”、核高基科技重大专项、工业强基等工程实施推进，关键材料、元器件产业化自给能力显著增长，我国电子原材料元器件行业正逐步由“量变”向“质变”转化，提质升级步伐加快。

（一）关键领域技术创新取得突破

2018 年，“中兴事件”“晋华事件”等一系列事件让我国清醒地认识到，我国电子信息产业尤其是电子原材料元器件行业短板较为突出，已经成为制约产业转型升级的关键所在，也是对手打击我产业的重要手段。为此，我国正在组织实施“振芯铸魂”等重大工程，统筹多种渠道，着力支持关键原材料、元器件技术突破、产业化推广。2019 年，在中央及各级政府的协同下，我国电子原材料元器件行业将得到更大支持力度。同时，集成电路、智能传感器、印刷与柔性显示、信息光电子等多家创新中心建设全面推进，加上 5G 试商用及可折叠智能手机的带动，集成电路、智能传感器、5G 中高频器件、柔性显示等关键领域创新步伐进一步加快，有望取得一批突破性成果。

（二）产业规模保持稳健增长

2018 年，尽管 NAND Flash、MLCC 等产品价格位居高位，但受智能手机、笔记本电脑、彩色电视机等主要终端产品产量下滑影响，加之中美贸易摩擦，我国电子原材料元器件行业整体增速回落。2019 年，受全球经济增长乏力影响，全球电子产品市场需求难以提升，5G 折叠屏智能手机还难以带动终端产品回复增长，预计智能手机、笔记本电脑、彩色电视机等主要消费电子产品产量还将保持下降态势，而 NAND Flash、MLCC 等产品价格已经出现了不同程度下滑难以维持高位，同时中美贸易谈判还存在一定不确定性，尽管国内产品持续升级将抢占部分市场，整体来看我国电子原材料元器件将维持稳健增长，全年增速约为 9.8%，较 2018 年下调 1 个百分点左右。

第三节　重点领域发展展望

一、智能手机领域发展展望

2019 年，智能手机行业高端市场竞争加剧，新技术、新产品将拉动新消费。从市场集中度看，主流品牌存量市场份额将持续提升，尾部品牌生存空间将被进一步挤压。从产品布局看，各大品牌纷纷瞄准高端市场，新款 Mate 20、Pixel 3、V40、Find X 和一加 6T 等高性能、高价位的产品被集中推出，全面屏、折叠屏、3D Sensing、AR拍照、快充、物体识别、光学指纹传感器等功能技术渐趋成熟，有望拉动智能手机的新一波消费。

手机行业将加速转型升级步伐。从技术创新看，5G与折叠屏有望成为2019年的创新重点。各大手机厂商有望在2019年推出多款5G手机。天线方面，手机天线设计从单天线且波束固定的天线设计，转变为天线阵列（多天线单元）的设计。射频前端方面，滤波器将转向TC-SAW、BAW等高性能产品，以抑制外界噪声与不同信道之间的干扰，提供更优通信体验。基带芯片方面，5G基带芯片需要支持多模多频段和更高的数据吞吐量，5G基带芯片的架构需要进行全新设计。折叠屏有望成为智能手机的另一大创新重点。三星已经在2018年10月发布折叠屏概念机，其他厂商有望在2019年陆续推出折叠屏手机。从供应链看，芯片、显示屏、摄像头、功能件、结构件、被动元件等产业链上游领域国产化速度仍将持续提升。以华为海思、京东方、舜宇光学为代表的国内企业在芯片、显示面板、光学镜头等部分手机核心技术领域将逐步具备与部分发达国家竞争的实力。

二、虚拟现实领域发展展望

2019年，虚拟现实将在制造、交通、医疗等领域得到深入应用，应用场景将进一步丰富。此外，随着虚拟现实内容的丰富和虚拟社区交互体验感的增强，主要依托购买硬件设备的营收模式将得以转变，虚拟市场、虚拟购物、虚拟展示也将被更多用户使用。

2019年，虚拟现实传统硬件厂商和创新企业将保持硬件轻量化、可移动化发展趋势，持续推出新产品，硬件多样化将进一步增强，硬件市场进入百花齐放的竞争红海。此外，产品的软硬件结合将更加紧密，软件在产业价值中的占比将进一步提高。

2019年，新一轮技术突破将引发虚拟现实发展浪潮。在图像处理方面，分辨率、眩晕控制、视点渲染、视角控制成为下一步突破方向。在交互技术方面，惯性动作捕捉、光学跟踪、语音识别、眼球追踪、空间交互等多项技术将出现大规模应用。另外，5G技术的成熟与应用，将在云端渲染、消除时延眩晕等方面提升虚拟现实体验，提高终端硬件性能，促进虚拟现实应用的效率提升。

2019年，资本将汇集在具有自身研发能力、掌握核心技术、市场前景良好、收益率高的企业，向高附加值、高收益率的行业应用倾斜。考虑到技术成熟情况和产业成熟情况，未来虚拟现实的投资热点除了高分辨率的光学显示屏等高端配件和设备制造外，还包括高品质的虚拟现实内容制作、社交导向的虚拟现实游戏及应用、虚拟现实软件开发，以及手术模拟、精神康复、风险行业培训等教育培训领域。

三、超高清视频领域发展展望

2018 年，我国已具备发展超高清视频产业的市场条件和产业基础，处于爆发前夜。2019 年，消费者对超高清的认知和认可度将逐步提升，若干短板环节有望形成突破，急需关键技术标准陆续出台，区域产业基地不断发展壮大，带动产业进入快速发展期。

（一）超高清认知和认可逐步提升

随着 4K 电影、4K/8K 点播频道日益丰富、超高清频道陆续开通。2019 年，消费者将体验到更多优质的 4K 超高清电视节目，对 4K 超高清的认知不断提高，超高清画质给消费者带来极致的视觉体验，对 4K 的需求不断增长，形成整个产业生态链的良性循环。与此同时，基于互联网的超高清视频，线下 4K/8K 体验渠道逐渐增多，4K、全景声为代表的视听新技术成了腾讯、优酷等视频网站的标配，将带给消费者身临其境的超高清体验。

（二）若干短板环节有望形成突破

内容方面，伴随着中央广播电视总台 CCTV 4K 超高清频道、广东台综艺频道 4K 超高清节目的开通，超高清电视节目逐渐增多。目前，中央电视台混合制作岛 4K 生产系统（一期）项目已开始招标，2019 年，CCTV 4K 频道的内容将从纪录片、体育、动画、影视剧等“非台内制作”节目将向“制作级 4K 化”升级，将具备每天 30 小时的 4K 节目制作能力。面板方面，随着京东方、华星光电、惠科等 10.5 代 TFT-LCD 面板生产线的投产，2019 年，国产 4K/8K 面板的自给率将大幅提升。前端设备方面，随着超高清视频（北京）技术协同中心的成立，以及 8K 转播试验车集成逐步完成，2019 年，我国超高清视频前端设备系统集成能力将进一步加强，为后续设计、生产、制造能力的全面提升奠定良好的基础。

（三）急需关键技术标准陆续出台

《超高清电视机技术规范》和《超高清电视机测量方法》两项中国超高清视频产业联盟标准送审稿已形成，中国 HDR 和 3D Audio 两个专题组已完成标准提案的技术评估、测试工作，形成标准文本草案。2019年，围绕超高清视频产业的制作采集、制作、传输、运营、终端呈现、行业应用等领域，将有更多急需关键技术标准出台，加快推动超高清视频端到端技术标准体系逐步完善。

（四）区域产业基地不断发展壮大

广东省方面，随着新数字家庭行动推进进入第三年，广州、惠州、佛山等试点示范城市在项目引进、应用推广等方面进入实施、求实效阶段。2019年，广东省在超高清视频创新及应用等领域的产业特色和区域优势将进一步突出，旗帜效应更加鲜明。北京市方面，正在积极组建8K超高清生态实验室，包括"8K+5G"传输实验室、8K显示终端实验室等，2019年，将以中国北京世界园艺博览会（世园会）、中华人民共和国成立70周年大庆等重大活动赛事为契机，促进4K/8K超高清的转播/直播及产业化支撑能力进一步成熟。

四川省方面，目前已成立了超高清视听制作研发（四川）基地，并有国家广播电视网工程技术（四川）研究中心、超高清视听制作研发（四川）基地、未来影像实验室等10个校企基地和联合实验室在成都进行了挂牌和签约。2019年，四川省超高清内容制作生产基地将进一步完善，产出更多优质超高清内容成果。此外，上海、重庆、江苏、浙江、湖南、深圳等有条件的地区也将择机开展4K超高清节目制播实践，将推进我国超高清视频产业多点开发、全面发展，大幅提速产业化进程。

四、智能家居领域发展展望

（一）技术的多向度集成、融合创新特征将更加凸显

新一代信息技术的蓬勃发展将为智能家居产业发展提供更多技术支撑。一方面，智能家居将不断吸纳最新信息技术成果，多向度技术集成持续深入，智能传感器的大量运用将使家居产品的环境信息感知能力大幅提升，语音交互、图像识别、虚拟现实、新型显示等技术也会持续改善产品的用户体验。此外，跨媒体协同处理等人工智能新兴技术也将不断应用于智能家居领域。另一方面，在智能家居系统化、场景化发展态势下，信息技术与其他领域融合发展态势逐步凸显，带来智能家居产品服务、应用场景的创新，催生了智能家居的软硬件生态系统和应用场景体系，进而推动了智能家居价值创新。

（二）智能家居产品将逐步由单品智能向系统智能过渡

智能家居供给端的信息技术发展和需求端的生活品质提升要求，正在共同推动智能家居从单品智能向系统智能方向发展。智能家居以单品智能化起步，品类逐步涵盖智能硬件、家用电器、小家电、安防产品、探测器等，并在智能传感器、语音识别、图像识别、自然语言处理等技术助力下不断改善用户体验，并逐步向智能决策和自我优化阶段演化。在此基础上，智能家居将朝着系统化方向快速演进。一方面，物联传感设备、网络通信等技术的运用将助力实现单品之间的互联互通，行业标准的研究探索和系统化平台的建设推进也将不断突破产品和信息孤岛。另一方面，人工智能、云计算、大数据等技术的应用则将推动实现家居场景下跨品类、跨品牌的数据汇聚和价值挖掘，形成场景化、智能化服务能力，从而带来智能家居生态体系的持续演进。

（三）智能家居产品的经济社会效益将逐步显现

随着相关技术不断成熟，不同智能家居厂商之间将不断寻求跨界合作和开展技术合作，从而逐步实现终端产品互联互通，构建起智能化应用场景、软硬件协同融合的产品服务系统。此外，智能家居还将与其他新兴领域不断探索融合，培育高端高效的智能楼宇经济，催生新经济新业态，全面提升家居产业的发展质量和整体效益，引领相关产业利用人工智能技术向价值链更高端迈进，进而创造广阔市场和大量创新机会。

五、汽车电子领域发展展望

（一）细分领域进入不同生命周期

在汽车电子的细分领域中，以悬架控制、仪表仪器、总线线束为代表的大多数车身电子产品已经进入产品生命周期的成熟期或衰退期。动力控制方面，汽油直喷技术是汽油机技术的重要发展方向，数据显示，2018 年汽油直喷发动机的渗透率在欧美汽车市场达到 40%。安全控制方面，近年来，发展迅速的汽车安全驾驶辅助系统处于导入期与成长期，技术的成熟和成本的下降将使其大规模普及。胎压监测在欧美的渗透率迅速提高，已经较为普及，但在中国等新兴市场由于缺少强制性法规仍处于导入期。通讯娱乐系统处在成长期，是汽车企业重点关注的领域，欧美国家已经要求新车配置应急车载信息系统。未来车载信息系统发展潜力较高，产业商用化会进一步向大众市场普及。

（二）汽车电子智能化水平不断提升

随着消费电子市场迎来“智能化”普及的高潮，智能化的概念向各个领域快速渗透。汽车作为家庭消费必需品，自动化程度和移动互联网接入率不断提高，智能化大势所趋。汽车电子在快速发展的过程中，传感技术、计算机技术、网络技术在汽车上得到了广泛的应用，现代汽车技术正朝着更加主动智能化趋势的方向发展，以达到“人、车、环境”的智能协调。传感技术和网络技术在智能化中具有至关重要的作用。智能化的本质，在于设备系统集成度提高，功能扩展性增强，易用性大大改善，给用户带来卓绝的使用体验。在汽车的智能化方面，大众、宝马、特斯拉等车厂已经在前装集成系统方面展开竞争。随着苹果、谷歌等国际科技巨头分别发布各自的后装车载智能操作系统，汽车产业智能化的格局逐步显现。

（三）汽车电子高端配置向低端产品渗透

未来高端配置逐步向低端汽车产品渗透将成为重要趋势，这将进一步促进汽车电子渗透率的大幅提升。由于汽车电子领域的安全控制系统对汽车行车安全性至关重要，因此安全控制系统领域的电子稳定控制系统、胎压监测系统等有望成为乘用车标配，这也将带来汽车电子在乘用车成本的占比持续提升。在高端配置向低端产品逐步渗透过程中，安全控制系统和通讯娱乐系统将会率先实现高端配置逐步向低端领域渗透。同时，随着自动驾驶技术的研发力度不断加大、技术逐步成熟，也有望实现新车型的同步配置。

（四）汽车电子行业并购大势所趋

近年来，电动化、智能化的发展趋势加快了汽车行业变革，传统行业巨头为了稳固企业的龙头地位，纷纷并购有助于新能源汽车、智能网联汽车发展的业务领域，汽车零部件的行业内整合正进一步加速。汽车产业兼并重组目的体现在三个方面：一是通过形成规模效应，打造行业龙头企业；二是通过购买新技术，切入汽车产业新业务；三是拓宽市场渠道，布局具有发展潜力的新兴市场。汽车产业经过多年发展，已经形成了一个完整但相对封闭的产业链，特别是汽车产业涉及人身安全，产品验证耗时很长。新进入者或新开发技术很难立刻融入汽车产业的供应链体系中，然而，通过并购成熟公司或技术来切入产业链是行业内主要的方法和手段。汽车电子领域是汽车产业新一轮产业变革下的战略高地，近年来各大公司布局明显加速，汽车电子领域掀起并购浪潮。有统计表明，近几年，汽车电子零部件企业兼并重组交易规模和数量不断增加并创历史新高，每年汽车行业并购涉及金额达到数百亿美元甚至上千亿美元。由于汽车电子技术含量高，发展前景广阔，涉及领域广，产业整合升级，并进入快速增长上升通道，因此几乎所有的汽车并购案例都事涉汽车电子领域。

六、锂离子电池领域发展展望

（一）提质降本继续，产业规模稳步增长

2018 年，我国实现了能量密度高达 260Wh/kg 的单体电池规模化生产，得益于生产工艺不断改进，我国锂离子电池产品一致性和可靠性稳步提升，生产成本不断下降。2019 年，我国新能源汽车补贴力度下调成为必然，新能源车企为控制成本，肯定会降低单位动力电池采购价格。价格压力会层层传导，这就要求我国锂离子电池行业企业要着力提质降本，一方面通过生产线智能化改造、生产工艺优化等方式提升产品质量，另一方面积极推动产品创新，在努力控制成本的同时积极提升能量密度。

2018 年，我国锂离子电池行业规模继续快速增长。2019 年，我国新能源汽车市场将延续快速增长势头，预计全年新能源汽车产量将超过 180 万辆，动力电池市场需求约为 83GWh，同比增长超过 45%。尽管 2019 年我国智能手机、笔记本电脑等消费电子产品产量难以恢复增长，但由于单体电池容量增长，以及智能音箱、蓝牙耳机、儿童玩具等产品产量稳步增长，消费电池市场需求预计在 33GWh 左右，基本与 2018 年持平。加上储能市场还在高速增长，预计 2019 年我国锂离子电池出货量将达到 122GWh，市场规模约为 2050 亿元，保持良好的增长势头。

（二）政策调整优化，行业发展日趋理性

2019 年伊始，工业和信息化部公布了《锂离子电池行业规范条件（2018 年本）》和《锂离子电池行业规范公告管理暂行办法（2018 年本）》，已经于 2019 年 2 月 15 日起正式施行。新版规范条件取消了此前的电池年产能不低于 1 亿瓦时，正极材料年产能不低于 2000 吨等多项生产规模的相关要求。但针对技术创新和技术指标提出了新的要求，还新增了智能制造和绿色制造的相关规定。这有利于推动我国锂离子电池行业从无序竞争到有序竞争健康发展。

前两年的新能源汽车补贴加大了对高能量密度的动力电池支持力度，也使得高能量密度的三元电池快速崛起，但这也带来了一定的安全隐患。2018 年，

我国出现了多起电动汽车安全事故，引发了社会及行业内的关注，有声音呼吁政策支持既要重创新也要注重安全。据报道，新的新能源汽车补贴政策有可能进行调整，不在一味追求高能量密度，更加注重安全保障。2019 年，新能源汽车补贴政策会对锂离子电池产生一定影响，三元电池发展势头不一定能延续，但行业发展将更加理性。

（三）回收政策实施，动力电池梯次利用起航

2018 年，工业和信息化部先后发布了《新能源汽车动力蓄电池回收利用管理暂行办法》和《新能源汽力蓄电池回收利用溯源管理暂行规定》，这是继《电动汽车动力蓄电池回收利用技术政策》《车用动力电池回收利用拆解规范》《新能源汽车废旧动力蓄电池综合利用行业规范条件》等一系列政策颁布后，对于动力电池回收利用规范的进一步加强与完善。与此同时，部分地方出台了支持动力电池回收的具体措施。动力电池回收利用全面铺开，工业和信息化部动力电池溯源管理平台发布了第一批《新能源汽车废旧动力蓄电池综合利用行业规范条件》企业名单，试点企业积极创新回收利用技术，并取得了一定成果。

2019 年，我国动力电池报废数量将明显增长，各大企业纷纷布局动力电池梯次利用，铁塔公司正在与一汽、上汽等多家车企合作探索构建回收渠道，国内部分动力电池积极参与其中，并在上海、湖北、广东等区域率先实施。同时，在相关政策支持下，新能源储能、备用电源、电网削峰填谷等应用市场逐步打开，部分试验性、示范性项目建设，为动力电池梯次利用奠定了良好的市场基础。

七、智能传感器领域发展展望

（一）国内智能传感器产业的集群化特征将更加明显

从国内来看，未来传感器领域四大产业集群的空间分布将日渐清晰。一是长江三角洲地区，以上海、无锡、南京等为中心，将形成较为完备的传感器设计、制造、封测链条及产业配套，从而形成国内传感器产品和软件研发、系统集成的主要基地，也将成为智能传感器推广应用的重点地区之一，传感器产品将覆盖热敏、磁敏、图像、称重、光电、温度、气敏等众多领域。二是珠江三角洲地区，将以深圳、广州为中心，并依托周围东莞、佛山等地，形成以热敏、磁敏、超声波、称重为主的传感器产业体系，从而形成国内智能传感器制造的重镇。三是京津冀地区，将以北京等地为中心，依托我国众多传感器领域的高校和科研院所的资源集聚优势，从事传感器的设计，以及新型智能传感器的研

发工作。四是中西部地区，将以郑州、武汉、西安等地为主，并依托上述地区近年来在半导体材料、集成电路等领域的快速发展，在热敏、气体、液体等传感器产品上快速发展。

（二）下游热点将不断为智能传感器带来旺盛需求

在消费电子领域，随着 5G、人工智能等新一代信息技术的逐步成熟落地，智能家居、智慧小区等新兴应用领域不断涌现。2019 年，随着 5G 商用的应用推广，其高速率、大容量、低时延的特性，将大大改善智能家居产品使用体验，推动智能家居网络通信和数据信息标准的统一进程，进而持续提升智能家居渗透率，催动智能传感器的下游需求。在汽车电子领域，自动驾驶的兴起也将带来对高性能摄像头、激光雷达、毫米波雷达等智能传感器的旺盛需求。此外，汽车智能座舱等发展趋势也将使汽车中集成的智能传感器数量大大增加。

八、电子信息行业智能制造领域发展展望

（一）电子信息制造企业对工业机器人的使用将成为普遍现象

我国人口红利已处于末期，正在步入轻度老龄化阶段。世界银行预测，从 2019 年中国劳动力总人口开始逐年减少，并会一直持续到 2050 年。经济的发展及老龄化的到来，将会使得我国的劳动力成本持续上升并长期维持在一个较高的水平。制造业也将面临劳动力供给不足、劳动力成本上升的压力。因此，未来重视使用工业机器人是解决劳动力短缺和成本上涨的应对之策。利用机器人进行高精度操作，不仅可以节省人工成本、提升劳动效率，还可以提升管理效率，解决安全生产问题。

（二）柔性生产模式将成为智能制造的决胜点

伴随着消费需求升级，个性化要求越来越高，市场差异化发展趋势明显，对生产线的要求越来越高。因此，柔性生产将成为未来智能制造发展的重要趋势。一方面，柔性生产线根据生产需求具有快速改装重组的优点，根据市场不断变化的需求进行即时生产，通用性较强，产品多、个性强、多样化。另一方面，柔性生产对人员素质要求高。人是最灵活最具柔性的资源，人有社会动机，有学习和适应环境的能力。人能够在柔性生产模式下通过培训、学习、模仿和掌握信息技术等而获得所需要的知识与技能。

（三）5G助力下的物联网在智能制造中的应用场景将日益丰富

5G移动通信技术的发展推动了物联网深入发展。5G网络的设计更符合物联网所需要的基本特性，不仅体现在高带宽、低时延的增项能力，更具有低能耗、大连接、深度覆盖的低成本优势。未来物联网在智能制造的应用场景主要体现在数字化及智能化的工厂改造上，包括工厂机械设备监控和工厂的环境监控。通过在设备上加装相应的传感器，使设备厂商可以远程随时随地对设备进行监控、升级和维护等操作，更好地了解产品的使用状况，完成产品全生命周期的信息收集，指导产品设计和售后服务；而厂房的环境主要采集温湿度、烟感等信息。

后　记

《2018—2019 年中国电子信息产业发展蓝皮书》由中国电子信息产业发展研究院赛迪智库电子信息研究所编撰完成。作为一年一度的系列成果，展现了赛迪智库对电子信息产业的跟踪研究进展，为相关行业主管部门和业界人士提供 2018—2019 年电子信息产业发展的整体现状、最新动态、趋势研判，为了解和推动电子信息产业发展提供一个窗口。

参加本书课题研究、数据调研及文稿编撰的人员有：中国电子信息产业发展研究院的卢山、温晓君、李艺铭、余雪松、赵燕、王茜、张金颖、石岩、李雅琪、周斌、王翠林。在研究和编写过程中，本书得到了工业和信息化部电子信息司领导，中国半导体行业协会、中国超高清产业联盟、中国虚拟现实产业联盟等行业组织专家，以及各地方工信部门领导的大力支持和指导。本书的出版还得到了中国电子信息产业发展研究院软科学处的大力支持，在此一并表示诚挚感谢。

期待本书能为读者了解中国电子信息制造业提供有益参考。本书虽经过研究人员和专家的严谨思考和不懈努力，但由于能力和水平所限，疏漏和不足之处在所难免，敬请广大读者和专家批评指正。

反侵权盗版声明